◆ 新博物館学教科書 ◆

博物館学 I

博物館概論 ＊ 博物館資料論

大堀　哲
水嶋 英治　〈編著〉

学文社

［執筆者］

＊水嶋　英治	筑波大学
青木　　豊	國學院大學
栗原　祐司	東京国立博物館
矢島　國雄	明治大学
柘植　信行	品川区立品川歴史館
＊大堀　　哲	長崎歴史文化博物館
山本　哲也	新潟県立歴史博物館
中山　誠二	山梨県立博物館
鷹野　光行	お茶の水女子大学
大島　徹也	愛知県美術館
山西　良平	大阪市自然史博物館
中村　　隆	科学技術館
牧　慎一郎	文部科学省科学技術政策研究所
中原　史生	常磐大学
小西　達夫	進化生物学研究所
髙橋　　修	東京女子大学
井上　洋一	東京国立博物館
浜田　弘明	桜美林大学

（執筆順，＊は編者）

まえがき

　わが国の博物館数は，昭和初期にはわずか200館あまりであったものの，平成20年代の初めには約5700館の博物館が存在している。歴史を振り返ってみれば，日本に博物館が誕生してから今日に至るまでの間に，幾度かの博物館建設ブームがあり，博物館の取り扱う主題も，常設展示のテーマにも，流行り廃りがあった。しかしわが国にとって，もはや博物館の数が問題ではなく，むしろ博物館の質的向上が叫ばれている。今日，まさに日本の博物館は「量の時代」から「質重視の時代」へ転換を迫られている，といっても過言ではない。

　博物館を運営していくのは，学芸員をはじめとする専門家であり，ボランティアであり，また市民である。「開かれた博物館」を標榜し，地域社会に根差した博物館をめざすならば，地域住民とともに成長する博物館が望まれるのは当然のことである。博物館を底辺から支える役割が学芸員の仕事であるとするならば，博物館を磨くのは博物館館長の経営手腕であり，博物館を輝かせるのは設置者（多くの場合，地方自治体であり，私立博物館の場合は企業の経営者）の責務である。

　本書は，博物館法改訂（平成20年），「博物館の設置及び運営上の望ましい基準」の改訂（平成23年）にあわせ，新しく学芸員をめざそうとする大学生のために基礎的な入門書として書かれたものである。もちろん，時代は流れていくのだから，読者のなかで特別な問題に出会ったとき，あるいは解決課題を見いだそうとするとき，現職学芸員の学び直しの一環として本書を活用しても無駄ではあるまい。

　文部科学省の学芸員養成課程に使用できる教科書として配慮しながら，次のように構成した。第Ⅰ巻は，導入としての「博物館概論」，博物館のコレクション機能を重視した「博物館資料論」として内容を編纂した。それに続く第Ⅱ

巻は，博物館のコミュニケーション機能に焦点を当て「博物館展示論」「博物館教育論」として編集した。第Ⅲ巻では，最新の「博物館情報・メディア論」と今日の博物館に求められるマネージメント機能を取り上げ「博物館経営論」として主に論じた。最後の第Ⅳ巻は，「博物館資料保存論」と学芸員養成課程での必須条件である「博物館実習論」を取り上げた。

　執筆者たちは，第一線の現場に立つ学芸員であり，最先端の研究・教育に日々努力している研究者たちである。

　博物館を活かすのも，専門家としての学芸員の力量次第である。ぜひこの機会に，本書を十二分に活用し，勉学に励んでもらいたい。そして博物館学を学ぶ一人ひとりが博物館の質的向上に貢献してくれれば，それは執筆者たちの望外の喜びである。

　　　　　　　　　　　編著者　大堀　哲　長崎歴史文化博物館館長
　　　　　　　　　　　　　　　水嶋英治　筑波大学図書館情報メディア系教授

目　次

まえがき　1

第 1 部　博物館概論　　　　　　　　　　　　　　　　　　　　　　7

第 1 章　博物館学論 ────────────────── 8
第 1 節　博物館学の目的　8
第 2 節　博物館学の構成　11
第 3 節　博物館学の研究方法　13

第 2 章　博物館論 ────────────────── 17
第 1 節　博物館の定義　17
第 2 節　博物館の目的と機能　22
第 3 節　博物館の分類　27
第 4 節　博物館の施設・設備　34

第 3 章　博物館制度 ────────────────── 40
第 1 節　博物館の諸制度と法的枠組み　40
第 2 節　博物館を支える人　44
第 3 節　博物館の財政　50

第 4 章　博物館発達の歴史 ────────────────── 58
第 1 節　博物館の誕生　58
第 2 節　近代市民社会と博物館の発達　60
第 3 節　日本の博物館の発達史　62

第 5 章　地域社会と博物館 ────────────────── 69
第 1 節　社会的存在としての博物館　69
第 2 節　博物館と地域住民　74
第 3 節　博物館と地域コミュニティの形成　78

第6章　現代博物館の課題 ―――――――――――――――――― 86
　　第1節　文化政策，博物館政策に関する課題　87
　　第2節　博物館法に関する課題　89
　　第3節　博物館評価に関する課題　93
　　第4節　博物館経営に関する課題　96
　　第5節　博物館の国際化に関する課題　105

第2部　博物館資料論　　　　　　　　　　　　　　　　　　　　　109

第1章　博物館資料の概念 ――――――――――――――――――110
　　第1節　博物館資料の意義　110
　　第2節　博物館資料の種類　114
　　第3節　博物館資料化のプロセス　120

第2章　博物館資料の収集・整理，保管 ――――――――――――124
　　第1節　収集の理念と方法　124
　　第2節　資料の分類・整理，保管　130
　　第3節　資料公開の理念と方法　137

第3章　博物館資料と調査研究活動 ――――――――――――――141
　　第1節　博物館における調査研究の意義　141
　　第2節　調査研究の方法・内容，カテゴリー　142
　　第3節　館種別調査研究　146
　　（1）総合博物館　146　（2）歴史民俗系博物館　148　（3）考古学博物館　152　（4）美術館　154　（5）自然史系博物館　158　（6）理工系博物館　162　（7）野外博物館　169　（8）動物園　172　（9）水族館　177　（10）植物園　182
　　第4節　ほかの博物館・大学などとの共同調査研究　186
　　第5節　調査研究の成果公表と還元　191

第4章　博物館資料の活用 ――――――――――――――――――199
　　第1節　展示活用　201
　　第2節　教育的活用　205
　　第3節　情報的活用　210

第5章　博物館資料の今後と課題 ──────────────217
　　第1節　収集の困難さ　217
　　第2節　展示と保存のバランス　221
　　第3節　資料の情報化　225

資　料　　　　　　　　　　　　　　　　　　　　　　　　231

参考文献──さらに深く掘り下げるために ─────────232
博物館法 ──────────────────────────241
索　引 ───────────────────────────245

第1部

博物館概論

museology

第1章　博物館学論

1　博物館学の目的

（1）博物館学とは

　博物館は人類が生み出した発明品であり，組織体・機関であり，またそれを運用する社会的制度である。発明品であるから，長い時間をかけて試行錯誤を繰り返し，社会が使いやすいように制度として改良しつづけてきた。ときには，社会教育機関として教育を担う学校のような役割を果たし，またときには，資料研究を推進していく研究機関としても役割を果たしてきた。

　人類の歩みや民族の歴史を明らかにするために，博物館は物質文化を探究し，多くのモノを集める。過去から収集されたモノによって現在までの系譜や道筋が証明され，それらを保存・公開することによって歴史遺産が未来へと継承される。時間の流れにそって収集品を観察すれば，モノの発展史が解明され，博物館が収集したモノを地理的に拡げて見れば，世界各地に存在する文化の多様性に気がつく。ある人は博物館をタイムマシンと称し，ある人は社会的・文化的装置という[1)]。

　博物館には多種多様な資料が存在している。自然史標本もあれば，芸術作品，伝統工芸品，民芸品もある。集められたモノは人々の鑑賞の対象の的となり，また教育・研究の対象となる。珍しいモノや傑作品は娯楽の対象になることも多い。

　人類が創り出した博物館は社会的存在であるから，一定の役割と機能を果たすことが社会から要求される。

・博物館の使命は何か
・博物館の果たす役割はどのようなものか

・社会にとって博物館の存在価値は何か
・なぜ博物館は社会に存在するのか，その存在価値，存在理由は何か
・博物館はどのように発展してきたのか

こうした博物館の存在性や歴史を解明するのが博物館学である。

博物館学は比較的新しい学問領域であり，約半世紀を過ぎたにすぎない。このためか，この用語はほかの歴史ある学問領域（歴史学，考古学，民族学，社会学など）に比べて市民権を得るほど定着していない。

しかし，日本には博物館が約5700館ほどあり，アメリカの1万8000館に次ぐ世界第2の博物館大国である。国民一人につき年間2回は博物館見学をしているという統計があることを鑑みれば，博物館に対する抵抗感は薄らいでいると思われるし，もっと国民生活のなかに定着するように国全体として博物館文化を育てていく努力も必要であろう。その意味では，「博物館文化」の発展に並行して博物館に関する総合的研究すなわち「博物館学」の発展も望まれるところである。

博物館の社会的活用を検討し，博物館の使命・目的・機能，法律・制度，さらには博物館の経営，哲学・思想・博物館史を研究する学問領域が博物館学である。博物館学には，大別して次の4つの領域が含まれる。人，モノ，場，情報である。

①人とは，博物館の利用者であり，博物館を支える人々である。しかし，「人」という概念が拡張され，地域住民，市民社会，博物館を訪れない人々（non-visitor）あるいは博物館のウェブサイトを閲覧する人々も含まれる。

②モノとは，物質文化を表象する資料であり，文化財である。博物館には体系的に収集された一連の資料群があるが，これをコレクションと呼んでいる。研究対象や保存対象は，有形文化財だけでなく，無形文化財の場合もある。博物館学の対象となるモノとは，コレクションをさすことが多い。

③場とは，博物館の公共空間であり，展示・保存環境である。物理的空間のみならず，高度情報社会では「場」という概念はサイバー空間（バーチャル博物館，仮想展示室など）をさす場合もある。

④情報とは，博物館およびコレクションに関する知的情報資源である。

（2）博物館学の目的

ひと言でいえば，博物館学の目的は博物館（美術館を含む）の理論体系化のためである。博物館の望ましい姿を探究し，博物館・コレクションのあるべき姿を実現する方法，技術的解決課題を解明していくための研究である。博物館学が発展すれば，博物館の改善に貢献し，個々の博物館の質的向上が図れよう。

博物館学者クラウス・シュレイナー（Schreiner, K. 1988）は『博物館学用語辞典』のなかで，博物館学を社会科学，とくに文化学の一分野と規定し，「収集，保存，資料解読，調査研究，展示，コミュニケーションに供する博物館および博物館資料に関する原理，法律，構造など，複雑な方法論を解明する学問」と定義した。資料については「可動物件として利用でき，かつ永続的な文化財で，社会の発展のために用いられる真正的価値を持つ証拠」と定義している[2]。また博物館学の目的は「博物館業務に理論的基礎を与えるものであり，また博物館分野での経験的知識を一般化・体系化すること」という。

博物館学は博物館組織（機関）そのものと上記の4領域を中心に研究していく学問領域であるから，多くの研究課題が設定されている。

- ・博物館機能・活動に関する研究（収集，展示，教育，研究，保存・修復，情報生産，サービス，マーケティング，博物館評価）
- ・博物館の発展，歴史，コレクション形成史に関する研究
- ・来館者研究（展示評価，来館者心理，博物館疲労など）
- ・コレクションの活用方法，コレクションマネジメントに関する研究
- ・物質文化研究・資料研究（考古学遺物，動植物標本，絵画，陶磁器，ガラス，金属，写真，版画，繊維など）
- ・資料・コレクションの保存修復に関する保存科学的研究
- ・政策研究（博物館政策，文化政策，文化財保護政策，博物館教育政策，博物館法など）
- ・博物館の経済効率，運用研究（文化経済学の研究対象）
- ・博物館組織マネジメントに関する研究（博物館倫理，専門職の行動規範，ミ

ュージアム・マネジメントの研究対象）
・博物館の空間・施設に関する建築学的研究
・博物館・コレクションの情報・知的情報資源に関する情報学的研究

　上記の研究分野を見てもわかるとおり，博物館学はきわめて学際的であり，総合的な研究領域である。

2　博物館学の構成

　では，博物館学はどのような学問か。もう少し詳細に眺めてみよう。「博物館学とは何か」という問いに対する答えは博物館研究者によってまちまちであるが，通説によれば，「博物館理論」と「博物館技術」の2つに大別される。前者をミュージオロジー（museology または museum studies），後者をミュゼオグラフィ（museography または Museum Practice）と呼ぶことが多い[3]。語源的に見れば，museology は「博物館の研究」であり，博物館の実務，実践研究ではない。

　博物館の理論的・歴史的・哲学的な研究領域である博物館学（museology）は，来館者研究，資料学を含むことがあるのに対して，より実践的な分野，たとえば博物館活動の展示，資料整理・管理，資料・コレクションの取り扱い，保存・修復，ドキュメンテーション，セキュリティなど，実務レベルでの博物館技術を総称してミュゼオグラフィまたは応用博物館学と呼ぶこともある[4]。両者は分離されているわけではなく，博物館理論と博物館技術は直接的・密接的に実際の博物館業務と関連するものである。

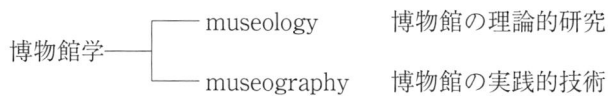

博物館学　┬── museology　　博物館の理論的研究
　　　　　└── museography　博物館の実践的技術

（1）博物館学理論

　博物館学（museology）という用語は 1950 年代になって受け入れられた用語である。フランスの博物館学者ジョルジュ・アンリ・リヴィエール（Rivière,

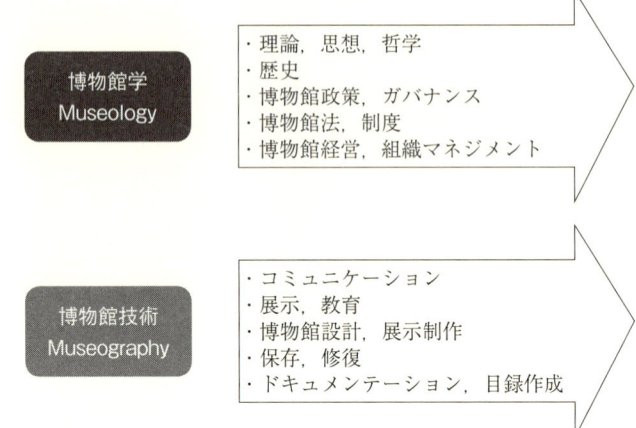

図 1.1.1　博物館学と博物館技術の内容

G. H.) によれば，博物館学を次のように定義している[5]。

「博物館学：応用科学，博物館の科学。博物館学はその歴史，社会における役割，特定の形態の調査・研究および物理的保存，活動および普及，組織および機能，新築された博物館あるいは歴史建造物を博物館化した建築，または指定・制定された考古遺跡，博物館の類型，および博物館専門職の倫理・行動規範・義務論（deontology）を研究する学問である」（Rivière 1981）

博物館学と博物館技術の関係を図示すると図 1.1.1 のようになる。

（2）博物館の実践的技術

Museography という用語はラテン語 museographia に由来する[6]。この用語は，博物館学（museology）よりも古く，博物館史上最初に登場したのは 18 世紀（Neickelio, C.F. 1727）のことである（図 1.1.2）。博物館学とは対照的に，博物館実践学（museography）は博物館に関連する実際的な活動をさすために長い間使用されてきた。

今日では，博物館実践学は，博物館学の実用的または応用的な側面，すなわち博物館の業務を遂行するために開発されてきた技術，とくに博物館施設の計画および整備，保存，修復，安全および展示に関する技術と定義される。

今日では，展示技術や保存修復技術，情報技術は格段に発達しているため，博物館を取り巻く技術はますます発展していくものと予想される。

3　博物館学の研究方法

(1) 博物館学の方法とは何か

博物館は資料を収集し，整理・体系化し，展示・教育利用，保存・修復，目録化・情報公開化などさまざまな業務がある。と同時に，一般市民や観客を対象に資料を展示し（可視化），その資料の価値に関して解説を行い，資料を用いながら教育活動（実物教育）を展開する場であり，機関である。このような一連の業務プロセスが博物館機能のなかに存在する。このプロセスこそ博物館学の方法論といえるものであろう。

図1.1.2　世界最初の博物館の書といわれている　Museographia（1727），ライプツィッヒ

これまで多くの文献では，博物館学の研究方法はほかの学問領域の応用にすぎないと指摘されてきた。しかし，博物館学は博物館に関する理論研究であるから独自の方法論があることが大前提である。

ファン・メンシュ（van Mensche, P.）は博物館学研究の方法論として，①経験的―理論的方法論，②哲学的―批評的方法論，③人間行為（実務）的方法論の3つのアプローチを取り上げて考察している[7]。

第1の経験的―理論的なアプローチとは，博物館の設計・管理・経営・運営実務，評価など，さまざまな経験から得た個別の知識を汎用性のある理論へと展開するアプローチである[8]。またその逆のアプローチ，つまり理論を実際レベルに適用させるアプローチも含まれる。ファン・メンシュによれば，博物館

第1章　博物館学論　13

の「本質的合理性 (substantional rationality) の追求を目的としており，歴史的・社会的文脈のなかで博物館学的な現象を理解しようとする試み」である。主として発見的方法論 (heuristic) が採用されることになる。

表1.1.1　博物館学研究の方法論

	研究方法論（アプローチ）の分類
1	経験的―理論的なアプローチ the empirical‐theoretical approach
2	哲学的―批評的アプローチ the philosophical‐critical approach
3	人間行為（実務）的アプローチ the praxeological approach

これに対し，第2の哲学的―批評的アプローチは，「博物館の存在意義を明らかにすること」と同時に，「なぜ資料を収集し，保存・展示するのか」という博物館の根本的な問いを投げかけ，その問いを明らかにしていくという哲学的な方法論であり，記述的な方法論である[9]。前者が行動戦略をデザインしていくのに対し，後者は「観点」や「指針」を発展させていくアプローチである[10]。

第3の人間行為（実務）的アプローチとは，「機能的合理性」(functional rationality) を解明し，博物館活動の最適な手段（方法，技術，手順）を事前に定めてよりよい博物館に発展させていく方法であり，前述した博物館技術 (museography) としばしば称される。文化的文脈の考察よりも，より技術的であり，実務指向的である。この人間行為（実務）的アプローチを博物館実務レベルで置き換えてみると，来館者調査・来館者の行動分析，博物館利用者心理学のような研究領域であり，また人間が関与する「展示」などの技術的な分野であるといえる。

（2）博物館学の「学」としての存立性

さて，博物館学研究が活発になったのは，いつごろからであろうか。博物館学研究の黎明期は1960年ごろからで，主として中欧および東欧である。チェコスロバキアの博物館学者Z.Z.ストランスキーを中心に「博物館学とは何か」という議論が活発に論じられるようになり，次第に科学的に研究すべき独立した学問領域の1つであると考えられるようになった。ストランスキーは次のように論述している[11]。

「博物館学は他から独立した科学的学問である。その主題は，さまざまな博物館の形態で客観的に表現された全歴史を通じた人間の現実に対する特定の態度…記憶システムの表現，記憶システムの比例的な一部分…である。本質的に，社会科学である博物館学は，記憶の補助となる記録に基づく科学の領域に関連し，社会における人間の理解に貢献する」(Stránský 1980)

しかし，この特定のアプローチは，多くの批判を浴びた。博物館は人間の歴史において比較的最近になってつくり出されたものであり，ストランスキーの主張する博物館学の対象は博物館ではない，とあまり受け入れられなかった。こうした考え方が出発点となって，「人間と現実の間の特定の関係」を研究することが必要であると認識されるようになり，これを博物館性（museality）と呼ぶことになった[12]（Waidacher 1996）。

チェコスロバキアのブルーノ学派（Brno school）によれば，博物館学は「自然と社会の発展を記録するために厳選された，有形・無形，動産資料，主として3次元の資料の意図的・体系的な収集および保存によって構成される人間の現実に対する特定の関係についての研究」[13]と定義した（Gregorová 1980）。

しかし，博物館を研究する目的も，その方法論の確立も発展途上にあり，博物館学を科学としてとらえることは徐々に放棄されていった。むしろ，今日では，博物館学が細分化される傾向にあり，博物館経済学（Economuseology），博物館経営学（Museum Management Studies），博物館社会学（Museum Sociology），博物館哲学（Museum Philosophy），エコ・ミュゼのための博物館学（Ecomuseology），科学技術系博物館のための博物館学（museologie scientifique），新博物館学運動（nouvelle museology），博物館観光学（tourism museology），博物館情報学（Museum Informatics）など，細分化の傾向が見られる。　［水嶋英治］

注
1) Lumley, R. (ed.), *The Museum Time Machine: Putting Cultures on Display*, Routledge, 1988.
2) Schreiner, K., *Studies on Museology : Terminological Dictionary of Museology*, Leipzig, 1988.

3) フランス語では muséologie、ドイツ語では Museologie, Museumswissenschaft, Museumskunde という。
4) 中欧および東欧の多くの博物館学者は応用博物館学（applied museology）という言葉を使用している。
5) Rivière, G. H. *La Muséologie selon Gerges Henri Rivière*, Paris, 1981.
6) フランス語では muséographie、ドイツ語では Museographie という。この用語は主としてフランス語圏で使用されるが、英語圏ではほとんど使われることはなく、museum practice（博物館実務）という用語のほうが好まれる。フランス語の muséographie（博物館実践学）という用語はどちらかというと「展示手法」（または展示技術）を意味する。言葉は進化するために、最近では、博物館空間に関するものかどうかに関係なく「展示技術」「展示設計」には expography という用語が提案されている。
7) van Mensch Peter., *Museology and its use for museums, in Papers in Museology 1*, Almqvist & Wiksell Internationa, Stockholm, p. 80-81.
8) ティモシー・アンブローズ、水嶋英治訳『博物館の設計と管理運営』東京堂出版、1997年。
9) この哲学的―批評的アプローチは、新博物館学（new museology）、コミュニティ博物館学（community museology）、エコ博物館学（ecomuseology）のような呼び方も提唱されている（van Mensch、前掲書 p. 81）。
10) 前掲 7)、p. 80.
11) Stránský, Z. Z., *Museology as a Science, Museologia, 15, XI*, p.33-40, 1980.
12) Waidacher, F., *Handbuch der Allgemeinen Museologie*, Wien, Böhlau Verlag, 2nd ed., 1996.
13) Gregorová, A., *La Muséologie - Science ou seulement travail pratique de muse*, MuWop-DoTraM, no. 1, p. 19-21, 1980.

第 2 章　博物館論

1　博物館の定義

　現代博物館は，博物館法（昭和26年12月1日　法律第285号）に基づき設置・運営されている施設である。したがって，すべての博物館の設置運営に関する法的根拠はこの法に依拠するものである。当該法は，1872（明治5）年に始まるわが国の長い博物館の歴史のなかで，最初の制定であるところに大きな意義を有するものである。つまり，はじめて法による博物館の定義が明示されたのであった。

　したがって，博物館の定義を考えるにはまず下記条文の理解が基本となることは確認するまでもない。ただし，あくまでも法に基づく定義であることも忘れてはならない。

　さらに，博物館の定義を考えるにあたり，博物館法第1章総則のなかの第1条（この法律の目的）と第2条（定義）および1950年の第11回ユネスコ総会の会場にて採択された「博物館をあらゆる人に解放する最も有効な方法に関する勧告」，1946，1951，1963，1989年の国際博物館会議（International Courcil of Museums；ICOM）規約を以下に転載する。

博物館法（昭和26年12月1日　法律第285号）
(この法律の目的)
第1条　この法律は，社会教育法（昭和24年法律第207号）の精神に基づき，博物館の設置及び運営に関して必要な事項を定め，その健全な発達を図り，もって国民の教育，学術及び文化の発展に寄与することを目的とする。
(定　義)
第2条　この法律において「博物館」とは，歴史，芸術，民俗，産業，自然科学等に関する資料を収集し，保管（育成を含む。以下同じ。）し，展示して教育的配慮の下に一般公衆の利用に供し，その教養，調査研究，レクリエーション等に資

するために必要な事業を行い，あわせてこれらの資料に関する調査研究をすることを目的とする機関（社会教育法による公民館及び図書館法（昭和25年法律第118号）による図書館を除く。）のうち，地方公共団体，一般社団法人若しくは一般財団法人，宗教法人又は政令で定めるその他の法人（独立行政法人（独立行政法人通則法（平成11年法律第103号）第2条第1項に規定する独立行政法人をいう。第29条において同じ。）を除く。）が設置するもので次章の規定による登録を受けたものをいう。

2　この法律において，「公立博物館」とは，地方公共団体の設置する博物館をいい，「私立博物館」とは，一般社団法人若しくは一般財団法人，宗教法人又は前項の政令で定める法人の設置する博物館をいう。

3　以下略（筆者）

1946年　国際博物館会議（ICOM）統一見解
博物館は，一般に公開された，美術，工芸，科学，歴史または考古学的の，動物園及び植物園をも含めた，すべての収集を包括する。但し，図書館は，常設の陳列室をもつもののほかは除くものとする。

1950年　第11回ユネスコ総会の会場にて採択された「博物館をあらゆる人に開放する最も有効な方法に関する勧告」
博物館とは，各種方法により，文化評価を有する一群の物品ならびに標本を維持・研究かつ充実することを特にこれらを大衆の娯楽と教育のために展示することを目的とし，全般的利益のために管理される恒久施設，即ち，美術的・歴史的・科学的及び工芸的収集，植物園，動物園ならびに水族館を意味するものとする。

1951年　国際博物館会議（ICOM）　憲章　第2章
博物館とは，芸術，歴史，美術，科学及び技術関係の集収品，ならびに植物園，動物園，水族館等，文化的価値のある資料，標本類を各種の方法で保存し，研究し，その価値を高揚し，なかんずく公衆の慰楽と教育に資するために公開することを目的として，公共の利益のために経営されるあらゆる恒常的施設をいう。従って，公共図書館，公共記録保管所（文書館）等で常設の展示室を備えるものも博物館として扱う。
　　　1968 鶴田総一郎「国際博物館会議（ICOM）について」『自然科学と博物館』　第35巻

1963年　国際博物館会議（ICOM）規約
第3条　研究，教育，および慰楽を目的として，文化的，または科学的に意義のある収集資料を，保管し，および展示する常設機関はすべて博物館とみなす。
　第4条　この定義には次のものが含まれる
　　（a）公共図書館および文書館によって常設されている展示館

(b) 大衆に公開されている「史的記念館および寺社の宝物，宗教的建造物」等その附属物件，史跡および遺跡
　(c) 生きているものを展示している植物園，動物園，生態飼育館およびその他の機関
　(d) 自然保護地域および自然景観

1989年　国際博物館会議（ICOM）規約第2条
　博物館とは，社会とその発展に貢献し，研究・教育・楽しみの目で人間とその環境に関する物質資料を取得，保存，研究，伝達展示する公共の非営利常設機関である。

　まず，博物館法第2条の（定義）は，1950（昭和15）年12月4日に第11回ユネスコ総会の会場にて採択された「博物館をあらゆる人に開放する最も有効な方法に関する勧告」の内容や，1946，1951，1963年および1989年9月5日の国際博物館会議（ICOM）の採択による定義と基本的主旨は，ほぼ同様であることは上記の条文からも理解できよう。1946年の統一見解は，国際連合のユネスコのなかに国際博物館会議が創設されたことに起居するものであった。その後，度重なる変更がなされてはきているが，基本的理念は踏襲されてきたと看取される。ただ，国際博物館会議（ICOM）の博物館としての範囲設定は，わが国の博物館の対象範囲の概念を，はるかに凌駕するものであることがうかがい知れよう。つまり，教育と知的娯楽性を有する機関で，一過性ではなく常設機関であるすべてをその範疇においているのが基本的な思想であるといえよう。

　さらに，注視せねばならない点は，1951年の時点では博物館は施設として記しているのに対し，1963年からは機関と変更されていることである。つまり，博物館は単なる施設ではなく目的と自主性をもって人に積極的に関与することを目的とする機関なのである。

　以上の博物館法第1条（この法律の目的）からも明白であるように，博物館法の親法は1949（昭和24）年に制定された社会教育法であるところから，まず博物館は社会教育機関・施設であることがうかがい知れるのである。なお，具体的に社会教育法の精神とは，社会教育法第9条（図書館及び博物館）「図書

館及び博物館は，社会教育のための機関とする。第2項　図書館及び博物館に関し必要な事項は，別に法律をもって定める」に依拠しているものである。

　また，今日死語となりつつある「社会教育」という呼称は，1990（平成2）年6月に制定された「生涯学習の振興のための施策の推進体制等の整備に関する法律」（通称，「生涯学習振興法」）に基づき，生涯学習と呼び替えられているが，法の意図するところは同一である。

　ついで，博物館法第2条の冒頭部は博物館の専門領域を具体的に明示するもので博物館は人文・自然の両分野にわたる広域な学域を対象とするものであり，さらに条文のなかの「保管（育成を含む。以下同じ）」にカッコを用い記載されているところから，生命を有する資料を対象としていることも理解できよう。すなわち，生きている資料を扱う動物園・水族館・植物園も博物館であることが理解できるのである。同様に，美術館と博物館は異なる施設であるとする社会での一般的ともいえる認識は，誤認であり美術館は美術を専門領域におく博物館なのである。

　同条文第1項の冒頭部は博物館の特性と博物館の機能を明記している。つまり，「資料を収集し，保管し…」で始まるところからも明白であるように，いずれの専門領域の博物館においても資料が基盤であることを博物館の基本特性とする。同じ生涯学習機関である図書館は図書を基盤とする教育機関であると同様に，博物館は専門領域に整合した資料を基本に，それらを媒体とする機能を有した生涯学習に特化した教育機関なのである。

　博物館の具体的な機能は，基本・展開・応用の3種の機能が存在すると考えられる。基本機能としては資料の収集・保管（存）・研究であり，展開機能は基本機能の1つである研究により抽出された情報の伝達・発信である展示・教育諸活動である。応用機能は条文が示す「その教養，調査研究，レクリエーション等に資するために」を果たすことで，利用者が知的欲求の充足のために行う調査・研究への取り組み支援である。具体的には，資料が内在している学術情報を展示・教育諸活動などを通して博物館利用者が得る発見と驚きや満足感，博物館の種類によっては癒し・やすらぎ・回想などの広い意味での楽しみを提

供することであると考えられる。

　中頃に記されている「あわせてこれらの資料に関する調査研究をすることを目的とする機関」は、直截(ちょくせつ)に博物館は研究機関であることを明文化したものである。

　条文の後半は，博物館の設置機関を明確にしたものである。そこには，まず県および市町村である地方公共団体・一般社団法人／一般財団法人・宗教法人・政令で定めるその他の法人があげられている。これらの地方団体および法人はいずれもが営利追及を目的としない点で共通しているのである。地方公共団体の設置に関しても，公立博物館は博物館法第19条（所管）で「公立博物館は，当該博物館を設置する地方公共団体の教育委員会の所管に属する」と，さらなる条文によっても利潤の追求が規制されているのである。

　また，このことは，1989年に採択された国際博物館会議（ICOM）規約第2条定義のなかに明示されている「非営利常設機関」の理念とも符号する。博物館はあくまで教育機関であり，研究機関であって，さらに恒久性を有した非営利機関であらねばならないのである。ゆえに，今日国内で，なかでも観光地などに林立する利潤目的や恒久性に乏しい株式会社や個人が設置する博物館とは何らかの峻別が必要である。

　したがって，博物館法第23条（入館料等）についても十分な再考を必要とするものである。

　条文末尾に記されている「登録を受けたものをいう」とは，法に準拠した博物館とは公立・私立を問わず当該博物館が所在する都道府県の教育委員会に備えられている博物館登録原簿に登録された博物館を具体的にさしているのである。登録審査の基本的要件は，博物館法第12条に次の4要件が明記されている。

　1，（略）必要な博物館資料があること。
　2，（略）必要な学芸員その他の職員を有すること。
　3，（略）必要な建物及び土地があること。
　4，（略）1年を通じて150日以上開館すること。

要約すると，博物館とは登録もしくは博物館法第29条に基づく博物館に相当する施設であり，営利を目的としない人文・自然の両分野における専門領域内での学術資料を媒体とする恒常的な教育（生涯学習）機関であり研究機関なのである。さらには，一連の基本機能により得られた学術情報を広く伝達，発信するといった博物館活動の成果を展開し，利用者の知的欲求や癒しを基本とする知的・精神的楽しみをもたらす場を構築した機関でなければならないのである。

2　博物館の目的と機能

（1）博物館の目的

　博物館の大局的目的は，前節で記した博物館法第1条の目的からも明白であるように，社会教育法の延長上での博物館教育であることはまちがいない事実である。

　このことは，わが国で博物館学の発生期である1875（明治8）年に，ウィーン（澳国
おうこく
）博覧会事務局副総裁であった佐野常民が記した「博物館設置に関する意見書」1)からもうかがい知ることができる。そこには，下記の如く記されている。

　　「博物館ノ主旨ハ，<u>眼目ノ教ニヨリテ人ノ智巧技芸ヲ開進セシムル</u>在リ夫人心ノ事物ニ触レ其感動識別ヲ生スルハ眼視ノ力ニ由ル者最多ク且大ナリトス国ノ言語相異リ人ノ情意相通セサル者モ手様ヲ以テスレハ其大概ヲ解知スベク物ノ研堂美醜ヲ別シテ愛憎好悪ノ情ヲ発スルト其形質体状ニヨリテ製式用法ヲ了会スルト斉ク眼視ノ力ニ頼ラサルナシ古人ノ云ウアリ百聞ハ一見ニ如カスト<u>人智ヲ開キ工芸ヲ進マシムルノ最捷径最易方ハ此眼目ノ教ニ在ルノミ</u>是即チ近時欧州各国争テ博物館ヲ建設シ宇内万邦ノ珍器要品ヲ展列シ人民ノ縦観ニ供シテ以テ之ヲ観導鼓舞スルノ原因タリ」　　　（傍線　筆者）

　博物館の受容期であり博物館学の揺籃期でもあった当該期においても，すでに博物館設立の目的は，教育であったことがうかがえるのである。

博物館は，教育を目的とする機関であるとする思潮の萌芽は上記のとおりであり，こののち黒板勝美・棚橋源太郎・木場一夫・鶴田総一郎・倉田公裕へと時代を追って明確に理論化され，増幅されていったのである。なかでも，鶴田が1956（昭和31）年に記した「博物館学総論」[2]のなかで博物館における展示を教育に位置づけたことにより，博物館の目的は教育であることを広く印象づけたことは周知のとおりである。本論は，当時の博物館界に大きな変革をもたらすものであった。

　さらに，倉田は，代表的著作である『博物館学』[3]のなかで次の如く記している。

　「社会により，社会のために，社会によって作られた博物館は，あくまで人間社会に奉仕せねばならないであろう。即ち，博物館において一体何のために収集をし，保存をし，研究をするのかを問いつめると，それは，博物館活動を通して，広義の人間教育のためになされているものと言いうるであろう」

　倉田の考えは，鶴田の教育論を強化した理論とも評せられるもので，博物館の目的はあくまで教育であって博物館資料の収集は教育を目的に行われるのであり，資料の保管・保存，研究に代表される博物館のすべての機能は，教育を目的に実施されるべきであると提言したものであった。

　多くの研究者が同調し，博物館界において共通理解を得たかに思われたかかる思想に対し，疑問を呈したのは新井重三であった。新井は，「Ⅱ 博物館とその役割　1 博物館とは（その理念と目的）」[4]のなかで次のように述べている。

　「倉田は，博物館の3本柱である①収集・保存，②調査・研究，③教育普及（展示）を充分認めながらも，なお，「要するに，博物館は法的にいう，社会教育を超えた人間教育の機関なのである。」と結んでいるが，筆者にはかくも教育にこだわる意図が理解できない。決して教育機関を否定するものではない。とくに，社会教育にこだわらない人間教育論には積極的に賛成する。けれども，前述した3本柱はどれも博物館において原則的に尊重されなければならないと思う。とくに研究と教育との間に隷属関係を持たせること

は，あってはならないことである。　　（中略）
　博物館にあっては，保存機能がもっとも重要のように思えてくるのである。博物館は見方によって教育機関である前に保存機関，研究機関である前にまず資料を確実に保存する場所でなければ，存在の意義はないのではないかと思うのである」
　新井の思想は，専門領域に照らし博物館を考えた場合，正鵠を射たものと評価できよう。つまり，理工系を専門領域とする科学館などは，原則として保存機能は不必要であるところから教育を目的とした資料の収集・製作であり，あくまで教育のみを目的とした展示であるから鶴田・倉田の考え方も納得できよう。
　しかし，一方で，博物館の基本機能のなかの資料保存は，考古・歴史・民俗・美術系の人文系博物館における資料は総じて現在に残る過去の遺産であり，これらの歴史資料を未来に伝えることが現在を生きるわれわれ全員の責務であることは確認するまでもない。これを社会的に担うのが人文系博物館であり，この資料保存の責務こそが人文系博物館の存在目的の１つであり，意義でもある。今日では，動物園においても種の保存を設立の目的に掲げているのである。
　また一方で，ここでいう教育の具体については従来より種々の考え方があるのも事実である。まず，博物館法第１，２条での教育について疑問を呈したのは森田恒之[5]であり，次のように記している。
　「この二つの法律がいわんとするところをまとめれば，博物館は青少年及び成人に対して，学校教育以外で組織的な教育活動を行なうために資料を収集・保管・展示し資料の調査研究，その他必要な事業を行なうことを目的に設置される，ということができる。この定義づけは，法律として公認されたものではあるが，よく考えてみると何を教育するのかの「何を」が脱落していることに気づく。逆に教育の受益権者である市民の立場からみれば，より高度の人間としての諸能力を発達・形成して行くために，自ら学ぶ「学習権」を行使しようとするとき，学習の場のひとつである博物館に何を期待したらよいのか，博物館は市民の学習権要求に対して，何を，どこまで責任を

持つ教育を行なってくれるのかが，かなり不明確なのである」

森田は，博物館の教育対象は「何か」と博物館は市民の学習権要求に対してどこまで責任をもった教育を行ってくれるのかの2点について疑問を呈しているのである。

まず，第1点の博物館の教育対象については確かに条文では明示されてはいないが，博物館法の親法である社会教育法のまた親法である教育基本法の理念をもってすれば当然の如く，博物館教育の対象者は国民であることは博物館法の行間より十分読みとることができる。

ついで，博物館は市民の学習権要求に対してどこまで責任をもつ教育を行うかについては，森田の指摘するとおり曖昧模糊としている。この不明瞭な点が，博物館の教育性自体の理念と目的を希薄な機能にいまだ留めているものと看取されるのである。

博物館教育の目的は，決して学校教育の補助教育ではなくあくまで生涯学習の完遂を目的におかねばならないのである。したがって，学校教育と比較すると博物館教育は生涯学習であるところから，学校教育はその関与する時間と内容とに照らし合わせた場合，生涯学習の基礎部分に比定できよう。かかる観点に立脚した場合，博学連携の理念とその具体においても再考の必要が生じてくるものと考えられる。

（2）博物館の機能

博物館の機能は，前節の博物館の定義で記した内容と概ね重複するものである。そこには，収集・保管（存）・研究・展示・教育活動等を一般に現代博物館の4大機能と称している。

① 収　集

博物館は，それぞれの専門領域のなかでの資料を媒介とする教育機関であるがゆえに，資料の収集を第1の機能とすることは博物館法第2条（定義）の条文の表現からもうかがえる。しかし，条文が明示するように，まず収集ありきではなく，収集の行為以前に調査・研究が十分に先行し，そのうえでの収集でなくてはならないのである。この行為により，基礎情報および学術情報を多分

に有した優秀な資料が収集され，その結果優秀な収蔵品（館蔵品・コレクション）が形成されるのであり，また形成されねばならないのである。収蔵品は，博物館の基盤を成すものであり，博物館の顔である展示の骨格となるところから，博物館を代表する機能である展示と表裏一体の関係にあるといえよう。

② 保管（存）

前述したように，資料の保存行為は，考古・歴史・民俗・美術系の人文系博物館における歴史・民俗・美術資料を，現在に残る過去の遺産であるところから，未来に伝達することが現在を生きるわれわれ全員の責務である。これを社会的に担うのが人文系博物館であり，この資料保存の責務こそが人文系博物館の存在目的であり，意義でもあることは確認したとおりである。

ここでいう資料の保存とは，いずれの資料もいつかは滅ぶといった「世の無常」にも抗おうとする考え方である。具体的保存方法としては，日本人の智恵の結晶である伝統的保存方法と科学的保存方法があり，資料の特性により両方法を選択もしくは併合して考えることが肝要である。

③ 研　究

博物館は，研究機関であることは前節の定義でも確認したとおりである。具体的には2種の人々による研究が博物館で存在しなければならないのである。まず第1は，博物館において博物館利用者が自らあるいはグループで行う研究であり，第2は博物館の専門職員である学芸員が行う研究である。また当然のことながら，博物館利用者と学芸員の共同研究も本来博物館がめざす博物館像であり，これらが一般化すれば市民参加型博物館としての達成度は大きく進捗したものと判断できよう。

博物館における研究とは，原則的にはそれぞれの博物館の基盤である資料が本来有する無尽蔵なる学術情報の抽出である。この学術情報の抽出である研究の目的は，得られた情報の伝達公開，すなわち説示型展示を構成することである。したがって，資料のない博物館は新たな研究も存在しなければ，新たな研究成果もなく，当然見る人を納得させうる展示も構成しえないこととなる。また，資料が存在しても研究のない博物館は博物館ではなく，継続しえないこと

も事実である。

④ 展　示

　博物館における展示は，博物館を象徴する機能であり，博物館展示は博物館教育の最大の具体である。広義の展示[6]とは，情報伝達の手段でありコミュニケーションの一形態であるから，当然博物館展示も情報の伝達でなければならないのである。見る者にとって「驚きと発見」といった知的欲求を充足させる展示でなければならないのである。

　まず，それには提示型展示から説示型展示への昇華がいずれの専門分野においても必要である。広義の展示に照らし合わせても理解できるように，展示には意図の介在が必ず必要なのである。展示が変われば，博物館は必ずよくなる。

⑤ 教育活動

　博物館における教育の形態は，一般に展示と教育諸活動を車の両輪にたとえ位置づけられている。この考え方は，博物館展示が最大の教育であらねばならないのに対し，不十分であるところから教育諸活動の必要性が発生しているものと看取される。この意味でも教育効果のより高い展示の一層の改良が根底にあろう。

　具体的には，各種の講座・講演会・研究会・講習会・体験学習・見学会・出前授業・ホームページ・紙媒体による情報発信・出版などが幅広く実施されている。

3　博物館の分類

　博物館を分類するにあたっての分類基準としては，①法制度による分類，②「公立博物館の設置及び運営に関する基準」による分類，③設置者による分類，④専門領域による分類，⑤機能による分類，⑥設置理念の機能による分類，⑦展示空間の場による分類の7分類が考えられる。

（1）法制度による分類

　博物館法に基づくと，まず博物館は登録博物館と相当施設の2種に分別され

ている。この2種に該当しない博物館は，慣習として博物館類似館あるいは博物館類似施設と呼称されているが，当該用語の使用はもちろん法的用語に依拠したものではない。したがって，本分類によるかぎりいわゆる博物館類似館・博物館類似施設は博物館ではないのである。この圧倒的多数を占める博物館類似館・博物館類似施設の存在は，正に玉石混交の状態を呈し一般市民にとって博物館をわかりにくくしているのが現状である。

登録博物館は，博物館法第12条の登録要件に基づき都道府県の教育委員会が備える博物館登録原簿に登録を受けたものをいう。第12条で明示する登録要件は，以下のとおりである。

一　第2条第一項に規定する目的を達成するために必要な博物館資料があること。
一　第2条第一項に規定する目的を達成するために必要な学芸員その他の職員を有すること。
一　第2条第一項に規定する目的を達成するために必要な建物及び土地があること。
一　1年を通じて150日以上開館すること。

博物館相当施設は，博物館施行規則第3章（第18〜24条）の要件に基づき，国または独立行政法人が設置する施設にあっては文部科学大臣が，そのほかの施設にあっては所在する都道府県の教育委員会が博物館に相当する施設として指定したものをさす。指定要件の審査要件は第19条に明示されており下記のとおりである。

一　博物館の事業に類する事業を達成するために必要な資料を整備していること。
二　博物館の事業に類する事業を達成するために必要な専用の施設及び設備を有すること。
三　学芸員に相当する職員がいること。
四　一般公衆の利用のために当該施設及び設備を公開すること。
五　1年を通じて100日以上開館すること。

以上の如く登録・相当施設の両制度に共通する要件は，資料・学芸員・建物・恒常的公開である。上記の博物館施行規則第19条の要件には少なくとも3つの疑問が看取される。まず，第1項第一・二号の冒頭で使用されている「博物館の事業に類する事業」とは何か。ついで三の「学芸員に相当する職員」の意図するところは何か。最後に，四の「当該施設」の表記，すなわち「機関」ではなく「施設」をなぜ使用しているのかという点である。

　つまり，博物館相当施設は当初より博物館には含めないとする考え方に立脚しているとも把握できるのである。そもそも，博物館相当施設は登録博物館と峻別する必要があるのだろうか。今後，熟考を要する点である。

（２）「公立博物館の設置及び運営に関する基準」による分類

　1973（昭和48）年11月30日付の文部省告示第164号として出され2003（平成15）年6月に廃止となった，「公立博物館の設置及び運営に関する基準」の第2条（定義）には，総合博物館・人文系博物館・自然系博物館の学術分野による分類が下記のとおり明示されていた。

　第2条　この基準において，次の号に掲げる用語の意義は，当該各号に定めるところによる。
　　　一　「総合博物館」とは，人文科学及び自然科学の両分野にわたる資料（博物館法第2条第3項に規定する博物館資料をいう。以下同じ）を総合的な立場から扱う博物館をいう。
　　　二　「人文系博物館」とは，考古，歴史，民俗，造形美術等の人間の生活及び文化に関する資料を扱う博物館をいう。
　　　三　「自然系博物館」とは，自然界を構成している事物若しくはその変遷に関する資料又は科学技術の基本原理若しくはその歴史に関する資料若しくは科学技術に関する最新の成果を示す資料を扱う博物館をいう。

　人文系博物館と自然系博物館の峻別は，容易に理解できる条文であるが，総合博物館に関しては二通りの解釈がなされてきた。細分された種々の学問分野をひとつ屋根の下で扱う郷土資料館タイプの百科事典的総合博物館と1つのテ

ーマを学際的総合により研究・展示する総合博物館である。前者は郷土資料館型の博物館であり，後者の具体的例をあげると，たばこと塩に関して植物学・鉱物学・考古学・人類学・民俗学・民族学・歴史学・海洋学・医学・美学などの総合学域による「たばこと塩の博物館」が該当する。

　また，当該基準第3条には「都道府県は，総合博物館又は人文系博物館及び自然系博物館を設置するものとする」と明示されていた。都道府県が設置する博物館は第一義的には総合博物館であり，それがかなわぬ場合は人文系博物館と自然系博物館のそれぞれ1館の設置を促がしたものであった。しかし，近時の新設・リニューアル館の動向は，総合博物館ではなく人文系博物館と自然系博物館の分化傾向が強く認められる。

(3) 設置者による分類

　まず，登録博物館の設置者は，地方公共団体・一般社団法人もしくは一般財団法人・宗教法人・独立行政法人に限定される。

　登録博物館とその枠外の博物館を含めて，国立・公立・私立の3大区分がまずある。ついで一般的設置者による分類としては，国・独立行政法人・都道府県・市町村・組合・国立大学・私立大学・学校法人・一般財団法人・一般社団法人・宗教法人・特殊法人・株式会社・個人などが存在している。

① 国立博物館

　国立博物館は，東京・京都・奈良・九州の4館を始めとし，国立美術館3館，国立民族学博物館・国立歴史民俗博物館が一般的である。旧国立大学が設置するユニバーシティミュージアムも国立の機関である。知られていない国立の博物館としては，大蔵省が設置する「お札と切手の博物館」や労働省の「産業安全記念館」，衆議院事務局による「憲政記念館」，宮内庁の「三の丸尚蔵館」などが設置されている。

② 公立博物館

　公立博物館は，都道府県および市町村が単独で設置するものや，近隣の自治体が事務組合を結成し，設立した博物館である。

　博物館法第19条（所管）には，「公立博物館は，当該博物館を設置する地方

公共団体の教育委員会の所管に属する」と明示されているが，公立博物館のなかには，教育委員会の所管ではなく知事・市長・町村長部局に属するものも多く認められる。都道府県および市町村が設置し，民間に運営を委託する公設民営型博物館は，このタイプの公立博物館である。

両者の見分け方としては，一般に「立」が機関名称に加えられている場合は教育委員会の所管である。たとえば，神奈川県立歴史博物館や相模原市立博物館は教育委員会の所管であり，東京都江戸東京博物館や横浜市歴史博物館は知事・市長部局の所管の公設民営型博物館である。富山県「立山」博物館は混乱を防ぐためにカッコで括っている。

③ 私立博物館

私立博物館は，博物館法で登録博物館の設置が認められている一般財団法人・一般社団法人・学校法人・宗教法人による利潤を目的としない法人が設立するものや，それ以外の学校法人・株式会社・同好の士・個人が設置するものをいう。

④ 専門領域による分類

専門領域による分類は，取り扱う資料の種類を分類基準におくもので博物館分類の基本である。しかし，文部科学省の社会教育調査や日本博物館協会による分類では，不具合なことに総合博物館・郷土博物館・野外博物館といった明らかに次元の異なる博物館をも当該分類で仕分けしている。したがって，ここでは考古博物館・歴史博物館・民俗博物館・民族博物館・美術博物館・自然史博物館・科学博物館・理工博物館・動物園・植物園・水族館を専門領域による分類とする。

また，一般的な複合館としては考古・歴史・民俗を併せもつ歴史民俗博物館などがあり，複合園・複合館園は動植物園に代表される動物園植物園や動物園水族館・水族館植物園・動物園水族館植物園が存在している。

⑤ 機能による分類

資料の調査・収集，保管・保存，調査・研究，展示・教育は博物館の4大機能であり，本来はこれらの機能が平均して働くのが博物館であり，そうあるこ

とが望ましい。しかし、現実には本来果たさねばならない基本機能が脆弱であったり、まったく機能していない博物館も存在している。つまり、まだまだわが国の博物館においては調査・収集、保管・保存、調査・研究の一次機能に重点が注がれ、社会への情報発信である展示・教育である二次機能が手薄である。なかでも、博物館を代表する機能である常設展示が博物館の教育として機能していない博物館も多々認められことは周知のとおりである。

　本分類は4大機能の軽重を基準に分類するものである。具体的には全機能型博物館、保存型博物館、研究型博物館、教育型博物館、レクリエーション機能重視型博物館、野外型博物館に区分されよう。

a. 全機能型博物館（博物館型博物館）

　上述の如く、4大機能がある一定の水準をもって均等に機能する博物館をさすものである。

b. 保存型博物館（収蔵庫型博物館）

　資料の保管・保存を第一義とした資料の保存重視あるいは保存を専門とした公開施設で、寺社が設置運営する宝物殿・宝物館や民俗資料保存庫などが該当する。当然いわゆる展示機能は有するが広義の展示に含まれる展示であって博物館展示にはいたっていないものが一般的である。研究機能は、原則的に有していない施設である。

c. 研究型博物館（旧資料館型博物館）

　展示・教育機能を除く、資料の調査・収集、保管・保存、調査・研究を行い、なかでも研究に重点をおく博物館をさす。かつて、研究に重点をおく大学附属の博物館は、資料館と一般に命名されてきた。ところが、1996（平成8）年に報告された学術審議会学術情報資料分科会学術資料部会報告による「ユニバーシティ・ミュージアムの設置について」により大学附属の博物館は、その名称を「資料館」から「博物館」へと変更されるにいたった経緯を有する。したがって、「研究型博物館」イコール「資料館型博物館」とする公式は今では崩れた。

　大学共同利用機関の目的で設置された研究機関である国立民族学博物館・国

立歴史民俗博物館や姫路工業大学自然・環境研究所が附置する兵庫県立「人と自然の博物館」や福岡県立歴史資料館を始めとする文化財保護法に基づく機関の多くが，資料館を命名している。

d．教育型博物館（科学館型博物館）

子ども科学館・青少年科学館などの理工系・天文系博物館を意図するものである。これらの館種は，基本的には科学・物理学・天文学などのそれぞれの学術分野での確固たる理論が存在していて，それらの理論を伝達する方法として展示を行うのである。原則的には，一次資料を媒体としない博物館であるところからも，教育機能を突出させた博物館である。

e．レクリエーション機能重視型博物館

当該分類は，類書では世代別分類あるいは機能分類と区分されているが，世代別分類は論文の内容に基づく名称であるが一般にわかりづらく，機能分類に関しては確かに博物館の基本機能に関与する内容であるから整合性は認められる。

設置理念の機能とは，竹内順一が提唱した第3世代博物館論[7]を基盤に，伊藤寿郎が更なる展開を試みた設置理念[8]であった。これによると，第1世代は保存志向型博物館・第2世代は公開志向型博物館・第3世代は参加志向型博物館に区分した。第1世代の博物館は，資料の保存を基軸におき観光や娯楽の場とする考え方であり，第2世代の博物館は資料の展示による公開を目的としたもので，第3世代の博物館は市民が博物館の活動に自らが参加し実践するといった博物館の将来像を求めたものであった。当該分類に照らし合わせると多くの博物館は，まだまだ第1世代の博物館であるが第2世代の公開志向型博物館はもちろんのこと，第3世代である参加志向型博物館も徐々に出現している。

f．野外型博物館

一般に博物館は，建物内に展示空間をおき，原則的には活動空間も建物内におく建物内博物館と，野外に展示および活動空間をおく野外博物館に大別される。

野外博物館は，民家園の如く移設収集型野外博物館，保存遺跡を対象とした

現地保存型野外博物館，野外美術館のように新たに展示物・構築物を制（製）作・建築する建築創造型野外博物館，スカンセン野外博物館や千葉県立房総のむらなどのように移設古民家と新しく復元された民家の両者を有する移設・復元型野外博物館の4形態に分類される。

4　博物館の施設・設備

(1) 博物館の建物の面積

博物館の建物の面積については，博物館法（昭和26年法律第285号）第12条（登録要件の審査）の第1項第三号三項に「第2条第1項に規定する目的を達成するために必要な建物及び土地があること」とわずかに記されているにすぎない。また，「公立博物館の設置及び運営上の望ましい基準」（平成15年文部科学省告示113号）には，第11条に「施設及び設備等」はあるものの，面積についてはまったくふれられていないのが実情である。

ただ，2003（平成15）年6月に廃止となった「公立博物館の設置及び運営に関する基準」（昭和48年文部省告示第164号）第5条（施設の面積）では下記のとおり記されている。

（施設の面積）
第5条　博物館（動物園，植物園及び水族館を除く。）の建物の延べ面積は，都道府県及び指定都市の設置する博物館にあつては6,000平方メートルを，市（指定都市を除く。）町村の設置する博物館にあつては2,000平方メートルをそれぞれ標準とする。
2　動物園，植物園及び水族館の施設の面積は，次の表に掲げる面積を標準とする。

博物館の種類	施　設　の　面　積
動物園	建物の延べ面積　20平方メートルに平均同時利用者数を乗じて得た面積
植物園	敷地の面積　20万平方メートル
水族館	敷地の面積　4,000平方メートル

（備考）この表中「平均同時利用者数」は，次の算式のより算定するものとする。
年間利用者数（又は年間利用者見込数）×（1日利用者1人の平均利用時間数÷年間公開

時間数)×1.5

具体的な面積を記したものであった。さらに同告示を受けて，これも2003（平成15）年に廃止となったが「公立博物館の設置及び運営に関する基準の取り扱いについて」（昭和48年各都道府県教育委員会教育長あて，文部省社会教育局長通達）のなかの"五　第5条関係"では下記のとおり詳細な面積があくまで目安として示されていた。

> 五　第5条関係
> （1）本条第1項の6,000平方メートル及び2,000平方メートルの用途別面積は，次の表に掲げる通りである。
>
> | 用　途　別 | 都道府県立・指定都市立 | 市町村立 |
> |---|---|---|
> | 展示・教育活動関係 | 2,500平方メートル | 850平方メートル |
> | 保管・研究関係 | 2,500平方メートル | 850平方メートル |
> | 管理・その他 | 1,000平方メートル | 300平方メートル |
>
> （2）総合博物館にあつては，その性格にかんがみ，本条第1項に定める面積のおおよそ1.5倍程度を確保することが望ましい。
> （3）本条第2項の表に掲げる20平方メートルは，次の数式により算出したものである。
> 20平方メートル＝利用者1人当たり有効展示中（50センチメートル）×展示施設平均奥行（20メートル）×2^(注)
> （注）平均同時利用者数を2倍とする意味で，これは季節により利用状況の変化があり，ある季節には平均同時利用者数の2倍の利用者があることを想定したものである。
> （4）市街地に設けられる動物園にあつては本条第1項に定める面積以下としても差しつかえないが，その場合にあつても同項に定める面積の2分の1以上を確保することが望ましい。
> （5）本条第2項の表に掲げる20万平方メートル及び4,000平方メートルは，それぞれ第6条第2項の表に掲げる植物園又は水族館に係る資料数の植物又は水族を周年栽培し，又は周年飼育し，生きた生物として展示できるよう配慮して算出したものである。
> （6）植物園の中に設けられる建物の面積は，本条第2項の表に掲げる植物園の敷地の面積の7パーセント以下とすることが望ましい。

要約すると，都道府県および指定都市立の博物館の建物の面積は，6000㎡を，市町村立は2000㎡を，総合博物館は前記の1.5倍の面積を必要とすると，具

体的に博物館の面積を始めて表示したものであった。

　博物館の建物の面積は，広ければ広いほど好ましいことはいうまでもないが，「公立博物館の設置及び運営上の望ましい基準」で示された6000，2000㎡，総合博物館の9000，3000㎡は，博物館としてある一定の水準を保ちうる面積であったと評価できる。さらにまた，「公立博物館の設置及び運営に関する基準の取り扱いについて」で展示・教育活動関係をそれぞれ2500㎡，850㎡，保管・研究関係を2500㎡，850㎡，管理・その他を1000㎡，300㎡と詳細に明示された。

　本告示と通達の廃止にともない，2003（平成15）年6月6日付で告示された「公立博物館の設置及び運営上の望ましい基準」（文部科学省告示第113号）には，第11条（施設及び設備等）に「博物館は，その目的を達成するため，必要な施設及び設備を備えるものとする」と記されているのみで何の意味ももたない条文となっている。また，同日付で文部科学省生涯学習政策局長通知の「公立博物館の設置及び運営上の望ましい基準」の告示についての"10　第11条関係"も，なんらの具体は記されていない。

　このことは，博物館の構成要素である人・モノ・場である，博物館の面積のみではなく学芸員・博物館資料においても大きく後退した告示となった。この意味で，本告示のもつ意味は計り知れないほど大きな意義をもつものであった。ゆえに，同告示の廃止は着実に充実してきたわが国の博物館の現状に致命的な後退を招く結果となった。この告示の改定に関与した博物館学者と博物館関係者の罪は大きい。

（2）展示室の位置と面積

　博物館は，多岐の目的による種々の施設が必要であることは確認するまでもない。そのなかにあって，博物館が博物館であるために必要とされる施設は，これも種々あろうがやはり展示室であり収蔵庫であろう。なぜなら，博物館をほかの教育機関と峻別する施設は展示室であり，それを支えるのが収蔵庫であるからである。したがって，ここでは博物館の主たる施設である展示室と収蔵庫に限定して述べるが，この両者以外の施設が不必要であるとするものでない。

展示室の位置は，平屋であれ二層建築であれ最上階に位置することが必要であると考える。その唯一最大の目的は，天井光の採り入れが可能な点である。まずここで確認せねばならないことは，確かに"光"は温度・湿度・酸素とともに資料を劣化・損壊させる4大因子の1つである。しかし，いかなる材質の資料にも光は，劣化・損壊を必ずもたらす最悪の因子であるとする短絡的な保存科学論の呪縛ともいえる妄信が跋扈していることもまた事実である。歴史民俗系博物館はもとより，光に対し鈍感な資料が大半を占める考古系博物館においてすら見学者が閉塞感と圧迫感を感じ長期間留まることのできない，天井高の低い無窓空間の展示室を建築しているのが通常である。つまり，光による損壊を受けづらい資料群を見極めたうえで，天井光の採り入れが可能な展示室の建築が望まれるのであり，展示室の位置は平屋は当然として必然的に二階建ての二層部といった最上層となるのである。

　博物館展示室への天井部からの自然光[9]の採り入れの利点は，①頭上から自然の採光による自然な空間の形成，②外光の変化に基づく展示室内の季節・時間の移ろい感の創出，③多光源によるグレア・反射の軽減による見にくさの解消，④暗い天井の重圧空間から明るい逍遥空間の形成，⑤人工照明の軽減による電気の省力化などがあげられる[10]。

（3）展示室の面積と収蔵庫の面積

　1970〜80年代は，博物館の収蔵庫の面積は展示室の面積の3倍を基本とするとまことしやかに述べられていたのである。このことは，具体的な資料保存施設としての博物館といった意識が強く，いわゆる第1世代の博物館が必要とする収蔵庫の主要性と重要性から，優秀で広面積な収蔵庫が要求されたのであろう。展示室と収蔵庫は広ければ広いほどよいのは当然であるが，欧米の博物館と比較しても全体に狭小なわが国の博物館においては，何もかもという訳にはいかないこともまた当然である。

　前掲の「公立博物館の設置及び運営に関する基準の取り扱いについて」では，展示・教育活動関係をそれぞれ2500㎡，850㎡，保管・研究関係を2500㎡，850㎡と記されているところからも，ほぼ同等と看取されよう。また一方，文

化庁文化財保護部による「有形文化財（美術工芸品）の展示を主体とする美術品または美術工芸品を多く取り扱う博物館等の施設配置に関する基準について）」(1970)では，美術工芸品の収納のための収蔵庫は展示室の50%であることと明記されているのである。

つまり，博物館経営の観点から筆者は，博物館を代表する機能そのものである展示室を収蔵庫の面積を割愛してででも面積を拡大すべきであると考える[11]。なぜなら，見学者が博物館と接するのは主として展示室のみなのである。決して収蔵庫が不要であったり，狭小でよいといっているのではない。収蔵庫のすべてが同一建物でなくともよいと考えるのである。博物館以外での収蔵庫の建設や別途施設の確保は，今日一般的であるといえよう。

こうして確保できた面積を，展示空間の拡張にふり充てることが重要である。展示内容にもよるだろうが，一般に5～10分で歩き終える展示室では，リピート客を呼ぶことは到底不可能である。つまり，展示室での滞留時間の延伸こそが，再度の利用者を招く結果となるものと考えられる。すなわち，1回では見切れないと感ずる充分な展示面積と，驚きと発見が繰り返される内容が充実した展示の両者が相まって，はじめて見学時間の伸張による知的充実感を生む。それと同時に，知的・体力的疲労の発生により知的欲求を継続しつつも見学の続行を断念せざるを得ない状況が，再度の来館を促がす要因であると考えられる。このために広い面積が必要なのである。仮に総床面積6000㎡の博物館の場合，展示・教育活動関係には少なくとも6割以上の3500～4000㎡を配分すべきであると考えるものである。

また，展示室も展示の形態によってはそれなりの収蔵機能を有するものであり，収蔵庫もまた棚橋源太郎の論[12]を借りるまでもなく，すべてではないが展示室となりうるのである。

（4）展示室・収蔵庫以外の施設と設備

博物館が博物館活動を行うには，当然のことながら展示室・収蔵庫以外の種々の施設と設備が不可欠である。博物館の一次機能を果たすには，学芸員研究室・事務室・市民研究室・図書室・作業室・資料整理室・資料室・トラック

ヤード・燻蒸室・解梱場・収納室（納戸）・写場・工作室などがあげられるが，博物館の館種に応じてはさらに増加する。二次機能に従事する施設の種類は，エントランスホール・受付案内・映像ブース・講堂・講義室・研修室・図書室・ミュージアムショップ・休憩室・喫茶レストランなどが必要である。これらの施設にともなう基本的設備としては，電気設備・空調設備・給排水設備・消火設備・防災設備・監視（モニター）設備・エレベータ・エスカレータなどがある。

［青木　豊］

注
1) 佐野常民「博物館設置に関する意見書」『わが国の近代博物館施設発達資料の集成とその研究』（明治編 1）日本博物館協会，1875 年。
2) 鶴田総一郎「博物館学総論」『博物館学入門』日本博物館協会，1956 年。
3) 倉田公裕『博物館学』東京堂出版，1979 年。
4) 新井重三「博物館とその役割」『博物館学講座』雄山閣，1979 年。
5) 森田恒之『博物館概論』学苑社，1978 年。
6) 青木豊『博物館展示の研究』雄山閣，2003 年。
7) 竹内順一「第 3 世代の博物館」『冬晴春華論叢』第 3 号，瀧崎安之助記念館，1985 年。
8) 伊藤寿郎『ひらけ，博物館』岩波書店，1991 年。
9) ここでいう自然光は，紫外線・赤外線・α線などの除去フィルターを何枚も通した間接光を必要とする。
10) 青木豊「博物館経営から見る照明に関する一考察」『國學院大學博物館学紀要』第 29 輯，2005 年。
11) 青木豊「博物館経営から見る展示室の面積と基本展示法」『國學院大學博物館学紀要』第 31 輯，2007 年。
12) 棚橋源太郎『博物館学綱要』理想社，1950 年。『博物館教育』創元社，1953 年。

第 3 章　博物館制度

1　博物館の諸制度と法的枠組み

（1）社会教育法と博物館法

　博物館行政の制度的基盤である博物館法は，1949年に制定された社会教育法の特別法として，1950年の図書館法に次いで1951年12月に公布，翌年3月に施行された。図書館法および博物館法が社会教育法の特別法であるとする根拠は，社会教育法第9条で「図育館及び博物館は，社会教育のための機関とする」と規定し，同条第2項で「図書館及び博物館に関し必要な事項は，別に法律をもつて定める」と規定していることからも明らかであり，それゆえ図書館法および博物館法では，いずれも第1条において「社会教育法の精神に基き」と明記している。また，教育基本法第12条第2項において，「国及び地方公共団体は，図書館，博物館，公民館その他の社会教育施設の設置，学校の施設の利用，学習の機会及び情報の提供その他の適当な方法によって社会教育の振興に努めなければならない」と規定し，わが国の法制度上，博物館は社会教育施設であるとの位置づけが明確になされている。

（2）登録制度の課題

　博物館法は，これまで20回に及ぶ改正を行ってきているが，そのほとんどが行財政改革や地方分権などにともなう一括法による改正であり，博物館法自ら本格的な改正を行ったのは1955年の改正のみである。博物館法の形骸化が叫ばれるようになってから久しいが，その最大の原因は登録制度にある。2008年の改正は，教育基本法の改正を受けたものであったといえ，およそ半世紀ぶりに新たに条項を新設するという画期的なものであったが，最大の課題であった登録制度を見直すまでにはいたらなかった。実際，文部科学省の社会教育調

査では，わが国には約 5700 館もの博物館がありながら，博物館法上規定されている「登録博物館」と「博物館相当施設」のどちらにも属さない，いわゆる「類似施設」が 8 割近くを占めているということが，そのことを雄弁に物語っている。

博物館法上，博物館は以下の 3 つの条件を満たすことが規定されており（第 2 条第 1 項），このこと自体は，国際博物館会議（ICOM）の規定と比べてもとくに大きな遜色はない。

・資料を収集，保管（育成），展示して教育的配慮の下に一般公衆の利用に供する。
・教養，調査研究，レクリエーション等に資するために必要な事業を行う。
・資料に関する調査研究をする。

博物館法では，公立博物館の施設整備費補助金や私立博物館の税制優遇措置の対象となる「登録博物館」の制度を設け，その申請資格となる設置主体を限定した。すなわち，公立博物館は教育委員会所管であること，そして私立博物館は民法第 34 条法人および宗教法人などとし，首長部局所管の公立博物館や国立，営利法人立，個人立の博物館等は登録博物館となれないこととしたのである。これは，保護助成に値する館を選別し，不適切な補助金の交付や脱税を目的として設置されるような博物館を排除するためのものであり，全国に博物館が数百館しかない時代においては有効に機能したと思われる。しかしながら，設置者や館種が多様化するにともない，現実と乖離し，1997 年に補助金が一般財源化されたことによって，公立博物館にとってはメリットが少なく，インセンティブが働きにくい制度となってしまった。

もともと登録制度には有効期限や更新規定が設けられておらず，1999 年の法改正によって都道府県教育委員会の国への報告義務がなくなったことによって，その形骸化に拍車がかけられたものと考えられる。登録基準そのものが外形的観点の審査が中心となっており，社会に求められる博物館として実質的な活動の量・質を審査する仕組みとなっていないことにも問題がある。また，「地方教育行政の組織及び運営に関する法律」（以下，「地教行法」）に基づき，

都道府県教育委員会は登録博物館に対して必要な指導または助言を行うことができるが，現状では報告書の提出なども義務づけていないため，登録博物館としての水準の維持を十分に担保する制度になっていない。博物館の登録に関し必要な事項は各都道府県教育委員会規則で定めることとされているが（第16条），実態としてその審査基準は，1952年の文部省社会教育局長通達で示された「博物館の登録審査基準要項」が今なお参考とされている。これは，博物館法第8条に基づき示された「公立博物館の設置及び運営に関する基準（昭和48年文部省告示第164号）」が，制定年当初は博物館の学芸員数や館種別の面積，資料数等を定めていたものの，地方分権の一環として大綱化され，全面改正した「公立博物館の設置及び運営上の望ましい基準（平成15年文部科学省告示第113号）」では，定量的な基準のすべてが削除されてしまったことにもよる（その後，2011年に「博物館の設置及び運営上の望ましい基準（平成23年文部科学省告示第165号）」に全部改正したが，定量的な基準がない点は同じ）。登録審査業務は，1999年の地方自治法改正によって機関委任事務が廃止されたため，各都道府県教育委員会の自治事務とされ，国の通達に従う必要はなくなったはずなのだが，文部科学省が2007年に行った調査によれば，約6割以上の都道府県教育委員会がこの通達を参考にしているという実態が明らかになった。また，博物館法第12条に基づき，博物館資料（実物資料が原則），学芸員その他の職員，建物および土地を有していることを登録博物館の必要要件とし，1年を通じて150日以上開館していることを最低条件としているが，書類上の事務的な審査にとどまっている都道府県すらあるのが実態である。

「これからの博物館の在り方に関する検討協力者会議」（主査：中川志郎・ミュージアムパーク茨城県自然博物館名誉館長）が2007年6月に取りまとめた「新しい時代の博物館制度の在り方について」（報告書）においては，登録の設置主体の限定撤廃や博物館相当施設の指定制度を博物館登録制度に一本化することなどを提言しており，今後の検討課題とされている。

（3）文化施設としての博物館

博物館は，「文化施設」といえるだろうか。一般的な理解としては，おそら

く文化施設とは劇場，ホールなど音楽，演劇，舞踊，映画などを上演する施設をイメージすることが多いと思われるが，歴史博物館や科学館などは，やはり社会教育施設や生涯学習施設ととらえることが多く，動物園や水族館にいたっては娯楽施設ととらえる向きもあるかもしれない。実際，イベントなどを紹介する情報誌などではそういうジャンルづけがなされていることも多い。法律論的には，博物館，美術館，科学館，動物園，水族館，植物園などはすべて博物館法に基づく「博物館」だが，実は文化芸術振興基本法にも博物館，美術館の充実に関する規定があり，文部科学省設置法では美術館および歴史に関する博物館を「文化施設」と規定している（第4条第83号）。これは，まさに博物館の多様性を表しているといっていいが，法解釈としては，博物館は基本的には博物館法に基づく社会教育施設であるけれども，それに限定されるものではなく，社会教育施設であると同時に文化施設，研究施設，あるいは観光施設ということもあり得るということになる。したがって，博物館をどのような施設として位置づけるかは，まさに設置者の判断ということになる。

　しかし，このことが最近の公立博物館のあり方をめぐる大きな争点となっている。1つは，地方分権や規制緩和の流れのなかで，2007年に地教行法が改正され，それまで「文化に関すること」は教育委員会の専管事項とされていたのが，「職務権限の特例」（第24条の2）が設けられ，首長部局でも所管できるようになった。これにより，博物館を「文化施設」と位置づけている自治体のみが首長部局に移管してもいいということになったかというと，そうではない。同法の改正に際して第32条も改正され，「第24条の2第1項の条例の定めるところにより地方公共団体の長が管理し，及び執行することとされた事務のみに係る教育機関は，地方公共団体の長が所管する」とされ，博物館については原則として社会教育施設すなわち教育委員会所管であることから，事実上職務権限の特例の対象外とされたのである。それでも，現実問題として，博物館を首長部局に移管した自治体は後を絶たず，なかにはそのために教育委員会所管を要件としている博物館法上の登録博物館であることを解除されたところもある。また，登録博物館であっても，地方自治法では「事務委任」または「補助

執行」（第180条の2）あるいは共管という制度を認めており，条例上は教育委員会の所管のまま，首長部局が実際の業務を行っている例も多い。もはや，教育委員会所管を要件としている登録博物館の制度は時代遅れといわざるを得ず，まさに，これからの博物館の在り方に関する検討協力者会議が「全ての設置形態の博物館に登録申請を行う資格を与えるべきである」（2007年6月報告書）と提言しているように，早期の博物館法改正が求められている。

（4）そのほかの関連法令

博物館に関連する法令としては，近年文化行政における検討が積極的に進められており，1998年に相続税における美術品の物納を可能とする「美術品の美術館における公開の促進に関する法律」，2011年に展覧会の主催者が海外から借り受けた美術品に損害が生じた場合に，政府が当該損害を補償する「展覧会における美術品損害の補償に関する法律」，同年に海外の美術品などのわが国における公開の促進を図るため，海外の美術品などに対する強制執行，仮差押えおよび仮処分を禁止する「海外の美術品等の我が国における公開の促進に関する法律」が，それぞれ制定されており，博物館政策の発展に寄与している。

また，館種に応じて，国宝・重要文化財を所有または展示する場合には「文化財保護法」，銃砲刀剣類を所有または展示する場合には「銃砲刀剣類所持等取締法」，美術品の展示公開等に関しては「著作権法」，動物園・水族館の運営に関しては「動物の愛護及び管理に関する法律」，植物園などの展示に関しては「絶滅のおそれのある野生動植物の種の保存に関する法律」（いわゆる「種の保存法」）などが密接に関連してくる。さらに，立地環境によっては「自然公園法」や「都市公園法」，各自治体の条例等の規制がある場合もあるため，博物館の運営にあたっては多方面からの留意が必要である。

2　博物館を支える人

（1）わが国の学芸員の制度的枠組み

博物館法では，第4条で館長，学芸員その他の職員について規定しており，

第1項で「博物館に，館長を置く」，第3項で「博物館に，専門的職員として学芸員を置く」，第5項で「博物館に，館長及び学芸員のほか，学芸員補その他の職員を置くことができる」とされている。

博物館の専門的職員である学芸員は，「博物館資料の収集，保管，展示及び調査研究その他これと関連する事業についての専門的事項をつかさどる」（第4条第4項）こととされ，法令上博物館は社会教育施設という位置づけであることから，学芸員も教育従事者としての立場を有することになる。そして，その資格を取得するために必要な単位などの要件については，博物館法施行規則で詳細に定めており，2009年4月にその改正を行い，養成課程の充実が図られた（2012年4月1日施行）。

ただし，大学における「博物館に関する科目」の単位の修得については，各大学で開講している科目について文部科学省が個々に課程認定を行っているわけではないので，自ずからその質や内容については差が生じることになる。したがって，学芸員資格の"質の保証"という観点から養成制度の抜本的な改善を図るためには，教員養成と同様に課程認定制度を導入するなり，国家試験を必須とすることなどを検討することが必要である。

（2）社会教育関係資格

学芸員以外の社会教育に関する国家資格として，「社会教育主事」と「司書」がある。これらが戦前から制度としては存在していたのに対し，学芸員は，戦後，博物館法の制定によって初めて制度化されたという点で大きく異なる。しかし，後発の国家資格として，先行する社会教育に関する資格制度の枠組みを踏襲することになったと思われ，結果的に三者ともほぼ同様の制度となっている。三資格に共通しているのは，いずれもいわゆる任用資格だということで，任用されて初めてその資格を名乗ることができるものである。したがって，大学などで必要な単位を取得して卒業したとしても，"学芸員有資格者"となるだけで，厳密には，登録博物館の職員となり，学芸員として発令されないかぎりは，法令上の学芸員資格は発生しない。なお，日本の学芸員は，欧米のキュレーターに比べて社会的地位が低く，その職掌は法令上，博物館法の対象範囲内

に限られる。しかし，いわゆる資料蓄積型の社会教育・文化・学術施設において，資料に関する専門的な研究を行い，その知識をもって展示・保管業務を行う国家資格は学芸員しか存在しないため，結果的に"学芸員有資格者"が博物館以外の施設で学芸業務を行う場合も「学芸員」を名乗ることが多い。地方公共団体において埋蔵文化財担当職員に「学芸員」発令をしている例などは，その典型であろう。同様に，教育委員会事務局や文化ホール，図書館，公文書館などで学芸業務に従事している者が学芸員として発令されていたり，自ら名刺に資格名を書いている例なども散見されるが，もとより博物館法が想定している用例でないことはいうまでもない。

（3）学芸員補

学芸員補は，「学芸員の職務を助ける」（第4条第6項）こととされ，大学に入学することのできる者，すなわち高等学校もしくは中等教育学校を卒業しているか高等学校卒業程度認定試験（旧大検）に合格していれば，博物館の職員であれば誰でも発令することができる。そういう意味では，事実上，資格ではなく職名にすぎず，"質の保証"を図る観点から，学芸員補の資格を短期大学卒業以上とするべきではないかという意見もある。しかし，問題はむしろ学芸員補に何ら専門性を求めていないことにあるため，学歴要件を改めたとしても実質的な改善策とはならない。その点，図書館の司書補は，大学が行う司書補講習を修了することが必要要件となっており，学芸員補の資格制度を改めるのであれば，同様の措置を行うべきと思われる。2009年の省令改正に際して，これからの博物館の在り方に関する検討協力者会議では，学芸員補資格の見直しについては検討を行っていない。一方で，学芸員の試験認定の受験資格および試験合格後に必要な実務経験については，学芸員補としての経験だけでなく，社会教育主事や司書，学校や官公庁などにおいて博物館資料に相当する資料の収集，保管，展示などに従事する「学芸員補の職と同等以上の職」（平成8年文部省告示第151号：博物館法改正を受けて2008年6月に改正）にあった者の経験についても同等に評価することを明確化し，実態として博物館法に基づく「学芸員補」としての発令を受けることが重要視されなくなっている。まさに

名よりも実を取ったわけだが，同協力者会議の第二次報告書では，「ただし，実務経験については，本来であれば登録博物館又は博物館法第29条の規定による博物館に相当する施設における学芸員補の経験に限定するべきであり，将来的に登録制度の見直しが行われた際には，これらの規定も見直すことが必要である」と述べていることに留意する必要がある。将来的に博物館法の改正が行われる際には，改めてこうした学芸員補も含めた学芸員養成制度の見直しを行うことが望まれる。

（4）欧米との比較

　文部科学省・文化庁では，「学芸員」を英語に翻訳する際，便宜的に「Curator」（キュレーター）の語を使用している。しかしこれは，ほかに適切な用語がないためで，学芸員イコールCuratorではないことはいうまでもない。博物館法制定当時，文部省がGHQ（連合国軍最高司令官総司令部）に提出した博物館法案の英訳書類では，典型的な和製英語である「Art official」という語を使用しており，当時の担当者の苦渋の判断を垣間見ることができる。また，学芸員補についても，便宜上「Assistant Curator」の語を使用することが多いが，これも前述のとおり単なる職名であることを考えると，さらに適切ではない。欧米では館長などの管理職のみがCuratorを称し，一般の専門職員は「Assistant」や「Associate」という接頭語をつけることが多く，かなりの実績を積まないと一人前の「Curator」とは見なされないのが実態である。本来，Curatorとは，「curate」すなわち展覧会を企画・立案または組織する人のことを意味し，「学芸員」のように博物館の専門職員としての統一的な名称ではない。そのため，欧米の博物館の現場では，職務内容によって多様な名称で呼ばれている。たとえば，教育関係はエデュケーター（Educator），資料の保存・修復関係はコンサベイター（Conservator）またはレストアラー（Restorer），資料の登録・管理関係はレジストラー（Registrar），映像記録業務関係はドキュメンタリスト（Documentarist），調査研究関係はリサーチャー（Researcher），展示デザイン関係はエキジビション・デザイナー（Exhibition Designer）またはエキジビット・デベロッパー（Exhibit Developer）など多岐にわたる（最近は，

「Curator of Education」「Curator of Conservation」のように呼称する例も多くなってきている）。さらに，大規模な館ではもっぱら外部資金調達のための申請書類などの作成を担当するグラント・ライター（Grant Writer）や，展示などの評価検証を担当するエバリュエーター（Evaluator），所蔵作品をほかの博物館，美術館に貸し出す際に保護や展示指導のために作品の付き添いをするクーリエ（Courier）なども専任で配置している。

　欧米のキュレーターは，博物館における資料の収集，保存，研究などに携わり，専門知識をもって業務にあたる点では日本の学芸員に類似しているが，一般に日本の学芸員よりも高い権限を有し，大学の教授職に相当する存在である。そもそも，館長職を専門性をもたない行政官が務めることは，欧米ではほとんどなく，専門家でないのであれば外部資金を調達するなどのマネージメントに長けていることが必須であり，何より尊敬と信頼を得ることのできる人材であることが求められている。

　2008年の社会教育調査によれば，わが国の博物館1館当たりの職員数は，登録・相当で14.4人（専任8.7人，兼任1.0人，非常勤4.7人），類似施設で6.2人（専任2.4人，兼任1.2人，非常勤2.6人）となっている。多くの博物館が人員不足から少人数で研究活動はもちろんのこと，資料の収集，保存，展示の企画立案，貸借，保険，図録用の写真撮影，執筆，編集，そして実際の展示造作や照明，広報，教育普及事業まで行っていることが多い。一見，一人で何役もこなすスーパーマンのように見えるかもしれないが，複数の専門家がチームを組んで作業をしたほうが，質的にも量的にもすぐれた展覧会を開催できることはいうまでもない。一人ひとりの能力はすぐれていても，少ない人数でこなせることの限界はあり，欧米の体制だけを真似てもすぐれた運営はできない。それが日本の博物館の現実であれば，少ない人数で相互に複数の職務を分担し合い，外部の研究者や業者などと連携・協働しつつよりよい運営をめざすことが，日本型の学芸員のあるべき姿ではないか。それ以前に，学芸員の社会的地位が低いことこそ，早期に改善されなければならないが，理想は高く掲げつつも，現実におかれている状況のなかで最善の対応を考えていく必要がある。

（5）わが国の学芸員に求められる資質

　わが国で学芸員養成課程を有する大学は，改正省令施行前は 300 校以上あったが，実は博物館学の専任教員は全国で数えるほどしかいないのが実態である。その多くは考古学や美術史など他分野を専門とする教員であり，学生もまた主専攻のかたわら学芸員養成課程を履修している場合がほとんどである。また，大学を卒業して修士課程で博物館学を学ぼうとしても，今度は博物館学関連の研究科を開設している大学院は 30 数校しか存在しないというのが実態である。毎年およそ 1 万人の有資格者が誕生していながら，実際に博物館などに学芸員として就職できるのは 1 ％に満たないということがよく喧伝されるが，実は，本格的に博物館学について学ぶ高度専門職業人養成の場そのものが，きわめて限られているという事実のほうが問題である。協力者会議の報告書では，いわゆる上級学芸員制度の創設や館種別の学芸員制度とすることなどの提案がなされているが，まずはハイレベルな現職研修を行うことも可能な大学院制度を充実させることが急務であると思われる。

　ちなみに韓国では，経験年数などに応じて准学芸士から一級学芸士まで 4 段階の資格に分かれ，研修制度や現職の高度学芸士養成のための大学なども整備されている。韓国の博物館法制度は日本の法制度の参考につくられたものだが，今やわが国は後塵を拝していると考えていい。世界的に見れば，博物館の専門職員について国家資格を設けている国は少数でしかないが，わが国が早くも 1951 年に学芸員資格制度を設けたことは，わが国の博物館の発展のために人材育成の観点から大きな効果があったことはまちがいない。問題は，その後の半世紀に時代の変化に応じた検証や見直しが十分に行われてこなかったことにある。アメリカのように資格をなくすか，イギリスのように博物館協会などの任意資格とするか，韓国のようにより段階的な制度とするか，あるいはフランスのコンセルヴァトゥール（Conservateur）のように行政官としての専門職を養成するか，選択肢はさまざまあったはずである。今や学芸員制度そのものが，グローバル社会のなかで大きな変革を求められており，単なる社会教育施設の職員ではなく，博物館の総合的なマネージメントを行う高度職業人材としての

育成が必要とされている。学芸員にとって必要とされる基本的な素養は，専門性だけではなく，豊富な教養と語学力，コミュニケーション能力，知的好奇心などであり，さらには健全な体力なども求められる。わが国の文化振興のためにも博物館を支える人材の養成について，今後さらなる検討を進めていく必要がある。

3　博物館の財政

（1）厳しい博物館財政の実態

景気後退にともなう近年の厳しい財政状況下において，わが国の博物館は，国公私立を問わず，苦しい経営を余儀なくされている。文部科学省地方教育費調査報告書によれば，社会教育費の公立博物館への支出額は，都道府県立，市町村立のいずれにおいても2003年以降消費的支出（原則として年々経常的に支出する人件費，博物館活動費，維持・修繕費などの経費），資本的支出（博物館の土地・建物および設備・備品の取得ならびに既存の設備・備品の取替えおよび補充に要した経費）のいずれも年々逓減傾向にある。また，（財）日本博物館協会による「日本の博物館総合調査研究報告書（2009年3月）によれば，資料購入予算について，2008年の調査（回答数2257）で，「予算はなかった」と回答した館が56.6％であり，「100万円未満」の20.6％とあわせれば，全体のおよそ3分の2以上が購入予算100万円未満であるという厳しい実態となっている。

（2）博物館施設設備の整備

博物館の施設や設備については，とくに新たに建設する場合には莫大な資金が必要となる。そのため博物館法では，第24条で公立博物館への国庫補助を規定しており，制定当初は施設，設備に限定せず，「その維持運営に要する経費について補助金を交付し，その他必要な援助を行う」という条文となっていた。また，第25条において，その補助金の交付は，「博物館を設置する地方公共団体の各年度における博物館の維持運営に要する経費等の前年度における精算額を勘案して行うものとする」と規定していたが，1954年に制定された

「補助金等の臨時特例等に関する法律」によって，多くの国庫補助金は施設，設備に要する経費そのほか必要な経費の一部に限定され，1959年にはこれを恒常化するための法改正が行われ，第24条が現行のように改正，第25条は削除された。さらに，第24条に基づく「公立社会教育施設整備費補助金」も，地方分権の要請を受けて1997年度限りで一般財源化された。これにより，公立博物館は，登録博物館となる最大のメリットを失うことになったのである。

一方，1968年に設置された文化庁では，昭和40年代に明治百年記念事業として全国で博物館を設置する動きが活発であったことなどを背景に，1970年度より主に地域の特色を示す民俗文化財や地域の歴史の流れを裏づける文書・遺物などの歴史資料，考古資料の保存活用を目的として市町村立歴史民俗資料館建設のための国庫補助を行っていたが，これについても1993年度限りで一般財源化された。この補助制度によって全国に460館以上歴史民俗資料館が建設されたが，同制度は保管機能を重視し，学芸員を必置としなかったことから，教育委員会所管でありながら博物館法に基づかない施設が多数設置されることになった。

また，文化庁では文化財保護委員会当時の1953年度から埋蔵文化財調査センター建設費に対する補助を行い，1992年度から出土文化財管理センター建設に対する補助も行ってきたが，1996年度以降はこの2つを統合し，埋蔵文化財センターの建設費について，文化財の公開活用の観点から小規模な展示設備についてもその補助対象としてきている（2004年度以降は展示・防災機能等を向上するために行う設備等整備のみに限定）。2012年現在文化庁が行っている博物館機能を有する施設への補助としては，史跡などのオリエンテーションおよびガイダンス，体験・活用などのために必要な施設を設置するための整備費も対象となる「史跡等総合整備活用推進事業」や，重要文化財の保存活用や収蔵展示施設を建設するための「重要文化財等保存活用整備事業」がある。

他省庁が実施している事業としては，発電施設や防衛施設などを設置する特定地域については，博物館などの建設が特別措置法に基づく交付金や補助金の対象となる場合があり，地域活性化などの観点から国土交通省や農林水産省な

どが行う事業の対象となることもある。国定公園などに設置するビジターセンターなどの博物展示施設については，環境省の「自然環境整備交付金」の対象となる。このほか，各地に多く設置されている「伝統産業会館」は，「伝統的工芸品産業の振興に関する法律」に基づき旧通商産業省の補助によって設置したものが多いが，同補助金は1997年度限りで廃止された。

（3）外部資金調達の必要性

上述のとおり，いわゆる箱モノに関してはさまざまな国庫補助制度を活用することが可能であり，展覧会の開催や各種事業の実施に必要な経費に関しては，2012年現在，文化庁の「ミュージアム活性化支援事業」や，独立行政法人日本芸術文化振興会の「芸術文化振興基金（地域文化施設公演・展示活動）」，（財）地域創造が行う「市町村立美術館活性化事業」や「公立美術館巡回展支援事業」はじめ関連団体が行う各種助成事業を活用することができる。また，公立博物館の場合は，地方交付税において，2009年度地方交付税単位費積算基礎（道府県分）では，「博物館費」として給与費9022万円（職員数12人），報酬27万9000円（博物館協議会委員報酬），需用費等4829万1000円（収蔵品購入費等）の合計1億3879万円が積算されているが，実際には十分に活用されていない。

展示に関しては，耐用限界，すなわち老朽化や陳腐化が避けて通れず，各博物館においては，人件費など経常的なランニングコストに加え，研究成果など新たな知見にともなう展示解説などの費用見直しも不可欠である。また，定期的なメンテナンス（展示機器や内容の維持・更新），収蔵資料の修理や突発的な応急措置などに対応できる資金的な余裕も必要であり，中長期的な視点に立った資金計画が求められる。そのためには，外部資金の獲得に向けた不断の努力が必要であり，設置者を問わず，ミュージアム・ショップやレストランなどの物販飲食収入，会議室や講堂，あるいはロケ使用などの賃貸料収入，さらには地域の関連企業などの寄附を募るなどのファンドレイジング活動について検討することが求められる。また，学芸員などの調査研究に関しては，文部科学省の科学研究費補助金（科研費）などの競争的資金の獲得に向けた努力が必要である。

（４）美術品の国家補償制度の導入

　近年，美術への関心や多種多様な美術展に対するニーズは高まっているが，わが国の美術館は所蔵品（コレクション）が必ずしも十分ではなく，企画展の開催が大きな役割を果たしている。なかでも国際美術展は，美術館などによる芸術鑑賞機会の提供と研究成果の公開の場として重要な役割を担っているが，多くの美術館では人件費や新規購入費予算が削減されているなか，保険料の高騰によって評価額の高い作品を借りることができず，結果的に展覧会の質が低下する場合もあった。実際，保険料が高く収益の見込みが立たないため開催を断念した例や，保険料が高いため作品数を大幅に減らして作品を差し替えた例は，枚挙に暇がない。

　運営資金や職員数で欧米に劣る日本の美術館が，単独で海外の作品を一堂に集めて紹介する美術展を開くことは容易ではないため，これらの国際美術展は，日本特有の形態として，公共性があり交渉ルートももっている新聞社やテレビ局との共催事業として行われる場合が多い。したがって，新聞社などが保険料の費用負担をすることになるが，高額な保険料を支払った以上は，多くの来館者を呼び込んで入場料収入を得る必要があり，大々的に広告することによって，ますます新聞社がジャーナリストとして公正な批評を行うことをむずかしくしている。

　展示会に出展される美術品などについては，保険をかけることが国際的な慣行であり，これを避けることはできない。通常，美術品などを借りる場合には，美術館などの壁から下ろし，元の位置に戻すまでの期間についてオール・リスクを担保する保険に加入することが貸し出しの条件になっており，国際市場価格に基づき，所有者が決定する評価額が保険料算定の基礎となる。美術品などにかけられる保険について考えると，美術品などは多種多様であり，保険リスクを個別に評価するため，一般的，画一的な条件による保険にはなじまない。また，美術品などの保険は，その個別性や件数がそれほど多くないため，「大数の法則」が効かず，保険料率が下がりにくい。さらに，美術品などは評価額が高額であり，一度事故が発生すると被害がかなりの額となるため，保険成績

が一挙に悪化する可能性があり，保険成績が不安定となりがちである。このため，保険会社は国際保険市場で再保険を付すことで引き受けおよび経営の安定化を図っており，保険の条件・料率も国際保険市場の動向に影響される。近年，国際的テロや大規模災害の発生によって保険料率の大幅上昇が続いており，新興国での美術品への関心の高まりにともなって評価額も上昇している。また，わが国では阪神・淡路大震災や東日本大震災以降，地震危険が再認識され，英米の保険会社などから再保険料の値上げを求められる場合もある。

　このような保険料の高騰による展覧会開催の障害を除去し，国民の美術品などへのアクセスの拡大や地域間格差を是正するため，高額の借り入れ美術品などを含む展覧会について国家補償制度を導入することが強く求められ，2011年に展覧会の主催者が海外から借り受けた美術品に損害が生じた場合に政府が当該損害を補償する「展覧会における美術品損害の補償に関する法律」が制定された。国による美術品補償制度の導入は，展覧会の質の向上のインセンティブともなり，国民にとっては多様な展覧会が開催され鑑賞機会の拡大につながる。各美術館などにおいては，この制度を積極的に活用し，質の高い国際展覧会を開催することが求められる。

　なお，1998年に制定された「美術品の美術館における公開の促進に関する法律」によって，相続税における美術品の物納が可能となり，この制度の活用によって契約した美術館における美術品の公開の幅が広がっている。

（5）国立博物館の課題

　2001年1月以降に国立博物館などが独立行政法人となった結果，法人自らが柔軟な法人運営を行うことができるというメリットは生かされているように思われるが，一方で財務および組織・人事管理面について大きな制約が生じており，必ずしも当初の理念どおりの制度運営がなされていない。たとえば，本来，運営費交付金によって使途制限のない弾力的な財政措置が行われるはずであったのが，評価結果とかかわりなく，すべての独立行政法人が毎年一律マイナス1％の効率化係数をかけて運営費交付金を算出することとされた。さらに，「経済財政運営と構造改革に関する基本方針2006」（2006年7月7日閣議決定）

によって，第2期中期目標・計画からは，運営費交付金は一般管理費と業務管理費に分けられ，毎年度の予算編成過程において決定される効率化係数をかけることとされた。これらの計算ルールをそのまま中期計画に盛り込むことによって，結果的に使途制限のある財務運営をせざるを得なくなっており，運営費交付金はいわゆる"収支差補助"となっているのが実情である。また，人件費についても，「行政改革の重要方針」(2005年12月24日閣議決定)によるいわゆる総人件費改革によって，2006～2010年度の5年間で5％以上削減することとされ，「簡素で効率的な政府を実現するための行政改革の推進に関する法律」(以下，「行政改革推進法」)によって，そのことが法定化された。総人件費の削減目標が設定された結果，本来であれば人件費と物件費の区別をしない財源措置とする制度の利点が失われることになったのである。

さらに，剰余金については，当初は会計年度をまたがって使うことができ，前年度の経営努力による収入を積み立て，それを繰り入れることによって高額な美術品などの購入が可能になるという，いわば報奨金制度のようなメリットがあった。実際，国立文化財機構においては，第1期中期目標期間において8億8100万円，国立美術館において4億2200万円の目的積立金が承認されているが，第2期計画以降はいっさい認められていない。これは，2006年7月に総務省行政管理局によって示された基準(「独立行政法人の経営努力認定について」)によって認定が厳格かつ煩雑となったためで，自己収入が「前年度実績を上回る」のは右肩上がりであることが前提で，とくに「運営費交付金及び国又は地方公共団体からの補助金等に基づかない収入から生じたものであること」の経営努力認定がほとんど認められなくなり，運用によって目的積立金の制度自体が形骸化している。

これらの結果，国立博物館，国立美術館のいずれにおいても，収蔵品数，入館者数が右肩上がりで増加しているにもかかわらず，評価に関係なく運営費交付金は毎年削減を続けており，とりわけ人件費削減のため事務部門の効率化を進めることによって，一人当たりの業務量が増大し，研究部門のスタッフの負担も大きくなっている。さらに，総人件費削減で職員の採用も人材育成もまま

ならなければ，いよいよ将来的な観点からも制度の見直しは不可欠と思われる。

（6）公立博物館の課題

　2003年9月2日の改正地方自治法の施行にともない，地方自治体の「公の施設」の管理に関する制度が改正され，指定管理者制度が導入された。これにより，民間事業者やNPO法人，ボランティア団体などの団体にも管理運営を委ねることができるようになり，「公の施設」については，直轄に戻すか指定管理者制度に切り替えるか二者択一を迫られることになった。

　指定管理者制度は，「施設の設置の目的を効果的に達成するために必要があると認めるとき」に導入できる制度であり（地方自治法第244条の2），その目的は，「経費の節減」と「市民サービスの向上」にあることが総務省通知で明言されている。この結果，単に経費削減の手段として公立博物館に指定管理者制度を導入した地方自治体があるのは事実であろう。

　指定管理者制度を導入した公立博物館の数は，2008年の社会教育調査によれば，全体のおよそ4分の1（26％）に当たる1101館（登録博物館・博物館相当施設134館，博物館類似施設967館）に及んでいる。そして，折しも同時期に進められた市町村合併によって，職員の削減または非常勤化，さらには休館を余儀なくされた博物館も少なくない。指定管理者制度のメリットとして，運営主体の多様化にともなうミッションの明確化や公平性・透明性の向上，自治体との依存関係の打破による責任感・自立性の向上，競争原理の導入にともなう質の向上，民間のノウハウを発揮することによるサービスの向上，そして経費の削減などがうたわれている。しかし一方で，デメリットを指摘する声も多い。とりわけ，短期間で結果（利益）を出そうとするために，長期的な視野での調査研究，収集，保存修復活動などが軽視される傾向があることは問題である。最近では，指定管理者から直営へ移行するなどさまざまな事例が出始めており，今後は，これらの事例も参考にしながら，単なる行政の効率化や経費削減などの視点からではなく，いかに公立博物館の目的・役割を見直し，公共の利益の観点からその振興を図っていくべきかという視点に立った指定管理者制度の活用を考えていく必要がある。

実際，制度導入から8年以上が経過し，さまざまな取組事例が出てきており，総務省においても2010年12月28日付の自治行政局長通知「指定管理者制度の運用について」で，留意すべき点として，①導入は自治体の自主性に委ねられていること，②単なる価格競争による入札ではないこと，③指定期間は設定目的や実情に合わせて決定することなどを周知した。文化庁においても，「文化芸術の振興に関する基本的な方針」（2011年2月8日閣議決定）で，「美術館，博物館等に対する指定管理者制度の導入に関し，ガイドラインを作成するなど，より安定的かつ継続的な活動が行えるよう留意する」との提言がなされたことをふまえ，ガイドラインの作成に向けて検討を始めており，今後の動向が注目される。

（7）私立博物館の課題

　2006年6月にいわゆる「公益法人制度改革関連3法」（「一般社団法人及び一般財団法人に関する法律」「公益社団法人及び公益財団法人の認定等に関する法律」「一般社団法人及び一般財団法人に関する法律及び公益社団法人及び公益財団法人の認定等に関する法律の施行に伴う関係法律の整備等に関する法律」）が制定され，民法第34条に基づいて認可されていた財団法人もしくは社団法人は，公益法人制度改革関連3法の施行と同時に「特例民法法人」とされ，5年間の移行期間の間に公益法人への移行の認定または一般法人への移行の認可を受けなければならないこととされた。5年間は従来と同じ税制優遇措置等を受けることができるものの，移行期間満了の日，すなわち2013年12月までに移行が認められなかった法人や移行の申請をしなかった法人は，解散したものとみなされる。したがって，すべての財団法人および社団法人が設置する博物館は，それまでに一般法人となるか公益法人となるかの選択を迫られており，現在，多くの私立博物館は，公益法人となるべく公益目的支出計画の策定などさまざまな対応を余儀なくされている。とくに都心部にある博物館にとっては，固定資産税が減免されるか否かは死活問題であろう。しかし，これをクリアすることによって，より健全な私立博物館の基盤が整備されることが期待される。

〔栗原祐司〕

第 4 章　博物館発達の歴史

1　博物館の誕生

　博物館（museum）というものは，近代西欧が生み出した「知の社会化」のための社会的・文化的装置である。

　西欧の 15～16 世紀，ルネサンスによって育てられた合理主義と実験精神，そしてなお宗教的個人としての意識にとどまっていたとはいうものの宗教改革を経て覚醒させられた個人意識，さらに，地理上の発見による世界の拡大といった，社会の意識と文化の大きな変化が，17 世紀には理性によって自然や社会の法則が認識できるという確信を生みだしたといわれる。そして，デカルト以後の合理主義哲学，ニュートンによる古典力学の完成に象徴させる科学の発展は，モノの収集とその研究，実験を基礎とする研究を促し，リンネに象徴される分類学（taxonomy）を科学の広範な分野に登場させることになった。ついで 18 世紀には，合理主義思想と経験主義哲学から発した啓蒙思想，自然科学分野での研究の進展・拡大が，ついにはモノを神から解放し，ヒトをも神学的秩序から解放することにつながっていったといえる。博物館はこうして成立した近代市民社会の文化の産物である。

　15～18 世紀の西欧における社会と文化の変化のなかで，中世以来の教会が聖遺物を中心としながらも，寄進された多くの財宝や珍品奇物をコレクション[1]していたのに倣い，王侯・貴族や学者，富裕層のなかに，各種の自然物や人工物を収集し，コレクションを形成する者が多数登場した。自己の権力や権威を象徴するものであったり，世界の断片を集めることによって世界の縮図を私有し，これを眺めるといった欲望[2]であったり，研究の資源であったりしたこれらのコレクションは，薬草園[3]のかたちをとったものや，屋内にスタディ

オーロ（studiolo），キャビネット（キャビネ）（cabinet），クンストカマー（Kunstkammer），ヴンダーカマー（Wunderkammer）などと呼ばれたコレクション専用の部屋をかたちづくったものがあった[4]。このような私設のコレクション形成が，全ヨーロッパに広がったことは，フーコーの言葉を借りるなら，世界の断片を集め，眺めることによってそれを所有するというタクソノミーの時代の世界観を表すものだということになろう[5]。

こうしたキャビネットなどと呼ばれたコレクションの多くが，のちの近代博物館の成立に深くかかわるものなのである。つまり，近代博物館の直接的な先駆形態といえるのである。しかしながら，これらのコレクションは基本的に収集家個々人のものであり，限られた範囲の人々に開かれることはあっても，社会的に共有されるというものではなかった。

そうしたなかで，フランス啓蒙思想が登場する。その重要な遺産である『百科全書』にはmusée（博物館）の項があり，その内容は，古代ヘレニズム期のアレクサンドリアのムーセイオン[6]を取り上げ，実証的な研究推進のためのコレクション形成の重要性と図書館を併設する研究機能を高く評価し，当時，唯一明確に公開を謳った博物館であったアシュモレアン博物館[7]を紹介しながら，博物館というものを重要な研究機関として位置づけたものであった。

18世紀，フランスの啓蒙思想とイギリスの経験論哲学は，市民革命を生み，ヒトの神からの解放，自由と平等と個人の権利を明らかにするとともに，公共（public）という観念を成立させる。万人が教育を受ける権利も明確にされ，公教育思想が生み出されることになる。このなかで，学校などとともに博物館が公教育機関として明確に位置づけられることになり，博物館を万人に公開し，これを充実させていくことが求められるようになる。このような博物館に対する社会の認識は，1753年制定の大英博物館法や，1793年のルーヴル美術館の創設につながるフランス革命のなかでのコンドルセによる『公教育の全般的組織に関する報告および法案』に明らかである。

2　近代市民社会と博物館の発達

(1) 大英博物館とルーヴル美術館

　近代市民社会が生み出したものは，個人の権利と自由・平等を社会が保障するという考え方であり，そうした社会を実現するための基底をなすのが「公共」という思想である。公教育思想もここから発したもので，学校教育制度を中核とすることになるが，広く社会の各層の市民の要求に応えるべき制度の1つとして登場したのが博物館である。図書館などとともに「知の社会化」を担う機関とされたといえる。その具体的な姿は，18世紀後半期における大英博物館の創設（1753年），ルーヴルにおける王室コレクションの博物館化（1793年）などに見ることができる。

　大英博物館は，ハンス・スローンという医師の自然物を中心に古代遺物などを含む膨大なコレクション（スローンのキャビネット）が核となったもので，これにハーリーとコットンの手稿本を中心とした書籍を加えて博物館としたものであった。大英博物館が永らく図書館を併せもつ博物館であったのはこの出発時の資料群の性格に由来する。

　一方のルーヴルは，王の美術を中心としたコレクションを市民が共有すべき財産として一般に公開したもので，革命の象徴としての意味が強いものであった。このフランス革命によって成立した博物館には，ほかに教会や貴族から没収した財産を展示したフランス記念物博物館と自然史博物館となった王立植物園があった。

　こうした博物館創設は西欧各国に大きな影響を与え，王室などのコレクションが次々と博物館化され公開されるようになった。また，独立前後のアメリカ合衆国においてもチャールズ・ウィルソン・ピールの博物館創設などが進んだ。

(2) 近代博物館の確立

　啓蒙思想を背景として起こった西欧の近代市民社会は，同時に今日的な合理科学の確立の時代でもあった。19世紀には，チャールズ・ダーウィンの『種の起源』が発表され，分類から生成やプロセス，あるいは生態といった新たな

パラダイムでの研究が進展することになる。また，産業科学の発展は万国博覧会という，博物館とは異なる大規模な啓蒙イベントを生み出した。近代国家としてのプレゼンスを内外に示すという意味ではきわめて政治的なものでもあるが，各国政府や出展企業は展示する資料（商品）のみならず，その見せ方の技術をも開発し，博物館の展示にも大きな影響を与えた。

一方，博物館はその研究機能を強化し，資料収集を競った。世界各地の大規模博物館の今日の資料的な基礎が築かれたのは，まさに19世紀後半から20世紀前半にいたる時期であったといえる。資料の拡充と科学の進展は，博物館の展示を次第に実物の百科辞典的な分類展示から脱却させ，生成・プロセス・組み合わせなども示す丁寧な解説をともなうものになり[8]，また，展示の手法も組み合せによる提示，生態的な観念による提示などが大きく取り入れられるようになった。たとえば，ジオラマという手法は見世物に発するものだが[9]，博覧会における技術開発を経て1920年代には完成の域に達する。その実例は，たとえばミュンヘンのドイツ博物館やニューヨークのアメリカ自然史博物館などに見ることができる。

（3）国際博物館会議の創設と博物館学の興隆

第一次世界大戦後に結成された国際連盟のもとでも，知的協力委員会のもとに博物館の国際組織はつくられたが，第二次世界大戦の勃発により，活動を停止した。第二次世界大戦終結後に国際連合が結成され，そのもとに国際科学文化機関（ユネスコ）がおかれた。博物館の国際組織はこのユネスコの下に結成され，国際博物館会議（ICOM）として1946年に発足した。

このICOMは，博物館の発展と博物館専門職の地位を擁護する国際組織で，旧植民地など第二次世界大戦後に独立した国々での博物館創設を援助し，また，博物館学研究を奨励し，世界的に博物館の水準の高度化を推進してきた。

1950～60年代，ICOMはその機関誌"Museum"や出版を通じて，博物館学の振興に寄与した。英仏米の博物館協会などもこれに追随し，博物館資料の保存管理，展示や教育の新たな理論化が進んだ。1960年代後半には，フランスにおいてエコミュゼ（エコミュージアム）という考え方がジョルジュ・アンリ・

リヴィエールらによって提唱され，また，アメリカを中心としてハンズ・オンを含む博物館教育の拡大が進められ，博物館教育専門部署（education department など）が博物館内で分化確立していく。一方，博物館の管理・運営に関しても，博物館経営という考え方が導入されることになる。

（4）博物館教育の整備と高度化

博物館展示の大きな変化は，1960年代，蛍光灯の実用化を契機として始まったといえる。博物館展示室の無窓化が進むとともに，博物館建築も大きく変容した。これによって，自由な人工照明による展示の演出的な照明が可能となり，展示の自由度が上がったといえる。さらには，1970年代以降は，展示室などでのテレビやビデオの利用による映像の多面的な利用も拡大していった。ついで，1980年代以降は，コンピュータ・テクノロジーを駆使した双方向性の展示や情報提示の多様化・大容量化が進んで現在にいたっている。

このような技術改革を背景として展示改革が進められ，19世紀以来の資料そのものを見せるという「資料主導型」の展示から，資料とその構成によってあるメッセージを伝えるという「メッセージ主導型」の展示へという変化が進んで今日にいたっている[10]。

展示を中心とした博物館教育の多様化は，社会的な支持のもとで拡大し，単に見ることにとどまらない参加型，体験型の各種の教育プログラムやICT技術を駆使した双方向型の学習システムをも生み出し，定着させている。今や「静的な知の殿堂」といった古い博物館観とはまったく異なった「動的な知の社会的なセンター」として博物館は多様化と変貌の途上にあるということができる。

3　日本の博物館の発達史

（1）江戸時代の学問と博物館

江戸時代，とくにその後期の文化状況をみると，同時代の西欧とパラレルともいえる現象を数多く見いだせることが指摘され，その1つとして，本草学の

隆盛と物産会の盛行，印刷文化における図解本の盛行，都市文化の1つである各種の見世物の流行などがあげられ，こうした種々の事例と視覚を通じた啓蒙教育装置としての博物館とのかかわりを注意することも，すでに多くの先学が行っている（たとえば，矢島祐利，青木国夫，上野益三，西村三郎，杉本つとむ，守屋毅，磯野直秀，平野満らの研究に見られる）。しかし，江戸時代後期から幕末にかけて，物産会が大変な流行を見せながら，これを恒常化して博物館とするという発想は江戸期には現れてこない。

　江戸期における科学，本草学や物産学の系統は，明治になって博物学と理化学に整理されることになる。このことは，西欧の科学の体系性というパラダイムを受け入れることであり，江戸期の学問のそれとは非常に異質なものであったはずである。知的な世界理解が，創造主である神の御技とぶつかるという緊張関係のなかで発展した西欧の科学と，単一かつ明確な体系性をもたず，多くのものが相互に軋轢をもたずに併存しえた文化のちがいといえばそれまでであろうが，かえってそれによってパラダイムの全体を受け入れなければ変われないといった状況を生まずに，選択的に多くの制度や文物を移入できたという見方も多くの識者が指摘しているところである。

（2）草創期のわが国の博物館

　わが国の博物館創設は，明治初期に田中芳男，町田久成，佐野常民らによって進められたもので，そのモデルとなったものは，彼らが，ヨーロッパにおいて実見した博物館に求められる。幕末から明治期に訪米，訪欧をした各種の使節団は，欧米各地で博物館を見ており，福沢諭吉が『西洋事情』においてmuseumに「博物館」という語を充て紹介したことによって，「博物館」というものが広く認知されたことはいうまでもない。

　わが国における博物館の創設は，1867（慶応3）年，パリで行われた万国博覧会に出張した幕府の田中芳男，薩摩の町田久成，佐賀の佐野常民が明治新政府に出仕し，その建言によって，1871（明治4）年，大学南校物産局が博覧会を開催することから始まったといえる。この博覧会は，「大学南校物産会」の名で九段坂上の招魂社で行われた。この九段の旧薬園地を恒常的な博物館とす

る構想があったが，これは実現しなかった。この博覧会は江戸時代以来の「物産会」を冠していることでもわかるように，開催者自身の意識や，その内実を含めて物産会の域を出るものではなかったといえる。この時期，新政府の機構は次々改組が重ねられ，名称もそのつど変化するので実に煩雑だが，同年に大学が廃止され文部省が設置され，そのなかに博物局が新設され，大学南校物産局を引き継いだ。そして，湯島聖堂の大成殿を博物局の展覧場と定め，翌1972（明治5）年，文部省博物館の名で博覧会を開き，閉会後も寄託された資料によって展示を公開した。一般には，これをもってわが国の博物館の始まりとし，東京国立博物館の出発はここにおかれる。

「大学南校物産会」「文部省博物館」がともに江戸時代の物産会の域を出なかったとの評価はそのとおりであろう。遺された錦絵などからもその様子がうかがえるように，その展観の状況は，江戸期に通有の見世物とほとんど択ぶところはない。少なくともこれらは，期間を限定した，いわば一過性の展覧会であり，このスタイルについては江戸時代以来の物産会の多くの経験があった。明治初期にわが国の博物館創設に中心的な役割を果たした前述の三人は，田中は本草学者で，町田は古文化財の目利き，佐野は殖産興業の尖兵と，それぞれの志向性や資質にちがいがあったが，これに蜷川式胤や九鬼隆一が加わって博物館づくりが進められていた状態では，江戸期の物産会を大きく抜け出ることはむずかしかっただろう。

このあと，新政府がウィーンでの万国博覧会への招請を受け入れ，その準備を進めるために，1873（明治6）年，博覧会事務局が創設され，文部省博物局・博物館・書籍館・小石川薬園が併合される。ウィーン（澳国）万国博覧会後の1875（明治8）年，そのために収集された資料などをもって内務省博物館が創設され，また文部省の博物館・書籍館，小石川薬園は分離され，再び文部省に戻った。しかし，この文部省博物館はまったく資料をもたず，改めて資料収集を始めるとともに，田中不二麿の主導で教育博物館として1877（明治10）年に再出発した。これが現在の国立科学博物館へとつながる。

内務省博物館は，政策的に殖産興業のための啓蒙施設として位置づけられ，

内国勧業博覧会とともに，明治前期における産業化に大きな役割を果たした。動物園や植物園もともなう総合博物館といったものであった。どうやら本格的な欧米スタイルに近い博物館が実現したということができる。胎動はすでに文部省博物館にあったといえるが，内務省博物館では分類と展覧に明確な基準がつくられていった。岩倉使節団の行った欧米の制度文物の調査や多くのお雇い外国人を擁して進められはじめた各省や大学での調査研究がその背景にあることはいうまでもないであろう。この博物館の構想は，佐野常民がいわばそのリーダーであり，同時に，岩倉使節団の中核をなした大久保利通や伊藤博文らもリーダーであった。大久保や伊藤が欧米で実際に見聞した博物館のなかで，ある意味で最も感銘を受けた英京ロンドンのサウスケンジントン博物館のあり方がそのモデルとなったといわれている。

　新政府は，欧米に認知され，不平等条約を解消するためにも，第1に国力を増進させることが肝要で，そのために，既存の社会の諸制度を根底から改変し，最新の技術を受け入れるとともに，次の世代を支える人材の教育に大きな努力を傾けた。その一環として，博物館の創設も位置づけられよう。したがって，こうして生まれた博物館も啓蒙施設という位置づけが強く，調査研究，継続的なコレクション形成といった点では明確な方針は確立されていなかったように思われる。この時期ではある意味で無理のないことではあるが，こうした博物館を創設していった人々は，いずれも官僚であった。田中芳男のように，本草学者伊藤圭介の弟子で，当時の博物学研究者として傑出した存在であった者も加わっていたとはいえ，博物館の生命がコレクションとその研究であることについての認識は必ずしも強いものではなかったように見える。コレクション形成とその研究には，専任の専門家が必要であるものの，内務省博物館の場合も，教育博物館の場合も，この点では不十分といわざるを得ないまま推移する。

（3）わが国の博物館の発展

　最初の博物館創設の牽引車であった佐野も町田もほどなく博物館事業から離れてしまい，田中も農商務省博物局長を務めたあと退職し，貴族院議員となって，博物館の一線からは遠ざかってしまう。わが国に博物館を根づかせようと

した者たちが去ったあと，1886（明治19）年，農商務省博物館（元の内務省博物館，内務省から農商務省が分離して所管替えとなった）は宮内省に移管され，帝国博物館，ついで帝室博物館と改称され，次第に文化財系の博物館に性格転換をしていくことになる。また，文部省の教育博物館も師範学校の整備などが進んで次第にその役割を終え，上野から湯島に移って東京高等師範学校の付属博物館へと変わっていくことになる。自然科学系の博物館として本格的に再生するのは，1914（大正3）年，東京高等師範学校から独立して東京教育博物館となって以降といえる。

　この東京教育博物館を主導した棚橋源太郎は，自身の欧米における博物館視察の経験を生かし，当時の最先端の展示理論や技術を導入するとともに，啓蒙的な特別展を開催し，博物館を活用した社会教育（初期には通俗教育ともいわれた）を推進した。また，棚橋は欧米などの博物館協会に倣って，わが国の博物館の発展を期して，1928（昭和3）年に「博物館事業促進会」（今日の日本博物館協会）を創設し，国のみならず，地方自治体や民間の博物館事業の振興に力をふるった。

　大正期から昭和前期，郷土教育運動などとともに，地方へも博物館創設が拡大していくが，戦争へと傾斜していくなかで，次第に博物館の活動も停滞せざるを得なくなってゆく。

（4）第二次世界大戦後のわが国の博物館

　1945（昭和20）年の敗戦後，新たな民主国家建設と並行するように，日本国憲法のもとで教育基本法が制定され，教育関係法規の整備の一環として博物館法が制定されたのは1951（昭和26）年である。

　博物館法制定時には，戦災などもあって全国で約260館ほどの博物館しかなかったが，1970（昭和45）年には，わが国の博物館総数は1000館を超え，その10年後には2000館を越える。戦後の復興と経済成長のなかで，全国各地に博物館が創設され，図書館などとともに身近な社会教育機関となった。とくに地方自治体による博物館建設が進んだことが大きく，これを支えたのが1973（昭和48）年に制定された「公立博物館の設置及び運営に関する基準」といえ

よう。こうして，地域の博物館の充実が図られたが，問題として残されたのは学芸員という博物館専門職員の配置が基準に沿って充実が図られるまでにはいたらなかった点であろう。

1960〜70年代は，県立を中心とした総合博物館建設が進み，1980年代に入ると県立などの近代美術館，ついで水族館の新設，市町村の博物館新設が進められた。一方，経済成長の落し児として企業のメセナ活動の1つとしての博物館創設も盛んとなった。世紀の変わり目にはわが国の博物館は5000館を超えるといわれる状況となり，その数と多様性には眼を見張らせられる。

しかし今日，その内容や活動についてみるとき，展示や教育活動は盛んで，活動的な博物館というプレゼンスを維持しているように見える一方，調査研究の弱さやコレクションの貧弱さなどが指摘される博物館が少なくないといった問題がある。経済状態の低迷が続くなかで，少ない予算，少ない職員で博物館の質を維持するのは並大抵のことではない。また，戦後の博物館創設の基礎となってきた制度的な枠組みとしての博物館法が，現状の博物館のあり方や世界的な博物館のスタンダードに必ずしも整合的とはいえなくなってしまっているともいわれるにもかかわらず，抜本的な法改正が進まないといった問題も指摘されている。

[矢島國雄]

注
1) キリスト教会も初期には質素なものであったが，世俗の教化を推進するにあたって絵画や彫刻で飾られ，また聖遺物が収集され，豪奢で威圧的な建築と相まって，教会自身が視覚を通じた教化の象徴となっていく。聖遺物を中心とした数多くのコレクションそれ自体が権威の象徴ともなっていった。
2) フーコー，ミシェル，渡辺一民・佐々木明訳『言葉と物—人文科学の考古学』新潮社，1974年。
3) イタリアのパドゥバ大学やピサ大学，オランダのライデン大学に植物園（薬草園）がつくられたのが16世紀のことで，これは医学・薬学の研究にともなうものであったが，のちにつくられたパリの王立植物園とともに，17〜18世紀には次第にこれらの植物園は分類学を中心とした植物学の実証的な研究機関となっていく。
4) イタリアから始まった初期近代のコレクションとしては，メディチ家のコレクションがその嚆矢といえよう。イタリアにおける教会，王侯や貴族のコレクションとしては，バチカンのコレクションやマントヴァのゴンザーガ侯爵の絵画のコレクションがよく知

られたものであった。また，学者や富裕な市民のコレクションとしては，ウリッセ・アルドロバンディやイエズス会の学僧アタナシウス・キルヒャーのもの，ナポリの薬種商フェランテ・インペラートらのコレクションがよく知られていた。こうしたイタリアにおける初期近代のコレクションは，スタディオーロと呼ばれ，またキャビネット，ムセオ（museo）などと呼ばれている。

　ルネサンスの影響は北方や西方に拡大し，現在のドイツ・オランダ・フランス・イギリスの各地に同様なコレクションを形成させる。ドイツ圏ではこうしたコレクションはクンストカマーやヴンダーカマーと呼ばれ，英仏圏ではキャビネットやキャビネと呼ばれた。王侯貴族のものとしては，ハプスブルグ家のコレクション，とりわけルドルフ2世のコレクションや，フェルディナント大公のインスブルックのアンブラス城の大きなコレクションなどがよく知られていた。ゴンザーガ侯爵の絵画コレクションは，子息によって売却され，その大半はイギリスのチャールズ1世が購入し，そのコレクションとした。北方では，デンマークのオーレ・ワームのコレクションがよく知られていたもので，ワームは王のコレクションの管理もしていた。

5) 前掲2）。
6) 最初の体系的な博物館史を著したイギリスのデーヴィッド・マレーは，博物館の起源のうち最も重要なものはアレクサンドリアのムーセイオンであろうという（Murray, David 1904 *Museums: Their History and Their Use*, James MacLehose and Sons, Glasgow.）。『百科全書』によるアレクサンドリアのムーセイオンの評価や，このマレーの言説が「博物館の起源はアレクサンドリアのムーセイオンである」という考え方の源泉であろう。また，ルーヴル美術館の館長も務めたジェルマン・バザンは，古代ギリシャの神殿・宝物庫に注目して，これらが博物館の起源ではないかと示唆している（Bazin, Germain 1967 *The Museum Age*, Universe Book, New York.）。しかしながら，これらを直接の博物館の起源というには，その内容や社会的な意味が異なることからむずかしいであろう。キャビネットなども含めて前史として理解すべきものといえよう。
7) 17世紀のイギリスではジョン・トラデスカント親子のコレクションが有名で，これは「トラデスカントの箱舟」と呼ばれ，ロンドンのランベスの私邸で公開されていた。このコレクションを受け継いだエリアス・アシュモールは，自分のコレクションも加えてこれをオックスフォード大学に寄贈した。これがアシュモレアン博物館である。世界で初めて明確に公開を謳った，今日的な開かれた博物館の最初はこのアシュモレアン博物館であり，啓蒙思想の『百科全書』が高く評価したものである。
8) 博物館展示に題箋や解説パネルが登場するのは19世紀中頃からのようで，初期の例としてヘンリー・コールが主導したサウスケンジントン博物館の展示や大英博物館（自然史）におけるウィリアム・フラワーの展示などをあげることができる。
9) ダゲレオタイプの写真術の発明家としても著名なダゲールのつくり出した見世物としてジオラマは生まれた。
10) Miles, R.S., et.al. 1982, *The Design of Educational Exhibits*, Unwin Hyman, London（中山邦紀訳『展示デザインの原理』丹青社，1984年）。

第 5 章　地域社会と博物館

1　社会的存在としての博物館

（1）博物館の社会的意義

　近代以降の博物館は時代を通じて，各時代の社会のありように大きく影響されながらも，市民と社会に貢献する施設・機関として存在してきた。

　現在，時代の大きな変転のなかで，博物館の社会的意義がますます高まっている。

　わが国においては，戦後，1951 年 12 月の博物館法公布が博物館の再出発となり，200 館ほどであった博物館は，明治百年記念事業の展開や「地方の時代」に呼応してその数を増加させた。とりわけ 1980 年代以降の地方公共団体による地域博物館の開設など，博物館建設ブームを経て大きく発展している。博物館は，高度経済成長期から現在の低成長期へ，時代の波を受けながら変化を遂げてきた。

　現在のわが国の博物館数は，『2008 年度文部科学省社会教育調査』（文部科学省生涯学習政策局調査企画課）によれば，登録博物館 907 館，博物館相当施設 341 館，博物館類似施設 4527 館と種別や規模のちがいはあるが，総計 5775 館を数えるに至った。

　博物館の多くは博物館類似施設ではあるが，全国の博物館への総入館者数は，年間約 2 億 7 千万人を超えている[1]。近年，その数値は博物館数の増加に比して減少気味であることは否めないが，市民から一定のコンセンサスを得られるようになったことはまちがいない。博物館は社会的にも重要な地位を占め，その社会的責任（social responsibility）も重くなっているのである。

　国際博物館会議（ICOM）では，博物館を有形・無形の自然・文化遺産によ

り，社会の発展を目的として，人々に教育・学習・研究と楽しみを提供する開かれた非営利的な公共施設と位置づけている。博物館が，公共性・公益性を基本とする以上，社会に積極的な貢献を果たす使命をもつ。その社会的意義は文化・学術の発展や教育普及を第一義とするところにあるが，現代の急激な社会変化・変動のなかで，博物館には多様な期待が寄せられている。博物館は，躍動し変遷する社会のただなかにおかれている。

博物館の運営や事業は，資料収集・保存，調査・研究，公開（展示）・情報発信，教育・普及など，特有の機能を有機的に結びつけたところに展開されている。

その運営の根幹をなしているのは，博物館資料と学芸員にほかならない。

博物館資料は，文書，書物，絵画，出土資料，民俗資料，自然遺物など多様な形態や性格をもっている。これらの資料は，大きく人類共通の財産・遺産とされるものであるが，いずれも時代の記録であり記憶である。何よりも人々の生きた証である。

博物館に所蔵される資料は，博物館の設立経過や立地により質量共に異なっているが，人々が自らの歴史や文化を知るうえでの重要な手がかりとなるものであり，学問研究や文化創造の試みに欠くことができない。

博物館は，これらの資料を守り，良好な状態を保持して次代へ引き継ぐ責務を負っている。資料を公開し，人々の学習や研究に役立て，文化創造につなげることも重要である。

学問研究においては，歴史研究を例にあげるならば，文献による歴史学，遺跡や出土資料による考古学，伝承など民俗資料による民俗学など，それぞれ対象資料も研究方法が異なる分野に分かれる。近年，共同の学際研究も進展しているが，個々の研究領域に分断することなく，資料と研究を接合して総合的な研究を進める場合，多様な資料を所蔵して活用する博物館の機能が活かせる点も多い。

博物館は，所蔵する資料をもとに，それぞれ個性的な特色ある博物館をめざしている。博物館は，各館の特性から「専門テーマ型博物館」「参加・体験型

博物館」「まちづくり運動型博物館」「生活環境型博物館」「学校教育との連携・融合型博物館」「地域の人材活用型博物館」「研究機能重視型博物館」など多様なタイプの博物館に分類される[2]。いずれの博物館にも，現代社会の期待と要望が寄せられている。

　近年の急激な社会変化は，社会システム・都市構造・産業構造の変化，技術革新と情報化の進展，文化・教育を取り巻く環境変化など，新たな社会の課題への対応を博物館に求めている。都市化の進展と農村の疲弊，人口の偏りと地域格差の広がり，旧来の地域コミュニティ（community）の解体，地域教育力の低下，地域の自然・景観や生活文化の変化や喪失など，地域社会にはそれぞれ解決をせまられる地域課題が山積している。

　社会の大きな変化の1つである少子高齢社会の到来も博物館にとって大きな課題となる。人口構造の変化という観点から見ても，65歳以上の高齢者人口は2008年には総人口の22％を占めていたが，10年後には29％，20年後には32％と，将来急テンポに増大する。それに対し14歳以下の年少人口は人口の13％を占めていたが，10年後には11％，20年後には10％弱に減少する[3]。1950年には総人口の5％に満たなかった高齢者人口は次第に膨らみ，現在では人口の5人に1人の高齢者を擁する高齢社会となった。

　このような急速な高齢化や出生率の低下，さらにライフスタイルの変化や高学歴化と市民の知識水準の上昇傾向も博物館のあり方に見直しをせまっている。

　教育においても，家庭教育・学校教育・社会教育といった旧来の教育形態から，ライフサイクルにあわせた生涯学習が重視される新たな事態を迎えている。

　また技術革新によって進められた情報化により，新たなデジタル社会の到来と広域的なネットワーク網の広がりが，人々の関係や情報伝達の方法を大きく変えている。

　現在の博物館には，社会に密接なかかわりをもつ施設として，さまざまな課題が突きつけられ，その解決に向けた支援という観点から，専門的な力量が問われている。

　市民の社会意識・政治意識も高まり，地域社会を始めとして社会参加の機会

も広がっている。地域課題の解決に向けた試みを地域住民が主体的に担い，行政や文化政策にその意思が反映されるようなシステムも整備されつつある。地域住民が政治的・文化的成熟を果たしていくなかで，博物館に対する期待は大きくなっている。期待とともに，地域住民の博物館への評価も次第に厳しくなっている。もはや運営主体である博物館が一方的な事業展開を進めることは許されない。博物館は，地域住民を念頭にその目標や機能を絶えず自己検証していく必要がある。

かつて博物館学の研究を主導した伊藤寿朗は，博物館の変革の道筋として，参加と体験を志向する地域博物館（地域志向型博物館）像を提起した[4]。

現代の博物館は，所蔵する資料の保存と活用を基本とする施設という本質的なあり方を維持しつつも，より開かれた博物館へ向けた努力を続けている。

また博物館は，生涯学習と文化芸術発信の拠点としてだけでなく，地域コミュニティ形成，まちづくりの中核施設としても見直されている。博物館の調査と研究の成果は，地域社会での地域課題の解決，地域活性化，文化財や史跡・遺跡の保護など多様な方面に活かされる必要がある。

多くの役割が期待される現在の博物館には，その組織や運営のあり方自体を変革しようとする時代の波も押し寄せている。行政改革や財政の逼迫化による組織・運営の見直しなどの環境変化である。新たな指定管理者制度の導入や公益法人制度改革，国立博物館では独立行政法人化による組織再編なども進んでいる。

（2）時代を開く博物館像

時代と社会が要請する博物館の役割は多様であるが，日本博物館協会は，その社会的要請に答えるべく，博物館の指針として市民とともに創る新時代の博物館像を提起した。その実現に向けた指針を『「対話と連携」の博物館—理解への対話・行動への連携—』（2001年），『博物館の望ましい姿』（2003年）の2つの報告書にまとめている。

新しい博物館の考え方として対話と連携を運営の基礎においた「市民とともに新しい価値を創造し，生涯学習活動の中核として機能する，新時代の博物

館」像が提起されたのである[5]。また『博物館の望ましい姿』では，「市民の視点に立ち，市民と共に創る博物館」のあり方として，博物館の従来の役割を踏まえつつ，次の３つの視点を提言している。

　①社会的な使命を明確に示し，人びとに開かれた運営を行う博物館（マネージメント）
　②社会から託された資料を探求し，次世代に伝える博物館（コレクション）
　③知的な刺激や楽しみを人びとと分かちあい，新しい価値を創造する博物館（コミュニケーション）[6]

　これらの提言は，今後の博物館運営の指針となろう。日本博物館協会が2004年に行った博物館調査では，調査に答えた博物館の半数以上が，①展示の工夫ができていない，②活動のための資源が不足している，③他館，関係諸機関との連携・交流に欠けている，④入館者サイドに立った館の整備に課題を残している，⑤資料の整理・保存に不十分な点があると指摘している[7]。現在の博物館が多くの問題をかかえ，理想の博物館にはほど遠い現状にあることがわかる。市民に開かれた博物館の実現には，提言にあるように「「集めて，伝える」博物館の基本的活動に加えて，市民とともに「資料を探求」し，知の楽しみを「分かちあう」博物館文化の創造へ[8]」つなげていく地道な努力が必要とされる。

　博物館は，市民と博物館自体がともに高めあう，真剣勝負の場でなければならない。そこでは市民の主体的・内発的活動が重要である。そのうえで市民と学芸員を始めとする博物館職員・ボランティアが協働関係を構築していくことが必要である。博物館には，それぞれが対等な立場で双方向の情報交換を行い，博物館資料を有効に活用した調査や研究を深化させていく仕組みづくりが求められている。

　また博物館にとって，アクセシビリティ（accessibility）の視点も大切である。誰もがアクセスができる開かれた博物館は，誰にもやさしい博物館でもある。機会均等と快適な利用のできる施設としての整備や運営を心がけ，子ども，高齢者，障害者，外国人など誰でもが等しく利用でき，その恩恵を受けることが

重要である。

　近年のグローバル化の進展にともない，世界の国々との国際交流が盛んになって，市民の他国の文化との出会いや国際体験の機会も増大している。各国の博物館との展示協力の機会も増え，博物館による国際交流が進展している。社会的調和（social harmony）を指針とする博物館の国際貢献が課題の１つとなった。博物館には，多文化共生の推進が求められるなかで，わが国と国際社会や他国，他民族の文化とをつなぐ橋渡しの役割もあろう。

　現在，目的や設置主体の異なる多様な博物館が並存しているが，それぞれの特性や利点を活かして競い合いつつ，連携と協力を図っていくことは効果的である。博物館が，多様な博物館ネットワークを構築するとともに，地域を始めとして美術館・図書館・文書館など目的や性格の異なる諸施設とも連携を深めていくことが，地域社会での博物館活動にとって有効である。今，博物館が核となって多様な連携と協働を結集していくような「博物館の総合力」[9]が求められている。

　21世紀の成熟社会を迎えて，現代の博物館は多くの使命と役割を担ったきわめて社会的な存在としてある。

2　博物館と地域住民

（1）地域文化創造と博物館

　地域博物館は，地域に根ざした施設として地域のなかに生きている。ここでは，その主役である地域住民に力点をおき，博物館の役割を考えていきたい。

　地域博物館は，立地や地理的条件，文化的特性，政治的・経済的諸条件に規定されている。ともすれば，地域博物館は行政区画に拘束されがちであるが，地域住民の生活，そして基層をなす歴史や文化は，その枠を超えたつながりや広がりをもつ。地域を行政のテリトリーに限定することなく，歴史や文化の視点からとらえる必要がある。博物館にとって地域とは，アプリオリなものでなく，地域住民の営みによってつくり出される創造的な場でとしてとらえること

ができる。地域博物館は，地域文化の創造や文化振興の拠点として，文化財や歴史資料を大切に守り，有効に活用することによって，地域の豊かさを育む重要な役割をもっている。

　近年，各地にその事例があるように，博物館を拠点として住民自らが地域の歴史や文化を知るために，調査・研究を進める，いわば地域の学び（地域学・地元学・郷土学）を創ることも１つの方法である。地域住民が地域の個性や特性，なによりも地域のよさを発見することが地域文化創造の一歩である。

　地域博物館は，各種の地域資料や情報が集積される宝庫である。それらの博物館資料は，公共性をもち地域住民が価値を分かちあう共有の資源として次代に継承される財産である。資料のなかには，その生まれた場や環境が重要な意味をもつものもあり，本来的にあるべき地域・場所での保存，継承を図ることが好ましいとされる。博物館に所蔵される資料には，現地から引き離された資料も多く見られる。所蔵資料は，出自や入手経緯を記録して来歴を明らかにしておくとともに，本来の資料のおかれた環境や景観等を活かした保存や展示をすることが求められる。遺跡からの出土資料が遺跡そのものと一体のものであるように，多様な文化財や資料は，地域の地理的・歴史的・文化的環境に関連性をもっている。地域とのかかわりは，資料的価値を保証する重要な要素である。

　地域にある文化財や文化遺産は，博物館資料とともに，豊かな地域社会を実現するための重要な資源である。博物館が，地域住民とともに埋もれた文化財や文化資源を発掘していくことも，有効な活動の１つといえよう。地域の生活文化が育んだ民俗文化財にも配慮すべきである。高度経済成長の時代をへて地域の急激な変化のなかで，貴重な民俗が失われつつある。

　地域博物館では，文化財の積極的な活用が必要である。文化財の公開は，地域の歴史的・文化的な意義を情報発信することでもあり，地域住民と文化的価値を共有するよい機会である。博物館が積極的に地域の文化財に親しむ機会を用意し，文化財の大切さを地域住民と分かち合うことは，次世代への文化財保護思想の育成にも効果がある。

　また文化芸術の振興という観点からも，地域博物館の役割は重要となる。

博物館は，地域住民に感動や安らぎを与え，心の豊かさを育む文化芸術を振興する地域拠点でもある。2001年に文化芸術の振興施策の推進を目的に「文化芸術振興基本法」が施行された。そこに盛られた伝統的な文化芸術の継承・発展への方策は，博物館にとっても重要な課題である。法律の第26条は，国が講ずべき施策として，博物館の施設の整備や展示，文化芸術に関する作品等の記録や保存への支援などをあげている。文化権ともいうべき，文化芸術活動の自主性の尊重が確認されたことは重要であり，地域の文化芸術の振興に博物館の果たす役割も大きい。

　すでに多くの博物館は，従来からそれぞれの館の努力により，趣旨や方法のちがいはあれ，積極的に文化芸術の創造に向けた事業に取り組んできた。それらの活動の蓄積を活かし，博物館の個性を尊重した文化芸術振興の施策を進めていくことが求められる。

　「文化芸術振興基本法」を受けて，2007年に文化審議会の文化芸術振興へ向けた基本的な方針が答申された。そこでは，①日本の文化芸術の継承，発展，創造を担う人材の育成，②日本の文化の発信及び国際文化交流の推進，③文化芸術活動の戦略的支援，④地域文化の振興，⑤子どもの文化芸術活動の充実，⑥文化財の保存及び活用の充実の6項目にわたる重点事項が掲げられた。ここで取り上げられた地域文化の振興は，風土に根ざした地域文化の継承と創造を考えるうえでとくに重要な視点であり，地域博物館でも事業展開に活かしていく必要がある。次代を担う地域の青少年を始め，地域住民に文化芸術や文化財にふれる機会を充実させることが重要である。

　そこでは文化の担い手を育成する人材養成事業に果たす博物館の役割が大切である。地域文化を継承・創造し，文化的成熟の一翼を担う博物館への期待がますます大きくなっている。

（2）地域住民の学びと博物館

　地域博物館は，地域住民の学びの場である。

　子どもの学びへの支援は，博学連携など教育的機能をもつ博物館にとって当初からの課題であり，博物館内での活動にとどまらず，アウトリーチ（outreach）活動としての出前展示，地域のフィールドワークや資料の収集・調査を行う活動も盛んになっている。これから地域を担う子どもたちに博物館資料を教材に博物館でしかできない方法で向かい合うことが，博物館による地域教育力の再生にもつながっていく。

　近年，子どもの学びへの対応に加えて，地域に生きる人々の学びを支援することが重要な課題となっている。地域博物館は，地域住民の生涯学習支援機関である。地域住民の学びや活動には，地域の歴史や文化財への理解を深めることが大切な一歩である。博物館では，地域の情報や資料の共有化を図り，その特性を活かした多様な学習機会を提供することができる。博物館は，地域住民の自己実現の場であり，情報交換と知的交流の場として活用される。人々がコミュニケーションを深め，知識や力量を養い，主体性を発揮して活動できるように，専門性を活かした支援を展開する必要がある。

　ボランティアへの参画を促すことも，博物館での生涯学習の一手法と位置づけられる。

　地域住民をはじめ，博物館とのかかわりを求める人々によるボランティア活動を進め，社会参画・貢献へ促すことも必要である。開かれた博物館は，学芸員など博物館関係者とボランティアなどの地域住民が対等の立場で向き合うことから，その一歩が始まる。

　また，高齢化の進展も新たな課題となる。高齢人口の増大とともに，高齢者の博物館利用が増えている。高齢者に対しては，余暇利用や健康維持だけでなく，より知的な欲求や学びに十分応えていく必要がある。博物館は地域住民に等しく対応する責務があり，そのためには高齢者や障害者に配慮した施設・設備のバリアフリー化が必要となる。バリアフリーは，誰でもが安全，有効に施設を利用するための責務である。ハード部分のバリアフリーにとどまらず，高齢者の見やすい展示，案内方法・文字の大きさ・解説の工夫など配慮すべき点は多い。博物館は，高齢者の学習意欲・勤労意欲・社会的関心，社会参加の意欲などを的確にとらえ，積極的に活動できるように支援していくことが必要となる。

世代間交流を進め，高齢者が社会の先輩として知識・経験・技術を活用して，交流の架け橋となること，生活文化の伝承や歴史の記憶を次代に伝えることが大切である。経験豊富な高齢者は地域コミュニティの重要な担い手である。博物館を高齢者の癒しの場にとどめてはいけない。現在，積極的に高齢者を「まちづくり市民」へと促す博物館のキャリア支援の試みも始まっている[10]。

　博物館は福祉の分野とも協働し，介護を必要とする高齢者に対しても適切な対応が必要となった。たとえば，東京都江戸東京博物館が開催する「高齢者げんきプロジェクト」も，高齢者に向き合う実践の1つである。博物館で昭和初期の住宅を設置するなど以前の生活を再現し，親しんでいたモノや音楽によって在りし日を回想する体験コーナーでの事業は，医療・福祉関係者，学生ボランティア，博物館スタッフが協力して取り組む試みでもある[11]。博物館が，積極的に福祉分野と協働する道をひらく事例といえよう。

3　博物館と地域コミュニティの形成

（1）地域コミュニティと博物館

　近代化の進展のなかで，わが国においては農村を基盤とした従来の地域共同体的な社会が次第に変化し，解体された。とりわけ1960年代後半の日本列島の全域にわたる開発政策のもとで，農村の過疎化が進むとともに，都市への政治・経済の集中化による人口の過密化をもたらし，開発の副産物として環境汚染など，さまざまな問題を生み出すことになった。

　また都市化が進むことで，地縁的な組織などを基盤としていた旧来のコミュニティが失われ，都市を中心に新たな時代に即した地域コミュニティ形成が模索されてきた。市民の価値観も多様化し，かつての集権的，画一的なあり方を脱却して，自立的な政治や文化の実現を求める動きも大きな潮流となっている。2000年代は，自治的コミュニティ構築の時代と位置づけられている[12]。地域の主人公として自主的，主体的な住民が当該地域への帰属意識や目標を共有し，内発的な地域社会の形成をめざしたコミュニティの活動が今後ますます重要と

なっていく[13]。成熟した社会に向けて，地域住民の「参加から協働へ」の活動が大きな課題とされる。

　自立をめざす地域住民が従来の行政主導による参加やボランティア的な市民活動から脱却し，行政との協働により地域社会の形成を志向しはじめている。市民的公共性を価値基盤としながら，行政との協働によるパートナーシップにより地域社会形成を進める道が模索されている。地域課題の解決に向けた試みを，市民が主体的に担う「協働的市民自治の時代」の到来が予測されているのである[14]。

　1998年に施行された「特定非営利活動促進法」により，NPO法人など新たな市民組織や民間団体が組織される。それら民間団体の活動も活発になっている。このような社会的背景のもとで，地域博物館も新たなコミュニティ形成の時代に直面することになった。博物館は，地域社会にどのような役割を果たすべきかを真摯に考える必要にせまられている。

　博物館のおかれた地域には，それぞれ現状はちがうが，解決をせまられている何らかの地域課題をかかえている。多くの博物館は，地域にありながら地域課題に関心を寄せることが少なかった嫌いがある。博物館は，地域社会の活動・交流の拠点として，一歩積極的に地域のかかえるさまざまな課題の解決にも取り組む必要がある。これからの地域博物館は，自立的・主体的に考えて行動・協働する地域住民を側面から支援していく場としても活用されることになる。地域住民の活動を通してコミュニティ・アイデンティティが育まれ，コミュニティの創造へとつながることが期待される[15]。地域課題の解決に向けてのさまざまな活動は，博物館とは無縁の場に展開されている場合が多い。コミュニティは，つまるところ人と人との支え合いから成るものであるので，博物館が出会いの場をつくり，人々の連携や協働の調整・仲介役を果たすことが大切である。コミュニティ活動で必要とされる正確な地域認識，情報交換と情報の共有化，相互理解を促すために博物館が寄与できる点も多い。博物館が市民参画の社会を一層実りあるものにしていくのである。

　博物館は広く情報発信して地域住民に博物館が地域活動や文化活動に役立つ

ことを知らせ，一人でも多く博物館に来てもらうことが必要である。博物館は，地域活動や地域調査の参考となる客観的な資料を提供する。利用者が自ら資料を読み取る力を養い，活動の指針を得る。その場合，博物館は，特定の現状認識や歴史認識を押しつけることなく，研究基盤の整備により活動を支援することが大切である。博物館は，コミュニティの形成に向けて，住民の協働活動の調整役を果すだけでなく，地域活動・文化活動を進める人材養成の一端を担っていく。博物館は，地域社会で活躍する創造的市民の育成を促す，インキュベーター（incubator）機能を果たす施設と位置づけることもできる[16]。

近年，博物館が積極的に地域の共同研究を進めるなど，地域課題解決の場として機能するように努める事例が多く確認される。たとえば滋賀県立琵琶湖博物館は，①テーマをもった博物館，②フィールドへの誘いとなる博物館，③交流の場としての博物館を基本理念として，琵琶湖と人間のよりよい共存関係を築くことを博物館開設の目的としている[17]。そこでは，博物館の活動そのものが，地域社会の課題の解決につながっている。また地域住民が学芸員との緊張関係のなかで協働学習を進め，両者をつなげる試みである「はしかけ制度」などの事業を進めている。

また，大阪湾沿岸の博物館・水族館の連携による自然観察や自然体験活動も成果を上げている。地域住民の自然離れを取り戻そうという趣旨により展開された「大阪湾見守りネット」「大阪湾生き物一斉調査」の実施などの試みがある。地域住民と地域団体が研究者や行政と連携して進めた協働事業であり，博物館が多面的な機能を発揮している[18]。また栃木県那須塩原市の那須野原博物館でも，地域住民との連携・協働により「那須野が原学」の構築をめざした試みが展開され，地域活動が活発化している[19]。地域博物館を中核とした地域での実践活動が各地に広がっている。博物館が，地域課題に取り組むことで，市民の博物館への関心も高まり，両者の距離は近づいていくのである。

（2）まちづくりと博物館

まちづくりは，地域の生活や文化の向上という点で重要な課題である。経済的な低成長の時代に入った現在，従来の公共投資による大規模な整備は見直さ

れた。既存のインフラや施設を活用したまちづくりを進めるうえで，新たな知見と地域に残されている資源が有効性を発揮する。

　博物館は，地域課題解決の足がかりとなる場であるともに，地域活性化の拠点施設として，地域住民の誇れる個性的な魅力あるまちづくりの一端を側面から担うことができる。各地で，地域活性化を念頭においた博物館の活動への期待も高まっている。博物館の立地などの諸条件に制約されるが，博物館の集客が一定の経済効果を及ぼしている事例もある。

　また博物館の特別展やイベントなどの開催にあたり，地域の歴史・文化に即したテーマを設定することによって，商店街など地域の活性化が促される効果も期待できる。

　近年，緑ゆたかな自然環境や歴史的景観と調和したアメニティ（amenities）への期待が高まっている。博物館が中核施設となり，地域の自然遺産・文化遺産を活かしたまちの再生・活性化も期待されるところである。

　地域の文化・産業資源には，陶磁器・織物・染色・漆工芸などさまざまな伝統工芸品や時代を生き抜いた地域産業・地場産業などの智恵と技術がある。新たな地域ブランドづくりも地域経済の振興に役立っている。伝統工芸とともに地域の文化財や文化芸術資源を活用し，地域振興や観光振興を促進する試みも展開されている。各資源を有効に活用した「地域まるごと博物館」は，近年，各地にその輪を広げている。

　かつて東京都墨田区で始まった小さな博物館運動は，先駆的な意味をもつ活動であった。そこでは「3M運動」（ミュージアム，モデルショップ，マイスター運動の3つの施策）により，地域に生きる伝統工芸や伝統技術の再生をばねに町全体の活性化をめざす試みであり，地域社会の博物館活動を考えるうえで参考にすべき事例といえる。

　大阪市平野区の「平野町ぐるみ博物館」，山口県萩市の「萩まちじゅう博物館」，千葉県香取市の「佐原まちぐるみ博物館」など各地で地域住民の手になる地域活性化のさまざまな試みが展開されている。地域の文化資源や産業資源を活かした施設の連携が，まちづくりにそのままつながっている。長野県松本

市でも,「マチ全体が屋根のない博物館」をテーマに,松本市立博物館を中核施設とした市内の既存の博物館,関係施設,市民組織が連携した「松本まるごと博物館」を構想して,町の特徴を活かした多角的な事業展開による地域振興をめざしている[20]。

　魅力的なまちづくりには,滋賀県長浜市の歴史と町並みを活かした事例がある。長浜城歴史博物館を中核に祭りの保全と伝承を図る曳山博物館や黒壁ガラス館を中心においた黒壁スクエアなど,文化と地域振興のまちづくりが行われている。このような試みは,北海道小樽市での樽市博物館が中核とした運河と倉庫群のまちづくりなど各地に展開されている。そこでは,いずれも博物館が,地域活性化の拠点としての役割を担っている。

　個性的な魅力ある地域の形成に博物館は,どのようにかかわることができるのか。

　まちづくりには,地域の文化の発掘や再生が大切である。各地のまちは,変貌し景観も次第に変化して行く。まずは,地域の伝統文化や埋もれている文化財・資料の掘り起こしが急がれる。地域の歴史・文化にかかわる古文書や道具があっても,所蔵者に歴史や文化に向き合う姿勢がなければ,資料はごみに等しく廃棄される。歴史的文化的な資源・資料を地域の共有の財産として守っていく地域住民の文化意識の醸成が必要とされる。

　文化財の保護は,広く地域の人々が積極的に参画し,歴史・文化への関心を高めることが,その一歩であり,そこでは博物館の働きかけも大切である。

　博物館は,地域資料の展示等により,それぞれの地域資源を有効に活用し,市民が資料を通して,地域のアイデンティティ（identity）と魅力を発見,再確認ができるよう働きかけるべきである。地域に生きる伝統行事・祭・芸能や伝統的な名産品,地域の食文化の特色などに着目し,人々の生活と文化を結びつけることも,文化を創造することにつながっていく。

　1950年に制定された文化財保護法は,1996年の改正により登録文化財制度の導入し,2004年の改正では,さらに文化的景観,民俗技術へとその保護範囲を拡大した。あわせて都市・農山漁村などにおける良好な景観の形成の促進

をめざした「景観法」も制定された。

　2008年の「地域における歴史的風致の維持及び向上に関する法律」では，歴史・伝統を反映した市街地の環境の維持向上を図るために景観の保持の重要性も確認され，歴史的遺産である歴史的建造物・町並み，史跡・遺跡を整備して保存と公開（活用）など，地域の身の回りにある資源・環境・景観を活かしたまちづくりにも期待が高まった。

　法整備にとどまることなく，博物館のできる条件整備を積極的に進める必要がある。地域風土・地域個性に対応したまちづくりと地域文化を醸成する試みは地域の観光振興にも役立つ。

　また従来の野外博物館にとどまらず，地域空間にある都市景観と集落，文化資源，山・海・川・緑・水路など自然環境を総体として活かしたエコミュージアム（ecomuseum）の試みも始まっている。1970年代のフランスに始まったエコミュージアムは，地域社会の再生や環境保全の観点から有効な取り組みとされる。地域の中核施設（コア）となる博物館が中心となって，地域のさまざまな自然・歴史・文化資源に着目して形成された施設を連携し，地域の自然や文化を継承・創造していくことにより，豊かな地域社会を発展させる。そこでは博物館の機能や手法を活かした公園づくり，学習・調査の手法としてのエコツーリズム（ecotourism）の活用などさまざまな工夫が試みられている。

　また地域の活性化は，地域を支え，文化を伝え創造する人づくりでもある。近年では環境保全という視角も重要であり，緑などの自然保護だけでなく，環境について積極的に提言する博物館も増えている。地球温暖化が進行するなかで，自然との調和や自然保護思想の醸成に博物館がかかわれる点も多い。

　さらに博物館にとって，防災への備えも重要である。とりわけ地震列島であるわが国は地震などの災害が不可避である。防災の地域づくりにおいては，博物館も地域の歴史的・地理的な正確な資料を調査・整備するなど，災害に対応する地域力の一端を担うことが求められる。

　2011年3月の東日本大震災においては，多くの文化財・博物館資料と博物館施設も被災した。博物館にとって，災害から次代に継承する資料を守ること

は，きわめて重要な責務である。すでに1995年の阪神・淡路大震災を契機として，被災資料の救出・保全をめざす歴史資料ネットワークが各地で活躍している[21]。災害時には博物館が連携し，文化財や資料を救出する「文化財レスキュー」の拠点施設としての役割を果たす必要がある。博物館が被災者とともに震災の状況や体験を記録化することも，次世代への責務である。大震災の教訓に学び，災害から地域存立の指針となる歴史と文化を救う手だてを模索することも，博物館と地域コミュニティに課せられた重要な課題である。

[柘植信行]

注
1) 「新しい時代の博物館制度の在り方について」これからの博物館の在り方に関する検討協力者会議，2007年，p. 1。
2) 大堀哲編著『博物館学教程』東京堂出版，1997年，pp. 23-26。
3) 『2010年版 日本の統計』総務省統計局，2010年，pp. 8-9。
4) 伊藤寿朗「地域博物館論」長浜功編『現代社会教育の課題と展望』明石書店，1986年，p. 234。
5) 『「対話と連携」の博物館─理解への対話・行動への連携─』(財)日本博物館協会，2001年，p. 1。
6) 『博物館の望ましい姿』(財)日本博物館協会，2003年，pp. 7-8。
7) 『日本の博物館の現状と課題』(財)日本博物館協会，2005年，pp. 170-171。
8) 前掲1)，p. 4。
9) 『博物館倫理規程に関する調査研究報告書』(財)日本博物館協会，2011年，p. 9。
10) 金山喜昭「地域博物館と市民のキャリアデザイン─市民のキャリア支援という視点から─」『野田市郷土資料館 市民会館年報・紀要』野田市郷土資料館，No. 3，2011年，pp. 105-107。
11) 小林淳一「江戸東京博物館の『高齢者げんきプロジェクト』」『博物館研究』(財)日本博物館協会，Vol. 39，No. 5，2004年，pp. 13-15。
12) 日本都市センター編『近隣自治とコミュニティ』(財)日本都市センター，2001年，pp. 12-13。
13) 松野弘『地域社会形成の思想と論理─参加・協働・自治─』ミネルヴァ書房，2004年，pp. 35-36。
14) 同上，p. 384。
15) 大堀哲「博物館とはなにか」『改訂博物館概論』樹村房，2004年，pp. 18-19。
16) 高橋信裕「わが国の文化環境と博物館事情」『文環研レポート』文化環境研究所，2008年，No. 25，p. 5。
17) 村山皓編『施策としての博物館の実践的評価』雄山閣，2001年，p. 18。

18）　山西良平「地域の課題解決における博物館の存在感―大阪湾における行政・市民・研究者の連携活動に参加して見えてきたこと」『博物館研究』(財) 日本博物館協会, Vol. 45, No. 45, 2010 年, pp. 5-6。
19）　金井忠夫「市民と博物館の連携―地域の自然・文化団体と那須野が原博物館の連携」『博物館研究』(財) 日本博物館協会, Vol. 45, No. 45, 2010 年, pp. 7-8。
20）　窪田雅之「博物館がかがやくまち・松本にふさわしい基幹博物館つくりを目指して」『博物館研究』(財) 日本博物館協会, Vol. 39, No. 1, 2004 年, pp. 15-19。
21）　松下正和「災害と歴史資料保全」『歴史資料の保存と地方史研究』岩田書院, 2009 年, pp. 86-89。

第6章　現代博物館の課題

　博物館は社会的存在である。それは決して博物館単独で存在しているわけではなく，常に社会との関係のなかに存在しているということである。また博物館は，いま，社会や地域から存在価値が認められるかどうかが問われるようになっている。社会から存在価値が認められて初めて，博物館は"あってよかった"ということになる。そのために博物館は，自分たちが価値があると思うだけでなく，社会や地域からも存在価値があると認められるような「関係」をどのようにつくっていくかがポイントになる。

　近年，博物館は，地域社会に根づき，開かれた場としての期待を集めるようになり，さまざまな面で変化を見せている。それは，地域の誰もが交流・連携・参画できる場として，また地域の人々の多様な学びを支援する機関としての役割を果たすようになっていることにあらわれている。

　確かに，この10年ぐらいの間に，わが国の博物館は急速に変化した。従来の博物館の概念からすれば，およそ本道とは思えないような多彩なイベントが実施されるようになったのもその1つである。これは，公私立博物館ばかりではない。最も伝統的で，堅苦しいイメージさえ与えてきた国立博物館でも，ロビー・コンサートを開いたり，企画展を盛り上げるライトアップなどの新機軸を出すなどに積極的である。また展示の手法の改善に努めるとともに，ワークシートや学習教材の作成，展示解説サービスの充実を図り，利用者満足の創出を優先する取り組みなどに前向きな博物館も少なくない。こうした傾向は，かつての博物館にはほとんど見られなかった。それは保守的，伝統的な"しがらみ"から脱皮する動きともいえ，これまで殻に閉じこもっていた姿勢から，市民に開かれた親しまれる存在，市民社会に根づいた博物館へと確実に動き出したことを示しているといえよう。

その契機になったのは，1960年代に登場した生涯学習社会の到来である。従来の学校教育偏重の教育システムから，生涯にわたって学ぶ生涯学習時代へ変化したことに大きな要因がある。背景には科学技術や情報化の進展，飛躍的な人間の長寿化などに加え，「ココロ」を重視する知識社会への変革があった。

　生涯のいつでも，自由に学習機会を選択して学ぶことができ，その成果が社会において適切に評価される生涯学習社会の一層の進展が予測されるなかで，博物館の果たす役割は増大するばかりである。そうした生涯学習社会における多様化・高度化・個別化する学習ニーズに応えられるのは，歴史，民俗，自然史，理工科学，美術，動物，動植物，水族館など館種も多く，すべての分野を網羅するとともに，国公私立博物館がそれぞれの規模内容をもっており，学習メニューも豊富に整う博物館が最もふさわしいからである。

　しかしながら，さらにわが国の博物館が人々の期待に応え，地域の文化・教育力などを底上げし，その使命を果たしていくためには，「守り」から「攻め」の運営が求められる。何よりも博物館自身が日常的に「攻め」の姿勢で業務にあたることが肝心であるが，それを支える国や自治体の文化政策，博物館政策の強力な推進が重要であることはいうまでもない。また，博物館活動は，ほとんどが国際社会の動きと連動しており，当然，博物館の国際交流の推進がきわめて重要性を増している。したがってわが国の博物館が，国際社会のなかで一定の位置を占めていくためには，教育・文化行政，博物館関係団体・学会などの果たすべき役割も重要である。そのほか，博物館の人材養成，評価の問題，職業倫理，危機管理対策など課題は山積しており，次々に生起する課題と併せてスピーディに，適切に対処していかなければならない。そこで本章では，わが国の現代博物館がかかえる課題について述べる。

1　文化政策，博物館政策に関する課題

　現代社会においても，社会を変えたり発展させる要素として経済政策が重要であることに変わりはない。しかし，今日，社会の変化や発展にとって必要な

ものは，必ずしも経済政策ばかりではない。現代社会のおかれた状況や地域の特性を見つめ，21世紀における人間生活の真の豊かさをどう実現するのか，人間の創造活動を支える環境をいかに創出するのか，社会の持続的発展を図るうえで文化政策が果たす役割は何か，といったことに注目する必要があるだろう。日本は世界のなかで経済大国といわれる。しかし，果たして文化面ではどうだろうか。残念ながら，世界のなかでわが国の文化政策の立ちおくれは否めない。

近年，アジアでも中国，韓国，台湾，シンガポールなどの諸国は，博物館建設とその活動内容の充実，国際的な博物館シンポジウムの開催など，博物館政策の推進にきわめて積極的である。これに対してわが国では，国や自治体の文化政策，博物館政策，民間レベルでの文化支援や理解が必ずしも十分とはいえない。博物館は，国やその地域の文化力を示すバロメーターの1つである。その博物館が現在，さまざまな制度改革や国，自治体などにおける財政逼迫のなかで経費削減などの影響を受け，活性化するどころか，活動の縮小さえ求められる厳しい環境のなかにある。この現状を克服するためには，博物館を支える市民，NPO，行政，企業など，官民のさまざまな主体と連携し，知恵を出し合い新たな解決策を見いだすなどインフラを整備する必要がある。

博物館は，パブリック（公共的）な存在である。パブリックな存在としての成果を十分に発揮するための博物館の運営は，国または自治体の文化政策と深くかかわる。しかしながら，これまでのわが国の博物館の運営状況を振り返ると，設置者自身が設置の理念を確立していないこと，運営に対するビジョンをもっていないこと，使命（ミッション）を明示していないことなど，いわば博物館政策が不在だったことは否めない。今後，設置者は，博物館の設置目的や使命などの基本的な考え方，理念をわかりやすく明文化し，博物館独自の役割機能や地域に対する使命を明確にすることが求められる。博物館が何のために，何をしようとするのか，どんなことをどのように進めていこうとしているのかといったことを示す必要がある。

博物館が自らの使命を明らかにしておくことは，博物館事業計画策定の根拠

となる重要な指針であり，評価を行う際の評価基準になるものである。したがって，これは博物館設立段階から策定しておくべきものである。

博物館の建設時に設置者が使命を明確にすることはもちろん，開館後もその使命を内外にきちんと示し，それをふまえた運営に当たることが必要である。変化する社会に対して，博物館がいかにスピーディに対応していくか，使命を明確にした業務の推進が求められる時代なのである。

2　博物館法に関する課題

博物館法は，1951（昭和26）年の制定以来，改正らしい改正はほとんど行われず，その形骸化が指摘され，改正に対する博物館関係者の期待が大きかった。それは，法制定時に比べ博物館の形態，ニーズが多様化したこと，博物館法上の博物館の位置づけや学芸員資格取得上の問題，公益性担保の根拠再構築の必要性が緊急になったことなどによるものである。

文部科学省は，こうした関係者の意向などをふまえ，生涯学習政策局に「これからの博物館の在り方に関する検討協力者会議」（以下，協力者会議）を設置し，博物館の定義，登録制度，学芸員資格制度，評価等の緊要課題について検討した。

この報告書をもとに国会審議が行われ，2008（平成20）年6月，約半世紀ぶりに法改正が実現した。その結果は，博物館の自己評価を推進すること，学芸員の研修の充実を図ること以外に，肝心の登録制度などの内容は盛り込まれず，関係者が期待する改正とはならなかった。もちろん，改正に向けた一連の動きが，博物館への関心を高めた意義は認められる。しかし博物館の定義，登録制度，学芸員制度など重要課題は積み残しになった。これらの課題についてはすでに第3章で述べられているが，きわめて重要であるので，あえて本節でも簡単に述べる。

（1）博物館の定義

改正博物館法においても，「博物館」とは登録博物館であり，博物館は，①

資料を収集する，②資料を保管する，③資料を展示して教育的配慮のもとに一般公衆の利用に供し，その教養，調査研究，レクリエーションなどに資するために必要な事業を行う，④あわせて，資料に関する調査研究をする，目的をもつ機関と定義されている。これらの機能を不可分一体にもっているのが博物館であり，国際的にも国際博物館会議（ICOM）や国連教育科学文化機関（UNESCO）はじめ，欧米の博物館協会などの規約，動物園の扱いなどに多少のちがいはあっても，わが国の博物館の定義とほぼ共通している。

ただし，博物館法が制定された当時とは博物館をめぐる状況が大きく異なっており，人々が博物館に求める機能も変化している。すなわち，貴重な資料を「集めて伝えていく」という伝統的な機能だけでなく，多様な価値観に対応できる機能が博物館に求められるようになっているということである。

博物館資料との関係では，現行博物館法第3条第1項第1号および各号に，博物館の多様性に配慮した規定がなされている。一方で，協力者会議報告書に述べられているように，博物館資料はその「実物」性が重視され，それは今後も変わらないと考えられる。そして博物館が対象とすべき資料は館種や設置目的により多種多様なため，各館の使命に沿って展示・教育活動などの博物館活動の観点からどのような資料をもつべきか，という視点で判断する必要がある。

また，協力者会議報告書は，古い町並みや産業遺産，歴史的建造物群を博物館資料としてそれらを含む一定の区域を「ミュージアム」としてとらえようとする地域の動きも，博物館として資料の「収集，保管」がなされているとみなすことができ，調査研究活動などの要件を充足すれば登録博物館になる途を開くべきであるとしている。

さらに，博物館の調査研究については館の使命，計画に基づいて行われることが必要であり，そうした一貫した方針による調査研究が行われている施設は登録博物館の基準を満たしているとみなすことができるとしている。

いずれにしても具体的な博物館の定義については，博物館登録基準において博物館の多様性を前提とした検討が必要である。

（2）登録制度のあり方

　博物館法の形骸化の最大の要因は，何といっても登録博物館制度にある。この制度は，博物館としての一定水準の条件を備えた公私立博物館の設置を振興するという趣旨で設けられている。しかし，博物館法上の登録博物館と博物館相当施設の数は，博物館法上の博物館にはなっていない博物館類似施設数の約25％にすぎず，しかも博物館類似施設の伸びが目立っている。これは登録博物館になるメリットがないと見られていること，登録博物館の対象外の自治体設置の博物館が多く存在することなどによるものである。また，開館日数や建物等の面で登録博物館や博物館相当施設の水準にあるにもかかわらず，博物館類似施設のままになっている施設がかなり存在している。このように，現行登録制度は実態と乖離しており，改善すべき問題点が多い。

　第1に，登録基準や審査のあり方を学芸員等の職員の有無，開館日数など外形中心から，実質的な博物館活動の質量両面に重点を移すことが必要である。

　第2に，登録基準等具体的な制度設計にあたっては，有資格学芸員の配置など，設置者のちがいや施設規模などに応じて，登録博物館としてもつべき要件，機能を確認できること，公共に資する観点から各博物館にふさわしい使命と計画の設定，実践を見る審査にすること，可能な限り多くの博物館が登録博物館に参加できるようにすること，私立の登録博物館への税制上の優遇措置など，登録博物館になるメリットが多く見えるようにすることが必要である。

　第3に，博物館の目的は，設置主体にかかわらず国民の教育，学術および文化の発展への寄与にあり，また，自治体の首長部局所管の公立博物館や営利法人運営の博物館などにも充実した博物館機能を有する館が増えている実情に鑑み，登録申請資格の設置主体制限を撤廃するとともに，活動実践面を重視する登録制度の再構築が重要である。さらに，国立の博物館，独立行政法人立博物館，大学博物館，自治体の長が所管する博物館，営利法人立博物館等の多くは，登録博物館と実質的に変わらない，あるいはそれ以上の機能を果たしている博物館相当施設の現状があること，博物館相当施設指定制度の位置づけや役割の曖昧な現状あることから，博物館登録制度に一本化する必要がある。

第4に，登録博物館の水準維持に努める必要がある。これは現在，登録の更新制度が導入されていないため，登録時の活動の質などが維持されていないのではないかという問題に対して，登録制度の信頼性の向上を図るため，5年とか7年といった一定期間ごとに登録条件が確保されているかどうかを確認することにより，質の向上と博物館の活性化を図るために必要ということである。

　以上のほか，先にふれた登録博物館の審査は，教育委員会ではなく，博物館活動を評価し，支援，振興策を提示できる第三者機関か非営利組織に委ね，継続的に外部評価を実施し，更新を義務づけるなどの制度設計の検討が必要であること，審査に関する情報公開と登録博物館が他の博物館と区別される「名称独占」など，登録制度のあり方に関する検討課題は多い。

(3) 学芸員制度

　これからの学芸員の役割や専門性は，時代のニーズに応じてとらえなおし，それに応じた学芸員養成制度や研修体制の構築が求められる。現行の学芸員資格制度には，いくつかの問題点が見られる。

　第1に，現在の学芸員の養成は，専門分野や職種による区分がないこと，学術分野の専門性の維持に偏重しているという問題がある。それは，専門分野を明確にして職種等を考慮した適切な人員配置などが進められていないこと，また自然科学，歴史，民俗，科学，美術などの資料の収集，保存，調査研究に偏重した養成制度になっており，資格としての専門性にばらつきがあるということである。

　第2に，教育・コミュニケーション能力をもつ学芸員を養成する取り組みが欠落していることがあげられる。教育・コミュニケーション機能，地域や生活課題の資源を発掘し，それを未来に継承する価値創造型の学芸員像をめざす取り組みが明確でない。

　第3に，博物館に学芸員として採用されても，それまでの現場における実務経験が乏しいうえに，専門知識や技術などを養う機会が少ないという問題がある。

　以上のことから，今後，いかに学芸員制度の改善を図るかが緊要である。

まず，学芸員資格の専門化と細分化である。すなわち，博物館のスタッフを専門職化・細分化することである。たとえば，職務の専門分野としては，企画，教育，管理，展示，研究のそれぞれの学芸員が考えられるし，研究分野は，歴史，民俗，自然史，科学技術，美術などが考えられる。

　次に，学芸員のコミュニケーション能力，展示の理論・手法，プレゼンテーションなどに関する知識・技術を習得できるようなカリキュラムを策定する必要がある。たとえば，マネージメント・スキル習得のためのカリキュラムを策定するとか，これからの学芸員に求められる専門分野に関する幅広い知識のほか，教育能力やコミュニケーション能力と，それを活かした地域課題解決力，経営能力などを養うことである。

　さらに，学芸員に求められる多岐にわたる専門性は，博物館での実務経験などにより継続的・段階的に養われるものであるから，実務経験を学芸員養成制度に明確に位置づける必要がある。

　そのほか，学芸員の専門分野や学芸業務の能力の指標が明確になっていない現状を改め，能力を適切に証明できる学芸員資格にする必要がある。大学と博物館が協働して学芸員を養成する体制づくりや，新しい養成段階としての大学院レベルの専門課程などの検討も今後の課題である。

3　博物館評価に関する課題

　自由化・規制緩和の必要性の流れのなかで，多くの分野において「評価」が重視されるようになっている。博物館においても例外ではなく，いまや自己「点検」から自己「評価」，さらに外部評価の必要性への段階になっている。

　これは博物館を支え，あるいは博物館を必要としている地域住民や利用者に対して，博物館とその職員がどのような使命，目的に基づいて何を行おうとしているのか，また何を行っているのか，納得できる説明責任を果たさなければならなくなっていることを意味する。その説明責任の一端を担う手段が評価である[1]。博物館における評価は，不特定多数の利用者を納得させる客観性と公

正性が重要であるが，本節ではとくに，法改正における評価規定のほか，何を評価するのか，その対象，そして誰がどのように評価を行うのかといった課題について簡単に述べる。

（1）評価の努力義務規定

2008（平成20）年6月の博物館法改正において，博物館の運営状況の評価・改善，地域住民に対する情報提供についての努力義務が規定された。協力者会議報告書では，今後，各博物館における自己評価や客観性を保つための第三者による評価制度，博物館登録制度との関係など，適切な評価のあり方が検討課題とされている。博物館の目的・理念に沿った質的な評価システムが重要になる。

これまで自己評価をきちんと実施した博物館は，決して多いとはいえない。しかし，最近，行政の透明化，PDCAサイクルによる評価，これらを運営改善に結びつける考え方の普及により，公的機関としての博物館の自己評価も進みつつある。

（2）評価の対象

博物館はいったい何を評価するのだろうか。それは，ひと言でいえば博物館の「質」（Quality）ということになるだろう。この「質」とは，博物館のミッション，存在理由，目的，実績などを意味するが，評価の対象として具体的にどのようなものがその項目・観点としてあげられるかという点では，これまで日本博物館協会が提示した8領域・156項目が参考になる。

それは，①設置者との連携，使命の明確化と周知，館組織の意思決定などの「館長・経営責任」領域，②広報・宣伝の充実，利用者拡大，市民参画，地域連携といった「利用者・市民・地域との関係」領域，③方針・計画，観覧者，展示内容の理解促進，展示品と展示環境の維持・保全などの「展示」領域，④参加者，学習支援，学校との連携などの「教育普及」領域，⑤学芸員の人事，学芸員の能力向上，学芸員以外の職員の配置や力量の向上などの「学芸員・一般職員」領域，⑥調査研究の分野，調査研究の活性化などの「調査研究」領域，⑦収集，資料管理，保存・修復などの「資料・コレクション」領域，⑧施設の

維持・改善，安全な施設管理，施設の快適性・利便性，ホスピタリテイの「施設」領域である。こうした広範な点検評価項目を参考に，各館が定量的にまたは定性的に継続して自己評価を行っていく必要がある。その結果を公表することは，館としての説明責任の一端を果たすことになるし，それが館の社会的信頼を獲得することにつながっていく。

（3）評価の主体

博物館の評価は，誰が行うかについて簡単にふれる。

① 行政評価（政策評価）

国公立博物館の場合は，主務官庁・設置者による行政評価（政策評価）が行われる。国立の博物館は，独立行政法人評価法に基づく評価である。地方自治体は，事務事業評価として行われる。

② 博物館の自己評価

これは博物館が自らを知り，自らの問題を明確にし，それを解決するための手段の1つとして博物館自身が行う「自己点検・評価」である。博物館の評価としてはこれが基本になるものであり，決して主観行政サイドからの命令や指示で行うものではなく，何よりも博物館自らの主体性が重要である。博物館内の総務部門とか，学芸部門など，それぞれ現場でかかえる問題点の共有，利用者ニーズの共有などにより，経営問題を考える段階を踏んだ自己評価が望まれる。

③ 外部評価

博物館内部の者だけによる評価の結果は，客観性や公正性を欠くことになる。このため，自己評価を基本としつつ，それをもとに客観性と公正性に基づいた評価をめざし，博物館の利害から離れた立場から公平に判定でき，かつ判定できるだけの知識，見識等を兼ね備えた部外者による「外部評価」が必要になる。

④ 第三者評価機関

今後，評価のための評価を避けるためにも，また評価を受けるために過度の博物館の労力が割かれることのないように，客観性を保つための第三者評価機関の設置と，それによる評価のあり方が緊要の課題である。

4 博物館経営に関する課題

　近年，わが国の博物館は，経営システムの多様化に見られるように，さまざまな経営上での課題をかかえるにいたっている。前節と重複することもあるので，私立博物館にかかる問題などは省略するが，ここでもいくつか取り上げて説明する。

（1）独立行政法人制度

　国立博物館は，2001年度から独立行政法人となった。独立行政法人は，博物館や研究機関，病院など，従来国が直接行ってきた事務事業のうち一定のものについて，国とは別の法人格をもつ法人を設立し，この法人にその事務事業を行わせることにより，より質の高いサービスの提供をめざす制度である。これは，国民生活および社会経済の安定などの公共の観点から確実に実施されることが必要な事務および事業であり，「行政」の範疇に属する事務事業である。これを効率的，効果的に行えるよう自律性，自主性を発揮できる運営の仕組みになっている。とくに主務大臣との関係では，法人の運営の「独立」が最大限に認められている一方で，業務実績についての厳しい評価などに特徴がある。この制度がスタートして約10年，これまでに国立の博物館には見られなかった大胆ともいえるイベントや展覧会などが行われることがあり，確かに法人自らが柔軟な法人運営を行うことができるというメリットは生かされているように思われる。しかしながら，財政，組織，人事管理などの面で制約があるのではないか，当初の理念どおりの制度運営がなされていないのではないかといった指摘もある。運営費交付金の減額，人件費の削減のほか，経営努力の認定もほとんど認められていないとの指摘があるなかで，この制度の詳細な点検が課題である。

（2）指定管理者制度

　指定管理者制度は，地方自治法第244条「公の施設」（公立学校，幼稚園，博物館など「住民の福祉を増進する目的をもってその利用に供するための施設」）に関連する制度であり，2003年6月6日に改定，9月から施行された。

制度導入以来8年が経過し，定着化が見える一方で，実施過程のなかで制度そのものに対するいくつかの課題も指摘されている。

　本制度導入にあたっては，①住民ニーズの多様化に対して，これまでの行政サービスは応えられるか，②そのサービスを担える主体が行政以外に成長しているかという「公の施設」が担ってきた行政サービスの見直しの問題があった。こうしたなかで，住民ニーズの多様化に効果的，効率的に対応するためには，民間事業者のノウハウを広く活用することが有効であること，公的主体以外の民間主体においても十分なサービスの提供能力が認められるものが増加しているといったことなどから，「公の施設」の管理運営に民間企業などの参入が可能になった。

　折しも自治体財政の急速な悪化があり，公立施設運営におけるコスト削減の有効な方策として，指定管理者制度の導入が採用されることになったと考えられる。しかし，制度運用にあたっては，経済性，効率性だけではなく，公共的な政策推進の実現に向けた「有効性」をどのように実現し，担保するかが施設の使命として明確に視野に入っていなければならない[2]ことは，当初からいわれていた。

　公立博物館への本制度導入とその運営については，協力者会議報告書にも見られるように，いくつかの指摘がある。

　その1つは，博物館に経済効率性の原則を適用することに対する問題である。もとより，博物館は非営利施設であり，収益を優先する機関ではない。しかし，設置者の自治体から委任を受けて管理運営にあたる指定管理者としては，経営基盤の安定性と信頼性の確保が欠かせない。本制度が民間にも開かれていることを考えれば，経済性の追求は不可避といえる。そのために博物館活動の質的低下をもたらすことのないように配慮することはいうまでもない。むしろ，公立博物館直営の場合，自治体予算への依存体質の脱皮と，経営の自立化の努力を求める必要があるように思われる。

　2つ目に，学芸機能の継続性の問題である。博物館は，社会から託された貴重な文化財，資料を確実に次世代に継承していくという大きな使命を担ってい

る。そのためにも学芸員による調査研究は，計画的，継続的に推進しなければならない。

　しかし，本制度設計は管理運営にあたる主体の指定管理者が，一定期間ごとに入れ替わる可能性があるという前提になっている点に，しばしば継続性の問題が指摘される。

　これについては，学芸業務の継続性の保障，身分安定の確保などを十分検討したうえで指定管理者として委任を受ける責任制の確立が必要である。一方で，従来の安定的，継続的な学芸員身分を保証する自治体直営が，マンネリ化を生む土壌はなかったかの反省も必要であろう。

　以上，指定管理者制度による運営上の問題点の一部について述べた。ただし，本制度による運営によって地域住民の文化度の向上，地域経済の活性化に寄与するとともに，学芸機能の継続性と経済性，効率性との両立を図りつつ，直営で運営されていた時代よりも大きな成果をあげている博物館があることにも注目する必要がある。そこには，設置者と指定管理者との協働連携，緊密なパートナーシップの構築があり，これが本制度推進の重要な鍵になっている。直営，指定管理者運営であっても，常に地域や利用者のことを念頭においたものでなければならない。

（3）公立博物館の原則無料規定の扱い

　博物館法第3章公立博物館の第23条に「公立博物館は，入館料その他博物館資料の利用に対する対価を徴収してはならない。但し，博物館の維持運営のためにやむを得ない事情のある場合は，必要な対価を徴収することができる」とあり，公立博物館の公共的性格から入館料原則無料と規定している。

　公立博物館であっても，調査研究，企画展などの成果をあげていくうえで館の財政を無視することはあり得ない。そのことを意識しながら，いかに事業を展開するか，学芸員を中心に職員の知恵とアイデアが求められる。自治体の予算の範囲内の活動に甘んじていては，地域住民のニーズに応えることはできない。入館料原則無料と定められているものの，博物館の維持運営上やむを得ない場合には，入館料の徴収は必要な対価であると解されている。入館料は，博

物館から提供される展示観覧に必要な経費（展示にかかる人件費，光熱水費，燃料費，展示更新整備費など）や，年間の平均入館者数などを勘案して定められる実費負担的な意味合いをもつものである。

　平成 17 年度の文部科学省社会教育調査によると，公立博物館のうち，入館料を有料としているのは，登録博物館・博物館相当施設では 663 館中 543 館（82％），類似施設で 3296 館中 1811 館（55％）であり，いずれも上昇傾向にある。とくに，登録博物館・博物館相当施設における有料率は，原則無料を大きく上回っている。自治体財政が年々逼迫している状況のなかで，入館料無料の原則を貫いている登録博物館・博物館相当施設が都道府県立 17 館，市（区）立 94 館あることは，博物館法 23 条の趣旨から特筆される。しかし多くは，実際上，入館無料はかなり困難な状況にある。

　なお，博物館の事業に還元されるのであれば，一定の入館料の徴収はやむを得ないと考えられている。とくに，私立博物館の場合は，入館料が大きな収入源であり，運営費に欠かせないものであるから，無料原則は困難である。

　今後は，公立博物館にあっても，効果的・効率的な運営，自立的な運営をめざし，入館者増に努めるとともに，入館料をはじめとする自己収入の増加を図る方策を真剣に検討する必要がある。

（4）博物館倫理規定

　1998（平成 10）年 7 月 5 日付の朝日新聞に「中国の希少化石購入事件」「孔子鳥，法で持ち出し禁止」の見出しで，日本に不正流入した中国政府が国外持ち出し禁止にしている孔子鳥化石を，大阪市立自然史博物館を含む 6 博物館が取得（購入）したこと，これは国際博物館会議（ICOM）の倫理規定に反すると報じた事件があった。また 2000（平成 12）年 11 月 5 日，毎日新聞朝刊が「旧石器遺跡捏造事件」を報じた。博物館の貴重な資料盗難事件も由々しい事件には相違ないが，上記 2 つの事件は博物館関係者にとってショッキングな事件であった。とくに，旧石器捏造事件は，旧石器文化研究に携わる立場にある者が，宮城県上高森遺跡の現場で，遺跡の遺構確認面で石器を埋めていたというものだけに，一層深刻な事件とされた。これはまさに倫理の問題，文化財を

扱う人間の資質の問題である。しかし，こうしたことだけが博物館または博物館職員の倫理の問題ではない。

　博物館の学芸員には，自律的に自己の専門内容，見識などを高めていく意志と，博物館経営や資料の取り扱いに関する正しい知識・技術が求められる。しかし，現実には貴重な資料，文化財の丁寧かつ慎重な取り扱いが身についていなかったり，資料購入の際の正しい手続き，資料収集・借用時の配慮や礼儀などの基本が欠けているとの指摘が少なくない。ここに倫理規定の重要性とその確実な修得の機会設定が緊要になっている。

　2010（平成22）年3月，文部科学省委託事業で日本博物館協会編集による「博物館倫理規定に関する調査研究報告書」が出された。このなかで，「倫理」は道徳的，精神修養的，かつ近寄りがたい印象をもたらすので，博物館活動の原則として遵守すべきもの，博物館に携わる際の行動の拠り所という趣旨をふまえ，日本における Code of Ethics を「行動規範」としている。ただし，ここでは敢えて ICOM に合わせ，博物館倫理規定と呼ぶことにする。

　ICOM においては，すでに博物館倫理および博物館専門職員の行動規範を定め，財政や施設管理，人事，地域社会との関係のほか，適切な博物館収蔵品の取得，収蔵品の処分等における取り扱いを定めている。

　博物館は公共性を有しており，また文化財の収集・保存する施設としての継続性が必要である。博物館における倫理規定も，公共性と継続性という使命を果たすために要請されるものである[3]。これは，博物館職員の職業上の倫理に主眼があるが，同時に博物館設置者にもその認識が求められる。

　欧米諸国では博物館活動の公共性，公益性を保証するための指針および博物館専門職員の倫理規定が明確に示されている。これに対して，わが国の博物館にはこうした指針がないばかりか，ICOM 倫理規定を活用している博物館が数％にすぎない現状である。今後，わが国の博物館が積極的に国際化に対応し，信頼関係を構築して一定の役割を果たしていくためには，ICOM 倫理規定の共通理解とその活用を図るとともに，日本独自の倫理規定の策定が緊急課題である。

博物館における倫理規定の必要性について，さらに言及しておきたい。先に述べた旧石器遺跡捏造事件などの防止はもちろんのこと，最近，博物館専門職員以外に博物館にかかわる人が多様になっていることも背景にある。ボランティア，友の会会員，学芸員養成大学とその学生，協力者など，博物館を支える人，学芸員をめざして資格取得に励む学生たち，博物館ファンなど，博物館関係者が多様化しているという実態がある。

このため，博物館に関係する個人，組織を問わず博物館の公共性の意味を理解したうえで，それぞれの役割を果たし，それぞれの責務を明らかにすることが必要になっている。博物館にかかわるすべての人が共通に理解し，遵守する規範としての倫理規定の策定が緊急課題とされる所以である。

（5）博物館の人材養成

① 館　長

博物館を運営するのは館長だけではない。しかし，博物館全体をマネージメントする人は，いうまでもなく館長である。「館長の機能は経営（マネージメント）という仕事にあり，ある部分のマネージメントにとどまってはならない。館長はゼネラルな立場での視点で判断しなければならず，博物館経営の専門家でなければならない」といわれるのであるから，博物館には専任の館長がおかれていると考えるのが当たり前であろう。

博物館法第4条第1，2項に，「博物館に館長を置く」「館長は，館務を掌理し，所属職員を監督して，博物館の任務を達成する」と定められており，90％以上の博物館には館長が配置されている。ところがゼネラル・マネージメントが求められる重要な機能を果たすべき館長職が，現実には「専任」と「非常勤・他との兼任」がおよそ50％ずつの配置状況にある。

これは，わが国の博物館の運営上のきわめて大きな問題点である。館長は継続的にマネージメントの理念とその知識・技術を有し，それを発揮する経営者でなければならないからである。

非常勤館長をおく理由としては，財政事情などの事情があると思われるが，学芸員など部下職員の信頼を損ね，博物館活動の低下をきたさないよう，設置

者の責任として常勤館長の配置が必要である。

　博物館館長には，常に経営ビジョンをもち，幅広い経験の蓄積，博物館学や生涯教育，利用者サービスに対する強い熱意を有する人材を得ることが肝心である。そのうえに経営管理能力，情報収集能力，戦略策定能力，先見性，判断力などが求められる。今後のわが国の博物館界の発展のためには，こうした館長の養成・確保に本格的に取り組まなければならない。

② **アドミニストレーション担当者**

　博物館運営は，規模の大小によりちがいはあるものの，館長を中心に，副館長，総務課長（庶務・経営管理担当リーダー），学芸課長，学芸員，事務職員など全員で行うものである。しかし副館長とか総務課長の立場にある者は，まさに運営実務の扇の要（かなめ）的存在である。この人材は，館長の方針を受けて，学芸員の研究・教育活動などが館の設置理念・目的に即して効果的・効率的に実施されるように，人事，財務等の業務を管理し，進行させるなどの役割をもつアドミニストレーション担当者である。この担当者は，職員とのコミュニケーションを十分に図りながら，博物館のアイディンティティを確立する役割が期待される。博物館の個性を生み出し，運営に生かせるようにするカギを握る人材である。もちろん，集客力とその分析力，ファンドレージング能力，経営収支のバランス感覚，それにリスクマネージメント能力が必須である。仕事に対するあくなき情熱，厳しい勤務のあり方を身をもって部下職員に示せる人材でなければならない。これまでわが国の博物館には考えられてこなかった本格的なアドミニストレーション担当者の養成が急務である。

③ **教育担当者（エデュケーター）**

　今後，生涯学習社会の一層の進展が予測されるなかで，生涯学習機関としての博物館に対する人々の期待は高まるばかりである。

　近年，博物館は人々の多様な，そして高度な学習ニーズに応えるべく，市民の参加を得て地域の調査研究を実施したり，職員と協働して展示づくりを行うなど，地域に開かれ人々に親しまれるようになった。それは利用者サービスの方法の研究と実践が進んでいる表れでもあろう。利用者サービスには，当然，

「人」が大きな役割を果たす。「人」がいかに利用者に接し，展示の理解を深めたり，教育プログラムにどう興味・関心をもってもらうかがキー・ポイントになる。わが国の博物館も，漸く教育を担当する「人」の存在の重要性を認識し，その養成・確保に着手するようになったことは前進である。

わが国の博物館では，従来，学芸員が自らの専門領域の調査研究には熱心でも，利用者に対する展示解説や教育活動などは十分とはいえなかった。そこには，教育活動を担当する専任学芸員の不在，未配置という問題があった。

1984（昭和59）年4月，国立科学博物館が初めて教育普及部教育普及課に博物館教育を担当する「教育普及官」を配置した。さらに1988（昭和63）年4月，教育普及部を分離して教育部を発足させ，ここに教育普及官で構成する科学教育室を設置し，1995（平成7）年には欧米の博物館のエデュケーター（Educator）にあたる教育専門官を配置して本格的に博物館教育のあり方を研究するとともに，その実践に取りかかった。しかし，わが国の博物館で，専任の教育担当者を養成し，配置している博物館の例は今日でもきわめて少ない。

博物館が今後，生涯学習機関として充実した学習支援を図っていくためには，こうした「ミュージアム・エデュケーター」などの専門職が大学などで養成されることが必要である。

④　ボランティア

わが国におけるボランティア活動は，1995（平成7）年に発生した阪神・淡路大震災以降に大きく変化したといわれる。かつての福祉分野中心から，教育・文化・スポーツ・医療・環境・国際協力など，多種多様な分野で展開されるようになった。2011（平成23）年3月11日に発生した東日本大震災における多面的なボランティア活動は，復旧・復興への大きな支援につながっている。

博物館におけるボランティア活動は，これも国立科学博物館が1986（昭和61）年にスタートさせた教育ボランティア制度の導入が始まりである。

この制度のねらいは，①博物館機能の拡充とその活性化を図ること，②人々に親しまれる，開かれた博物館づくりを進めること，③ボランティアを志す人々に生涯学習の場を提供することにあった。

今日，博物館活動の多様化，生涯学習ニーズの多様化・高度化のなかで，ボランティアに期待される役割は大きく，活動の内容も幅広くなっている。利用者の満足を創出するうえで，博物館教育担当者の存在が重要であることはいうまでもないが，地域住民がボランティアとして豊富な知識・技術・経験などを生かして，利用者サービスに当たることは博物館の運営に欠かせない。しかしながら，実際に博物館でボランティア活動を採用しているのは30％台で，必ずしも活発とはいえない。

　これは，ボランティアを世話する体制が整備されていないとか，ボランティア養成およびその活用のノウハウがわからないとかいった博物館側の問題に起因しているところが少なくない。

　このため，今後，ボランティア制度導入館の体験を生かし，開かれた博物館づくりや博物館活動の充実にボランティア活動が大きな役割を果たすことなどを，行政においても未導入博物館にさらに働きかけていくことが必要である。

（6）博物館の危機管理対策

　危機管理とは，災害や事件，事故などの発生によって生ずるダメージをできるだけ軽減し，それぞれの組織の維持を図るための経営手法である。したがって，事故や事件が発生すると予測される場合には，迅速にその危機的要素を取り除くか，改善すべきであり，またいち早くそれを発見することが必要である。

　一般に危機管理には具体的に2つの意味がある。

　1つは，予防管理（risk management）である。これは，天災は別にして，火災や事故などがしっかり管理すれば防止可能な危機であるのに対して，セキュリティ担当，防災担当，消防担当など防災管理体制を整備するとともに，施設設備を充実強化するなど日々管理し，予防することである。組織内の防災意識を高めるための防災訓練の実施も必要である。

　2つは，危機発生時の対応（crisis management）である。地震や風水害など予防不可能な天災や，予防管理しながらも起こる火災や事故など危険なことが起きてしまったときに，いかに対処するかということである。たとえば火災の場合，利用者の生命・財産を守ることが優先されなければならない。その際の

具体的なマニュアルがあらかじめつくられていることが重要であり，それをもとに的確に対応できるようにしておかなければならない。

そこで，博物館における危機管理について考えてみる。博物館の館数，利用者の増加，博物館活動の活発化，多様化のなかで，火災や盗難など以外にも，危機の可能性はある。それをどう予防するか，発生してしまったときの対処について，管理職はじめ，学芸員ほか全体で危機管理のあり方の検討，体制整備，訓練が必要である。危機は不意にやってくるものであり，その大きさも大変さもわからない。巨大地震，巨大津波で未曾有の被害を受けた東日本大震災の実情をふまえ，わが国の博物館の危機管理の具体的，的確な対策の確立が緊急に求められている。

5　博物館の国際化に関する課題

国際化とは何か，この言葉の意味はいろいろある。一般には「人，モノ，情報などが，国を越えて盛んに行き来するようになること」[4]と考えられている。こうしたことが社会のさまざまな側面について急速に起こっているため，各国および各国の人々は，その新しい事態にどのようにすべきか，その対応の必要に迫られている。地球温暖化，経済成長率の問題など，あらゆることがグローバリゼーションの結果であることはまちがいない[5]。このことは，博物館の世界にも通じる問題である。博物館のなかで生起している問題も，博物館の規模の大小にかかわらず，実はグローバリゼーションと無関係ではない。国際化が進展するなかで，博物館を取り巻く状況は多様化している。博物館相互に関連する多くの問題に対して，グローバリゼーションをふまえていかに対応していくか，常に検討しておく必要がある。

世界の博物館がかかえている課題は，非常に多岐にわたる。それには共通の課題があるとともに，個別の課題があり，それぞれに多様である。そのなかには，かつて問題になったこととは明らかにちがうものがある。すなわち，しばしばこれまで議論されたことのある博物館の定義に関する問題もあるが，新た

なあるいは緊急に取り組む必要のある問題もある。文化財の返還問題，博物館職業倫理，人材養成の国際基準の高度化の問題などである。こうした多岐にわたる問題について，国際的にどうクリアし，合意形成していくかは容易ではないが，これを怠るわけにはいかない時代である。

博物館の災害対策についても，国際的な共通課題として検討が急がれなければならない。2011年3月11日に発生した東日本大震災に関していえば，地震や津波に対するわが国の危機管理対策の甘さが指摘された。台風，温暖化現象などの地球規模の変動に対して，リスクマネージメントはどうだったのか，反省を迫られることはまちがいない。

つぎに，博物館の国際化に対応して，情報化・デジタル化の問題についても国際的な共通課題として早急に検討しなければならない。国際社会において歴史資料や美術作品の移動はよく行われる。しかしこれだけではなく，コレクション関連の情報移動・流通がネット上でも行われており，今後，活発化していくことが予測される。ネットワーク社会におけるデジタル化は，果たして問題がないのかどうか，博物館界が共通に検討すべき課題である。

これまでみてきたように，博物館の国際化に関する課題は山積しており，しかも次々と起こる。こうしたときに重要なことは，日頃からの国際的な人脈づくり，良好な人間関係の構築である。資料貸借，災害時における救援など，博物館相互の信頼関係に基づく国際交流が推進される状況にあれば，問題が生じても解決不可能ではない。信頼関係づくりに即効薬はなく，地道な積み重ねこそが重要である。2011年10月から半年にわたり，中国の辛亥革命100周年記念事業として中国政府，博物館等機関の協力により長崎歴史文化博物館が開催した特別企画展「孫文・梅屋庄吉と長崎」は，まさに中国との人脈，信頼関係によるところが大きい例である。

デジタル化の進展は，博物館の企画展開催において著作権上，制約されるものまたは保護されるもの，資料貸借の交渉を行うとき，図録を作成するときの複製の許諾がどうなるか，といったさまざまな問題をわれわれに突きつけることになる。このような専門職の高度化にかかる問題は，博物館の国際交流機会

の増加にともない，当然高まるものであり，国際社会が要求する重要な課題としてとらえなければならない。

　ヨーロッパ諸国は，博物館専門職の国際基準を明確にしているといわれる。国際化・高度化が強まるなかで，わが国の学芸員養成は国際的視野に立ったカリキュラム編成が求められる。そのようなカリキュラムによって学芸員を養成する担当教員の指導力，国際性の問題も問われることになる。

　いずれにしても，先に述べたように，確実に博物館もグローバリゼーションの時代のなかにあり，博物館の活動の多くは国際社会のなかで展開されているという認識が必要である。文化財返還運動や倫理にかかわる資料収集，文化財の盗難品・文化財の不法輸出入・税関にかかわる移動の手続き，展示企画の際の国際交渉や外国語解説，国際展覧会開催におけるバリアフリー化，資料借用における保険制度，情報公開のあり方との関連での目録作成，国宝・重要文化財の展示制限，著作権・知的財産権の保護とかかわるデジタル化など，どれをとっても博物館のさまざまな活動，業務が国際的な影響を受けているという理解が必要である。博物館の規模の大小を問わず，国際化は無関係ではないのである。

[大堀　哲]

注
1) 大堀哲『博物館概論』学文社，2005 年，p. 167。
2) 小林真理編『文化的公共性を支えるのは誰か』時事通信社，2006 年，p. 23。
3) 建畠哲『博物館研究』日本博物館協会，2011 年，p. 40。
4) 岡本薫『国際化対応の重要ポイント』全日本社会教育連合会，1999 年，p. 7。
5) 水嶋英治『博物館研究』日本博物館協会，2008 年，p. 30。

引用・参考文献
池上惇他編『文化政策入門』丸善，1999 年
上野征洋編『文化政策を学ぶ人のために』世界思想社，2002 年
平成 19 年度文部科学省委託事業『博物館における施設管理・リスクマネージメントガイドブック』(財)三菱総合研究所，2008 年
平成 21 年度文部科学省委託事業『図書館・博物館等への指定管理者制度に関する調査研究報告書』(財)三菱総合研究所，2011 年

第2部

博物館資料論

museology

第1章　博物館資料の概念

1　博物館資料の意義

(1) 博物館資料とは

　博物館のなかには多種多様のモノが集められ，展示や教育活動に活用されている。しかし，博物館のなかに存在するモノは博物館資料として研究され，「価値あるもの」と認識されたゆえに取得され，その結果，展示され，教育活動に活用され，保存されることになる。

　「博物館」という概念もさまざまな観点から定義されるように，「博物館資料」という概念もさまざまな定義が可能である。ここでいうモノとは，有形の資料 (museum object)，美術作品 (art works)，標本 (specimen)，文化財 (cultural property)，文化遺産 (cultural heritage) などさまざまな呼称をもつ総括的な概念である。国際博物館会議 (ICOM) の「博物館のための倫理規定」(2004) では，「美的・歴史的・学術的，もしくは精神的に重要であるとみなされるあらゆる概念または事物」と資料概念を規定している。ひと言でいえば，モノを通して「物質文化」を解明する対象こそが博物館資料である。しかし，近年では，博物館の取り扱う資料概念は拡大傾向にあり，無形文化財や文化的景観，さらには「デジタル文化財」までも収集・保存・研究の対象となってきていることに注意しておきたい。

　博物館資料は「唯一性」（世界にたった1つのモノ）が重視されることが多いが，経時的変化に着目してモノを眺めれば，同種の資料でも，時代とともに少しずつ形状や意匠・形態が変化し，機能変化も見られる。資料の収集理念に基づいて多数の資料を集めれば，資料の体系性やモノを中心においた文化的変化ないしは多様性が理解されるであろう。こうして集められた資料群をコレクシ

ョンと呼ぶ。

　コレクションは博物館にとって中核になるものであり，コレクションのない博物館は博物館とはいえない。ブルカウは「博物館のコレクションは参考資料の模範としての潜在的価値として，また美的あるいは教育的な重要性を持つために保存される」と定義している[1]（Burcaw,G.E.1997）。

　教育的な観点に立てば，アメリカの博物館界の考え方では，チルドレンズ・ミュージアムやサイエンスセンターのように比較的コレクションのない博物館であっても博物館として分類している場合もある。これに対して，ヨーロッパの博物館界ではジョルジュ・アンリ・リビエール（1989）の考え方に代表されるように，コレクションこそ文化または時代の全体を集約する証拠資料であり，それらが象徴的な意味をもつ資料として認識されているため，資料・コレクションがなければ博物館と見なされない。

　いずれの場合であっても，コレクションは博物館活動の中心に位置づけられる。「博物館は，自然・文化・学術遺産の保護への貢献として，そのコレクションの収集，保存，普及促進を行う義務がある」（ICOM倫理規定第2条2006）。

（2）過去から現在へ，現在から未来へ

　博物館の資料・コレクションは，過去から今日まで博物館のなかで保護され活用されてきたものである。現在まで残されてきたのにはそれなりの理由があるが，結論的にいえば「価値がある」ため，博物館という社会制度のなかで残されてきたものである。また現在の資料も，保存環境を整え維持管理していけば未来にも継承されていくことであろう。

　クリフトフ・ポミアン（Pomian, K. 1987）は，コレクションを「一時的または恒久的に経済活動外に置かれ，その目的のために設計された閉ざされた空間の中で特別な保護を受け，公開展示される自然または人工資料の集合体」と定義した[2]。モノに象徴性をもたせ，その象徴的価値によってとらえているところに博物館資料の意義があるということができよう。

　日本では，物理的保護のほかに法的保護によって文化財や博物館資料は守られてきた。また，文化財保護法（1925）によって無形文化財の保護にも努めて

きたが，ユネスコの無形文化遺産登録制度（2003）や国際博物館会議（ICOM）ソウル大会（2004）を契機に，近年の博物館界は無形文化遺産の重要性が認識され，それと同時に新たな課題も生じてきた。これまで博物館は物質文化・有形文化財をその対象とし，多くの蓄積があるが，無形資料の収集・展示，保存についてはまだノウハウが少ない。

　伝統的な知識（暗黙知，ノウハウ），民俗学における儀式，一過性の身体言語など，失われつつある無形文化遺産の保護は博物館にとって大きな課題であり，また大きなチャレンジである。

　過去から今日にいたるまで残されてきた遺産を現在まで残してくれた先人たちに感謝し，また現代社会に住む私たちの使命として次世代に継承していくことは博物館人としての大きな責務である。博物館資料の概念が拡大する今日，このことを認識して資料を取り扱っていくことが必要であり，またその使命の遂行こそ学芸員の基本的な仕事であるといっても過言ではない。

（3）資料の価値

　この世の中に存在するありとあらゆるモノが博物館に受け入れられるわけではない。むしろ，一定のルールによって選別され，評価され，価値あるものとして判断されたときにはじめて博物館資料として認識されるのである。一番わかりやすい例は，珍しいもの，滅多に見られないモノであろう。稀にしか存在しないモノの価値を「稀少価値」という。博物館の起源ともいわれている16～17世紀の「珍奇物の部屋」（cabinet of curiosity）はまさに稀少価値の追究であった。

　しかし，上記の一種のルールは資料を資料ならしめる基準であるから「資料選択基準」ということばに置き換えてもよい。この資料選択基準には，珍奇なモノ以外に，日常生活では「美しいモノ」「きれいなモノ」「心が癒やされるモノ」など見ていて心が安らぐものも1つの選択基準であろう。つまり，鑑賞的価値・美的価値・審美的価値も博物館資料・美術館資料として選別される1つの基準である。

　このほかにも，保存しておく価値（保存価値），展示に値する価値（展示価

値），教育利用に役立つ価値（教育価値），記録に値する価値（記録価値）など，博物館の資料を考える際に資料と価値は切っても切り離せない関係にある。

（4）何が資料となるか

最近ではあまり耳にしなくなったが，無用なモノを「博物館行き」と呼んでいた時代もあった。現実社会で役に立たないモノを意味する。しかし，使わなくなったモノであっても，それがひとたび博物館のなかで保存され遠い将来振り返ってみれば「ああ，こんなモノも使われていた時代もあったなぁ」と懐古の念にかられることもあるだろう。記憶がモノにまとわりついて，それを見るとある種の記憶が蘇ってくる価値を「記憶価値」という。その記憶の上に，さらに正確な記録や文書があれば「記録価値」のある資料として取り扱うことができる。

また，長い年月を経たのち歴史を振り返ってみると，その時代なり文化なり，時代の特徴が一目でわかる。一般的には「博物館行き」という用語は不用物として扱われるが，古いものは必ずしも「お払い箱行き」の価値なしのモノではなく，反対に，長い年月を経て今日まで残ったモノには「歴史的価値」や「遺産価値」があると評価できる。

「無用の用」とは，無用とされているモノがかえって大用をなすこと（荘子）の意味であるが，「博物館行き」の資料は「無用の用」の資料と改めて考え直さなければならない。

（5）資料を通してわかること

現実社会からモノが切り離され，博物館に受け入れられる現象を博物館化という[3]。博物館資料とは博物館化されたモノである。しかし，現実的な社会のなかに存在しているモノが博物館に入ってきても，すぐに博物館資料になるわけではない。

砂浜に落ちていた美しい貝殻を拾ってきて博物館に展示すれば，すぐに博物館資料になるとは誰も考えないであろう。博物館資料になりうる潜在的可能性をミュージアリア（musealia）という新しい概念で表現されることもある。

ふたたび砂浜の貝殻を例として取り上げれば，貝殻が博物館によって強い意

思をもって拾われ（収集され），調査研究され，生物種が特定（同定）され，博物館資料として登録され，目録に記載され，展示ないしは保存されてはじめて，1つの貝は博物館資料になるのである。

　民芸品も，伝統的な民俗資料も，一連のプロセスを経て博物館資料としての価値をもつ。こうした資料の集積によって，時代性がわかり，文化・歴史がわかり，科学技術の発達がわかるのである。

2　博物館資料の種類

　博物館に所蔵・展示されている資料は森羅万象のモノといってよいが，実際，ありとあらゆるものが博物館に整理されないまま収蔵され展示されていたとしたら，それは博物館ではなく，がらくた以外の何ものでもない。博物館資料としての存在意義は，保存と活用が二律背反することなく，整理・保管・活用され，しかも資料が系統立てられて収集され，かつ体系化された状態でなければならない。

（1）博物館の分類と博物館資料

　博物館法第2条（定義）で規定しているように，博物館は「歴史，芸術，民俗，産業，自然科学等に関する資料を収集し，保管し，展示して教育的配慮の下に一般公衆の利用に供する」が，同じく第2条第3項で次のように「博物館資料」を定義している。すなわち，この法律において「博物館資料」とは，博物館が収集し，保管し，または展示する資料（電磁的記録〈電子的方式，磁気的方式そのほか人の知覚によっては認識することができない方式でつくられた記録をいう〉を含む）をいう。

　別のいい方をすれば，個人的に趣味で集めているような場合，それは収集品（コレクション）であっても，いわゆる博物館の資料ではない。しかし，その個人コレクターが寄贈なり遺贈した場合は，所有権が移転し，物理的にも博物館の管轄下におかれるわけであるから，「博物館資料」となる。

　また博物館法第3条（博物館の事業）では，博物館の目的を達成するために

「実物，標本，模写，模型，文献，図表，写真，フィルム，レコード等の博物館資料を豊富に収集し，保管し，及び展示すること」として，博物館事業を定義している。ここにあげられた実物，標本，模写，模型…といっても，具体的なモノに言及しているわけではなく，博物館の性格や収集方針に応じて具体的な資料が保存・活用されることになる。

　博物館には，歴史博物館，民俗博物館，美術館，自然史博物館，科学技術博物館など多くの種類があるが，これらの博物館の分類は，所蔵資料を中心に命名されているのが通常である。すなわち，歴史資料を所蔵・展示している博物館を「歴史博物館」，民俗資料を多く所蔵・展示している博物館を「民俗博物館」，自然史標本を所蔵している博物館を「自然史博物館」などというように，所蔵資料の基準が1つの博物館名称を与えているのである。

　さらに，特定の資料に特化・限定して資料を保存管理・展示活用している博物館もある。たとえば，おもちゃ博物館，くじら博物館，楽器博物館，切手博物館…というように，特定のモノを対象に，収集・保管・研究・展示・教育普及活動などを行う博物館もある。これらは展示内容による分類である。こうして見てくると，博物館活動の中心は資料・コレクションであり，ありとあらゆるものが収集対象になる可能性があることが理解できよう。しかし，その前提には，博物館資料に関する情報が付加され，保存価値・資料価値が明確にされていなければならない。

　一方，博物館の世界では「文化財」という用語も用いられる。「文化財」とは，博物館資料であるか否かにかかわらず，また国や地方自治体の指定・選定・登録の有無にかかわらず，有形・無形の文化遺産全般をさす用語である。当然のことながら，文化財が博物館に所蔵され，展示されている場合も多いが，「文化財」という用語を使用する場合は，適用される法律が異なっている点に注意を要する。博物館法とは別に，文化財保護法（1950）によって規定されているのが文化財である。文化財保護法では「文化財」を「有形文化財」「無形文化財」「民俗文化財」「記念物（史跡，名勝，天然記念物）」「文化的景観」「伝統的建造物群」の6つに分類している（同法第2条第1項，図2.1.1参照）。

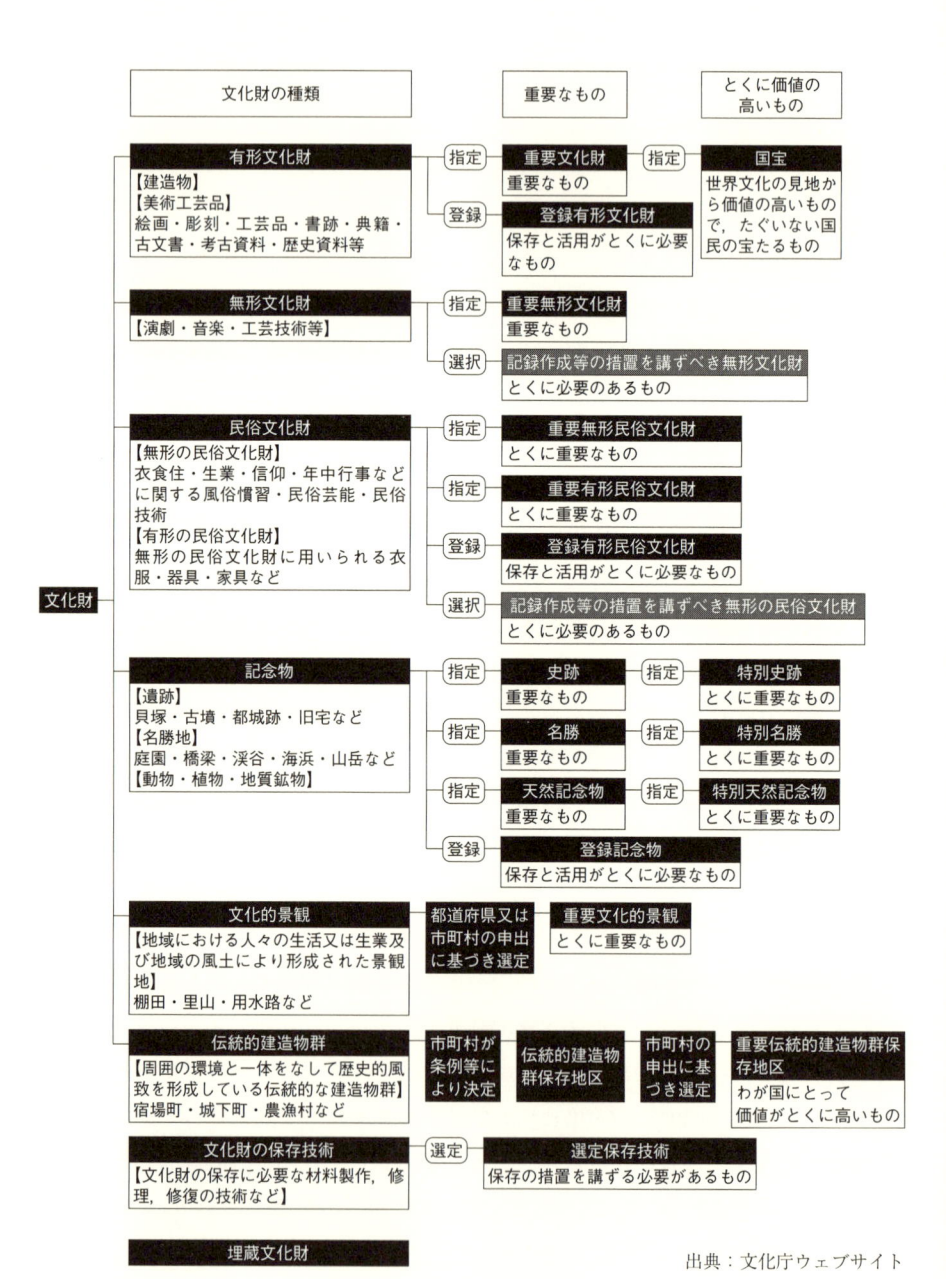

文化財の種類		重要なもの		とくに価値の高いもの
有形文化財 【建造物】 【美術工芸品】 絵画・彫刻・工芸品・書跡・典籍・古文書・考古資料・歴史資料等	指定	重要文化財 重要なもの	指定	国宝 世界文化の見地から価値の高いもので、たぐいない国民の宝たるもの
	登録	登録有形文化財 保存と活用がとくに必要なもの		
無形文化財 【演劇・音楽・工芸技術等】	指定	重要無形文化財 重要なもの		
	選択	記録作成等の措置を講ずべき無形文化財 とくに必要のあるもの		
民俗文化財 【無形の民俗文化財】 衣食住・生業・信仰・年中行事などに関する風俗慣習・民俗芸能・民俗技術 【有形の民俗文化財】 無形の民俗文化財に用いられる衣服・器具・家具など	指定	重要無形民俗文化財 とくに重要なもの		
	指定	重要有形民俗文化財 とくに重要なもの		
	登録	登録有形民俗文化財 保存と活用がとくに必要なもの		
	選択	記録作成等の措置を講ずべき無形の民俗文化財 とくに必要のあるもの		
記念物 【遺跡】 貝塚・古墳・都城跡・旧宅など 【名勝地】 庭園・橋梁・渓谷・海浜・山岳など 【動物・植物・地質鉱物】	指定	史跡 重要なもの	指定	特別史跡 とくに重要なもの
	指定	名勝 重要なもの	指定	特別名勝 とくに重要なもの
	指定	天然記念物 重要なもの	指定	特別天然記念物 とくに重要なもの
	登録	登録記念物 保存と活用がとくに必要なもの		
文化的景観 【地域における人々の生活又は生業及び地域の風土により形成された景観地】 棚田・里山・用水路など	都道府県又は市町村の申出に基づき選定	重要文化的景観 とくに重要なもの		
伝統的建造物群 【周囲の環境と一体をなして歴史的風致を形成している伝統的な建造物群】 宿場町・城下町・農漁村など	市町村が条例等により決定	伝統的建造物群保存地区	市町村の申出に基づき選定	重要伝統的建造物群保存地区 わが国にとって価値がとくに高いもの
文化財の保存技術 【文化財の保存に必要な材料製作、修理、修復の技術など】	選定	選定保存技術 保存の措置を講ずる必要があるもの		
埋蔵文化財				

出典：文化庁ウェブサイト

図 2.1.1　文化財保護の体系

写真2.1.1　無形文化遺産の展示　中国の代表的古典・音楽劇（京劇）の様子

写真2.1.2　京劇に使用された楽器の数々　左右とも香港文化博物館（筆者撮影）

　「有形文化財」とは，建造物，絵画，彫刻，工芸品，書跡，典籍，古文書そのほかの有形の文化的所産であり，わが国にとって歴史上または芸術上価値の高いものである。これらのものと一体をなしてその価値を形成している土地そのほかの物件を含んでいう場合もある。また考古資料など学術上価値の高い歴史資料をさすこともある。大雑把ないい方をすれば，博物館資料はほとんどの場合，有形文化財がその対象となる。通常の場合，博物館資料は動産（可動物件）を対象としているが，不動産に分類される建造物であっても，建築博物館や野外博物館では，歴史的建造物を移築し，各地から収集・保存する博物館もある。

　これに対し，「無形文化財」とは，演劇，音楽，工芸技術そのほかの無形の文化的所産で，わが国にとって歴史上または芸術上価値の高いものをさす。博物館で展示する場合，無形文化財は有形の資料と対になって展示される場合が多い。たとえば，音楽（楽曲）は楽器や譜面，音楽に関する有形資料とともに展示される。演劇博物館の場合でも，演劇自体を映像で見せるほかに，演劇に使われた衣装，役者の化粧道具，台本，文献資料，入場券，記念品等と組み合わさって展示される。とはいえ，無形文化財という概念そのものは，あくまで無形のものである。

　以上2つの分類のほかに，「民俗文化財」というカテゴリーもある。民俗文

化財とは，衣食住，生業，信仰，年中行事などに関する風俗慣習，民俗芸能，民俗技術およびこれらに用いられる衣服，器具，家屋その他の物件で，日本国民の生活の推移を理解するため欠くことのできないものをいう。地域博物館，郷土博物館，民俗博物館ではこれらを収集・保管，展示している。

「記念物」とは，貝づか，古墳，都城跡，城跡，旧宅その他の遺跡で，わが国にとって歴史上または学術上価値の高いものである。庭園，橋梁，峡谷，海浜，山岳その他の名勝地もこの範疇であり，わが国にとって芸術上または観賞上価値の高いものをさす。記念物には，動物（生息地，繁殖地および渡来地を含む），植物（自生地を含む），地質鉱物（特異な自然の現象の生じている土地を含む）も含まれ，わが国にとって学術上価値の高いものをいう。考古学遺跡や歴史公園などに隣接する博物館（サイトミュージアム）は，遺跡，古墳などからの出土品を扱う場合が多い。

以上のほかに，博物館の資料としては，なかなか成立しがたい文化財の概念であるが，「文化的景観」という分類もある。これは，地域における人々の生活または生業および当該地域の風土によって形成された景観地で，日本国民の生活や生業を理解するため欠くことのできないものをいう。博物館学の範疇を超えるが，ユネスコの世界遺産などには，この文化的景観がしばしば登録されている。

文化財の最後の分類は「伝統的建造物群」である。周囲の環境と一体をなし歴史的風致を形成している伝統的な建造物群で価値の高いものをいう。近年では地域振興の観点から「まちまるごと博物館」と称し建造物群を1つの博物館と見たて，地域全体を博物館とする例も各地に見受けられる。

（2）資料の分類

上に見てきたように，博物館の特性は収蔵資料や収集対象の物件によって規定される。しかし，博物館資料には別の分類方法もある。便宜的に，一次資料，二次資料という分類が使われることがある。「一次資料」とは実物・オリジナル資料・原作品をさすのに対して，「二次資料」とは一次資料に関する記録であり，複製，写真，図面，模写，模型などをさす。とはいえ，この分類はあく

まで相対的なものであることに注意したい。たとえば，民俗博物館で取り扱う実物の「民具」や「工芸品」は一次資料であるが，その記録としての写真や図面類は二次資料である。これに対し，写真美術館のような場合は，オリジナル作品としての写真は一次資料である。

一次資料としての実物資料は，必ずしも厳密に分けることはできないが，人文系資料と自然系資料に大別される。人文系資料は，歴史・考古・民俗・工芸・美術作品などすべての資料を含み（人工物：artefactという呼称もある），自然系資料は，動物・植物・岩石・鉱物・化石などの自然界に産出する資料をさす。

博物館にとって最も神経を使うのは，資料の真贋である。本物か偽物かと単純に割り切れれば問題はないが，たとえ本物であっても歴史資料のような場合は，何度も修復が施されている場合もあり，修復材料によってはオリジナル性を著しく損なうような場合もある。そこで登場するのがオーセンティシティ（真正性）という概念である。1994年に奈良で開催されたオーセンティシティに関する国際会議では，その概念を拡張して，①形態と意匠，②材料と材質，③用途と機能，④伝統と技術，⑤立地と環境，⑥精神と感性，⑦その他内的外的要素を含む7つの概念群とした（「オーセンティシティに関する奈良ドキュメント」）。基本的には，この概念は記念物や建造物など不動産資料を対象としているが，博物館資料のような動産資料であってもこのオーセンティシティという概念は真贋を判断する際に応用は可能である。

文化財の種類はその歴史的・文化的文脈によって一様ではないが，その資料の文化的価値が，可能なかぎりの情報源を利用して，文化財の芸術的側面，歴史的側面，社会的側面，科学的側面について詳細に検討した結果，確からしさが高い場合は真正性が高いと判断されるであろう。すなわち，真贋の度合いを判定する1つの基準となる。ここでいう「情報源」とは，文化財の本質，特異性，意味および歴史を知ることを可能にする物理的存在，文書，口述，表象的存在のすべてと定義される[4]。

博物館資料を展示する場合や教育的活用を図る場合には，多くのレプリカ

（複製品）が使用されることがあるが，これは①オリジナル資料の脆弱性のゆえにオリジナル資料は保存しておき，展示には複製品を使う場合，②二次資料としての教育的価値を考慮し，レプリカを活用する場合がある。

3　博物館資料化のプロセス

　博物館資料が博物館に受け入れられ，展示や教育活動に活用されるまでには多くのプロセスを経る。

　社会的・歴史的文脈（コンテクスト）から切り離された資料は，もともとあった環境から分離され，博物館に受け入れられることになるのが通常である。現地保存しない場合，資料が「転送」されるともいうことができるが，この資料の転送ないし移動には，不可避的に情報の損失が生じることが多い。

　元の場所から「分離」され，本来資料のもっている機能が「停止」し，何かに置き換わる「置換」というプロセスは，合法・違法を問わず，博物館への移設や考古学遺跡の発掘の例を見れば，遺物のコンテクストが完全に失われてしまうことは明白である。それだからこそ，博物館の資料化にとっては，記録（ドキュメンテーション）作業が不可欠なのである。

　博物館の業務には，博物館の資料化はしばしば「資料の組織化」または「博物館化」（musealisation）という用語が充てられることがあるが，外部からのモノ（資料）が博物館資料として位置づけられるためには，正式な手続きが必要である。資料の組織化のプロセスには次の要素を含んでなければならない。

①　保存（選別評価，取得，コレクション管理，保管）
②　調査・研究（目録作成を含む）
③　コミュニケーション（展示，出版物などによる）

（1）資料の収集

　博物館にとって収集方針を定めることは基本機能の1つであり，また同時に本質的であるがゆえに困難な業務である。収集方針を定めても予算的に無理がある場合，資料取得を諦めざるを得ない。また資料があったとしても記録（情

報）がなければ，活用が不可能なため資料の取得を諦めざるを得ない。また近年では，民族文化財をはじめ略奪文化財の返還要求運動が世界各国で展開され，倫理的な観点から収集すること自体が問題視されている。

　博物館が資料を受け入れるにしても，動産であるがゆえに資料が動き，物理的に動くがゆえに所有権の問題も生じてくる[5]。また資料収集にあたっては，国際条約などのルールから逸脱することは許されない[6]。

　博物館の収集方針は収集の範囲によって，①特定の時代（または通史），②特定の収集対象地域[7]，③特定の主題（テーマ性）に分類される。実際には，これらの方針を組み合わせながら資料を収集し，蓄積されたものがコレクションとして形成されていく。したがって，コレクションという概念には体系的な構築性が含意されている[8]。

　『資料の取り扱い』（日本博物館協会編 2001）によれば，収集方針は次の事項を盛り込むこととされている。①何を収集するのか，②どこで収集するのか，③どのようにして収集するのか，④なぜこれらの分野で収集するのかの4点である。収集方針を具現化するためには，中長期的な収集計画を立案し，公表する必要がある。収集計画は，博物館の運営人員・予算・収蔵施設の現状を鑑みながら現実的に立案すべきである。

　偶然の積み重ねによって集められた集合体であっても，長い時間経過のなかで体系化されていく場合ももちろんあるだろう。個人コレクターが明確な収集方針の文書を作成しないまま直観的に収集してきた場合もある。このような場合は，収集家の強い個性によって丹念に集められたことが多い。長い年月によって積み重ねられ，自ずとコレクションとして形成されていく場合である。それらのコレクションが博物館に遺贈された場合，その後コレクション体系のなかで欠けている資料があれば，今度はそれを1つの収集方針として収集の対象物件とする場合も出てくる[9]。いずれにしても，博物館の資料化のプロセスの第一歩は資料収集であり，そのためには資料の選別評価が行われなければならない。

(2) 整理と分類・体系化

　博物館が資料を取得し，正式に受け入れられたら，次に行われるのは，記録，整理，分類である。資料の状態を確認し，記録を取る。受け入れ番号を付与し，資料に傷みはないか，保存状態は良好か，欠損部分はないか，完全な状態か否かなど，資料の物理的状況を確認し，図面化作業ないしは写真撮影を行う。いわゆる二次資料の作成である。記録者に関する情報も付加しておかなければならない。いつ，誰が記録したのか。この記録作成は学芸員の責任性の1つである。記録のあと，受け入れた資料がどこの資料体系のなかに位置づけられるのかよく検討し，物理的な保管場所についても検討を加える。保管する前に，燻蒸をする場合もある。修復が必要な場合は修復計画を作成し，応急処置で可能な範囲か，本格的な修復・修理が必要なのかを見極めたうえで修復に必要な時間と予算をよく検討し，必要ならば専門家に修復を依頼する。

　また受入資料の価値評価を行い，博物館の資料台帳に資料に関する情報を記載する。登録番号を与え博物館の資料目録に正式に登録されれば，当該資料は博物館の資料として位置づけられる（なお，目録化の具体的な記述項目については本書第2部第2章および第5章を参照のこと）。こうした資料化のプロセスを経て，博物館資料となるのである。

　まだきちんとしたかたちで価値評価がされておらず，博物館の資料としての潜在的価値は認められても正式な手続きをふまなければ，それは博物館資料ではない（この状態を「素資料」という場合もある）。博物館に資料が入ってきたとしても，それはまだ登録という手続きをふんでいない。資料的価値の潜在的可能性が認められ（この状態を「原資料」という場合もある），それを顕在化しなければならない。原資料を登録し，目録記載が済んではじめて博物館資料となることを忘れてはならない。　　　　　　　　　　　　　　　　［水嶋英治］

注
1) Burcaw, G. E., 1997, *Introduction to Museum Work*, Altamira Press, 3rd ed.
2) Pomian, K., 1987 *Collectionneurs, amateurs et curieux*, Paris, Venise, XVI-XVIII siècles,

Paris, Gallimard.
3) 博物館化には，もう1つの意味があり，歴史建造物や私的住居が博物館として公開される場合も「博物館化」と呼んでいる。本書第2部第3章7節「野外博物館」を参照すること。
4) 「世界遺産条約履行のための作業指針」第79項から第86項を参照のこと。
5) 今日では，資料を収集取得することよりも「現地保存」の傾向が強くなっているのは否めない。
6) 文化遺産および自然遺産の保護にかかる主要な国際条約などには次のようなものがある。
・武力紛争の際の文化財の保護のための条約（1954年ハーグ条約）第1議定書，(1954)第2議定書(1999) http://www.unesco.org/culture/laws/hague/html_eng/page1.shtml（英語）
・文化財の不法な輸入，輸出及び所有権移転を禁止し及び防止する手段に関する条約(1970) http://www.unesco.org/culture/laws/1970/html_eng/page1.shtml（英語）
・世界の文化遺産及び自然遺産の保護に関する条約(1972) http://www.unesco.org/whc/world_he.htm（英語）
・水中文化遺産の保護に関する条約(2001) http://www.unesco.org/culture/laws/underwater/html_eng/convention.shtml（英語）
・無形文化遺産の保護に関する条約(2003) http://unesdoc.unesco.org/images/0013/001325/132540e.pdf（英語）
・人間と生物圏（MAB）計画 http://www.unesco.org/mab/（英語）
・特に水鳥の生息地として国際的に重要な湿地に関する条約（ラムサール条約）(1971) http://www.ramsar.org/key_conv_e.htm（英語）
・絶滅のおそれのある野生動植物の種の国際取引に関する条約（CITES）(1973) http://www.cites.org/eng/disc/text.shtml（英語）
・移動性野生動物種の保全に関する条約（CMS）(1979) http://www.unep-wcmc.org/cms/cms_conv.htm（英語）
・盗取され又は不法に輸出された文化財に関するUNIDROIT条約（ローマ，1995）http://www.unidroit.org/english/conventions/culturalproperty/c-cult.htm（英語）
7) 特定の収集対象地域を限定することによって，現地性とコンテクスチュアリズム（文脈性）を保障することが可能となる。
8) 収集には「網羅的収集」と「選択的収集」の2つがあるとされているが，野外博物館あで収集される建築遺産の場合は網羅的収集は不可能であり，現実的には選択的収集にならざるを得ない。
9) ここで問題となるのは，歴史的建造物を1つの収集品としてとらえる場合の野外博物館の場合である。建築物のような移動に困難がともなう不動産は，存続の危機が迫った歴史家屋を緊急避難的に移築する場合が多く，収集方針を策定していても博物館の運用面からみると実際は解体寸前の建造物を「移築するか，しないか」の判断が迫られることが多い。

第 2 章　博物館資料の収集・整理，保管

　資料のない博物館は存在しない。つまり，博物館の基盤は資料であるといっても過言ではない。そして，博物館の資料は基本的に収集によって蓄積されていくものであり，さらに，ただ単にモノがあれば博物館が成立するのではなく，そのモノが分類・整理されて「博物館資料」となり，そして正しく保管されることで，博物館の使命が大きく果たされることになるのである。

1　収集の理念と方法

　博物館法第 2 条の博物館の定義において，博物館の諸機能を述べるその最初に位置するのが収集である。それは至極当然のことかもしれないが，博物館があるから収集があるのではなく，収集があって博物館が存在することをまず理解すべきである。

　人間にはいろいろな「欲」がある。食欲，睡眠欲，性欲，知識欲，名誉欲や，ときに見え隠れする征服欲など多々あるなかに物欲があり，つまり言い換えれば収集欲という「欲」をもっている。切手収集，昆虫採集，またキャラクターカード収集など，子どものころにその経験をもつ者は多いだろうし，それが高じて研究の道に進む者もいる。つまり人間とは，モノ（ときに情報なども含む）に対する欲望のもと，コレクションする生き物なのである。コレクションしたモノは，それを置き留めるさまざまな場が用意されることになり，すなわち博物館という存在も，その場の 1 つとされるのである。

　しかし博物館においては，それが開設されるまでに集めたモノだけが展示や保管の対象となるのではない。開設後も収集を重ねるべきことはいうまでもなく，収集→場→収集という循環が起こるのである。

その博物館における収集という機能を果たすためには，博物館にとっての収集の理念と方法という，その双方を理解しなければならない。

（1）資料収集の理念

　博物館の収集は，その博物館の目的・性格などを勘案して，いわば理念をもってその収集資料が決定されなければならない。そして，それぞれに適した方法をその時々に採用して行われなければならない。あらゆるモノを収集するというのは，物理上行いうるとしても，その博物館の存在意義を見失わせる可能性を考えるべきである。つまり，同じ社会教育施設としての図書館は同じ図書資料を各館ごとに収蔵することはあるが，博物館においてはそれぞれに専門領域があるのであって，その博物館ゆえに所蔵されるべき資料，その博物館にこそ所蔵されるべき資料があると考えられるからである。したがって，博物館の性格，立地などを勘案し，さまざまな収集の方法を駆使して行われる必要があるのが収集という機能なのである。

　もちろん，歴史系博物館で自然系資料が収蔵されてはいけないというわけではない。たとえば考古学では，土器・石器のみが研究の対象となるのではなく，貝塚においての貝殻・獣骨などは，自然系資料としての位置づけもなされるのであるし，解明すべき時代の環境を広くとらえて理解するには当時の動植物相の把握が必要不可欠となり，さらには博物館利用者の理解を促すためにも，剥製標本などが収蔵されるべき場合が考えられるからである。

　いずれにしても，各博物館において行われる収集は，博物館ごとに一定の理念のもとに行われるべきなのである。

　なお，開設後長きにわたって資料収蔵スペースを確保し続けるということは困難な場合が多く，収蔵したくても叶わないので収集資料に制限を設けるという理由が考えられるかもしれない。しかし，それは二の次，三の次の理由であって，収集に制限を加える理由とは本来ならない，というよりもあってはならない。そういったことも敢えて記しておかなければならないほど，21世紀に入っての博物館事情は変化し，収蔵そのものが困難な場合が多い。しかしそれはマネージメントの範疇であって，収集の理念と博物館施設全体のマネージメ

ントのなかで考えるべきということを混同してはならないのである。

　そもそも，収集はかつて「蒐集」と記された。つまり，草冠に鬼と書くその文字について，草をかぶってカムフラージュしながら心を鬼にしてモノを集めるという解釈があった。博物館の学芸員は，上辺だけなぞった「収集」という行いをすればよいのではなく，「蒐集」こそなされなければならないといわれたものである。そのように，それぞれの博物館における収集のあり方は理解しつつ，貪欲なまでに，収集にこだわることもときに必要なのである。北名古屋市歴史民俗資料館が，市町村合併前の師勝町歴史民俗資料館の時代に「昭和日常博物館」として生まれ変わるにあたって，師勝町民を中心とする一般市民に昭和の記録となる寄贈資料募集を行い，実に10万点を超す資料が寄せられている。これは，寄贈される資料の選択を行わなかった結果であるが，それだけの質量をもちえたからこそ明快な昭和の再現がなし得たのであり，その後回想法事業で博物館の新たな可能性を示すことができたのは確かである。そういった事実も念頭において，収集という機能を名実ともに果たすための方策を考えなければならないであろう。

（2）収集の方法

　収集と一口にいっても，多種多様な方法が認められる。つまり，以下のとおりおよそ8分類される。

　①寄贈　②寄託　③借入　④購入　⑤採集　⑥発掘　⑦交換　⑧製作

　これらの収集の方法の分類について博物館学史を顧みると，1889（明治22）年，帝国博物館を整備した九鬼隆一がその先駆けと思われる。それは，「第一　寄贈」「第二　交換」「第三　附托」「第四　保管」「第五　購入」「第六　模写模造」「第七　保護預」「第八　貸付」と，すべてが現在の収集方法の分類と一致するものではないが，およそ同様の考え方をもって収集に臨んだことがわかるのである（帝国博物館事務要領ノ大旨）。いずれにしても，100年以上前に，資料収集の方法が確認され，種々の方法を以て収集にあたっていたことが理解される。以下では，上記の現在の8通りの収集の方法について略述する。

① 寄　贈

　資料所有者が資料をその手から離し，博物館が無償で当該資料を受贈する行為。寄贈者との信頼関係で行われることもあり，施設の整備だけではなく，学芸員という「人」の存在が重要となる場合がある。寄贈資料の評価額が高額となる場合もあり，その褒賞規定を設けるのが望ましい。

② 寄　託

　資料を所有する個人や団体（法人）が，保管を主たる目的で博物館に資料を預けること。以下の「借入」が博物館側からの依頼によるのに対し，所有者側の意思により行われるものである。

③ 借　入

　借用ともいう。上記の「寄託」が資料所有者の意思による（所有者側からの行為）に対し，博物館側の意思により行われるもの。展示や調査研究など博物館の機能を果たすために借り受ける行為である。動物園など生き物を対象とする館園においては，種の保存のために繁殖を目的に行われることもある。

④ 購　入

　多くのモノが市場に出回っている。それらのうち博物館にとって必要な資料が競売（オークション），店頭販売など，さまざまなかたちで「売りに出された」場合，その競売の結果による落札価格または販売価格の支払いを行って入手することがある。購入予算が潤沢な場合は決して多くはなく，博物館の課題の1つとして考えられることの多い収集方法である。

⑤ 採　集

　昆虫採集，植物採集，遺跡での遺物表面採集などに代表されるごとく，ある土地とその環境下におかれているさまざまな資料を「無主の動産」としてその土地から持ち出す行為である。乱獲などの言葉で表現されることがあるように，場合によっては絶滅の危惧や破壊といった結果を招くおそれがあることを理解すべきであるし，その地域の住民に基本的合意がなされなければならない。また資料の正確な情報獲得のもとで行うのが望ましいのはいうまでもない。

　外国から持ち込む場合は，当該国の資料取扱い基準により厳密に行われなけ

ればならない。法令により持ち出しの制限に相違があるからである。また，ワシントン条約（正式名：絶滅の恐れのある野生動植物の種の国際取引に関する条約）などを遵守しなければならず，そういった国際条約や各国家における法令の確認を怠ってはならない。

⑥ 発　掘

考古学の対象である遺跡における土器・石器などの遺物，また古生物学の対象である化石などを，土中や岩石の中，さらには水中から資料を見いだす行為。日本の考古学は，昭和30年代以降の開発にともなう発掘調査によって明らかとなった事実が多いことを忘れてはならないが，それは，破壊を前提とした発掘である。逆に破壊を前提とせず，純粋に遺跡の性格を把握するために行われる学術発掘はきわめて少ないものの，博物館においても時折行われる資料収集の方法の1つとして採用されることがある。

⑦ 交　換

基本的に同じ種類で多量に所蔵している標本の性格をもつ資料の場合に行われる方法。主に自然系の博物館で行われるが，民俗資料（民具）などにおいても行われることが予想される行為。つまり，交換するということは1対1または1対多，さらに多対多ということが考えらえる。いずれにしても，それまで所蔵していた博物館資料が減ずるという現象をともなう行為である。

⑧ 製　作

模写・模造を九鬼隆一が収集の方法ととらえた如く，いわゆる二次資料が製作され博物館に蓄積されることがある。また，「子づくり」という言葉に象徴されるように，飼育動物の繁殖もまた製作による収集という理解ができる。つまり，資料収集としての「製作」には館園種を越えてさまざまな方法があることを理解しておく必要がある。

なお，この「製作」は，「集める」という意味と異なるという指摘がなされることもあり，博物館資料の収集の方法と解釈しない場合がある。しかし，収集の結果として博物館資料が蓄積されるという意図からすると，製作によって収蔵され蓄積される資料として保管・保存されることを鑑みると，「収集」の

1つの手段であると考えられるのである。

（3）資料収集時における調査研究・鑑定

　モノは，それが存在することで，即博物館資料たりうるわけではない。ある一定の調査研究または鑑定の行為を経て，受け入れが行われなければならない。それは，まず学芸員の判断力が求められるのであり，学芸員の知識の範疇を超える場合には，有識者の判断（鑑定）を仰ぐ必要がある。

　たとえば「織田信長所用の甲冑である」と寄贈を申し込まれ，その言葉を鵜呑みにして受け入れるわけにはいかないことからも明らかなように，その資料の真贋を問うことが重要な作業であるし，購入の場合も，その購入額が適正なものであるかを判断すべきなのである。本来は，収集時にそれを誤らないための調査研究が不可欠なのはいうまでもない。ひとたび収集して真贋判定が覆されたとき，ただ誤りであったでは済まないことも多い。

　考古学における前期旧石器問題はその最たる例となった。教科書にも掲載されるほど一般への理解に貢献したのは，多くの博物館で当該石器の展示が行われてきたことも一因となった。しかし，その実は人為的に埋められたものと判明し，結果，これまでの誤りをすべて正さざるを得なくなったのである。この反省にたって，正しく資料の収集を行うために，複数の有識者を招聘する資料収集委員会や，購入についてその資料価値を判断する評価委員会が結成されることも稀ではない。

　資料を購入する場合には，資料の値段（価格）というものが設定されるわけで，それは，決してすべてがいわゆる「相場」の額として提示されるわけではないし，競売にかけられ，いたずらにその購入額が跳ね上がることもあるからである。もっとも金銭的価値認定や販売価格設定は，それを認定し設定する者の判断で行われるのである。たとえば自ら採集した昆虫はもともと０円であるわけだが，それがひとたび市場に出るとそれ相応の価格で取引がなされるのであって，値段というものに惑わされてはならないという認識も必要だろう。作家や博物館の実名はいちいちあげないが，無名の作家といわれたが，実は世界的な有名作家の作品であったと鑑定され，当初は数万円の落札予想価格だった

のものの，オークションの結果数千万円という高額に跳ね上がって落札されたという事実もまた，資料価値というものの虚と実を考える参考事例として知っておくべきなのである。

（4）資料の処分

収集と相反することであるが，敢えて資料の処分にもふれておきたい。

本来，博物館資料は未来永劫にわたって所蔵資料として保存され，活用されるものである。つまり，「返却」が行われることを前提として考えるべき寄託・借入，そして交換の場合は除籍などにより博物館から離れる資料が存在する。また，生き物を扱う動物園・水族館・植物園では飼育動物の死亡や植物の枯死ということもある。そういった例は別として，そのほかの寄贈・購入などにより収集された資料は，生き物以外は基本的に除籍などにより処分されることはないはずである。しかし，さまざまな理由で，除籍行為を施さざるを得ない場合がある。不本意ながら，自然災害の猛威によって資料が流失してしまうことがあるのを東日本大震災による津波の被害が物語っているのである。そういった致し方ない事情の場合の除籍があると同時に，意図をもって除籍を考えるべき場合もある。

詳しくは後述するが，基本的に収集した資料は備品の性格をもつべきものである。しかし，体験に供する資料というものの存在も考慮しなければならない。体験に供するということは，資料の劣化を招くことになり，滅失，損傷などにより，保存に堪えない状態になる場合も予想されるのである。そういった場合，館長など然るべき立場での判断が要求される。決して資料は増加するだけではなく，減ずるという可能性も理解しておかなければならない。そのため，除籍・処分規定というものも，ときには定めておく必要があるのである。

2　資料の分類・整理，保管

（1）資料の分類

博物館資料の分類は，1875（明治8）年，お雇い外国人のワグネル（Wagener, Gottfried）によって提唱された考え方が，日本の近代博物館において最も早い博物館資料分類論の1つと思われる。それは，1873年のウィーン万国博覧会後に作成された当該報告に盛り込まれた2つの文章に示されている。

まず「芸術百工上芸術博物館ニ付テノ報告」において，「同部ニ同性ヲ集メ務テ排列ヲ易カラシム目的ニテ区々分割セル」とし，資料は素材，製法などによる分類を行うものであるとする。そして「東京博物館創立に付ての報告」において，「第一　農業及び山林業の部」「第二　百工，工芸学，器械学，土木等に使用すべき物品の部」「第三　芸術及び百工に関する芸術の部」「第四　人民教育に使用する物料の部」「第五　万有の部」「第六　歴史伝記及び人類学の部」と大分類し，さらに細分類を試みているのである。

それ以後，さまざまな博物館資料の分類が提示され，博物館それぞれに基準を定めながら分類が行われている。

自然系博物館においては，動物・水族・植物といった学問分野・学問領域における大分類は当然として，さらに分類学の父と呼ばれるリンネ（Linné, Carl von）の示した基本単位の種のほかに綱・目・属といった分類基準がある。

人文系博物館においても，たとえば歴史系博物館においてはまず歴史資料・考古資料・民俗資料といった学問分野・学問領域に沿って大分類されることが当然である。歴史資料や考古資料については，時代区分による分類，つまり時間的分類法が適用されることがあり，また，材質的分類法が適用されることもある。つまり工芸品における金工，陶芸，漆工などのような素材による分類である。それは，理想的な保存環境がそれぞれ異なるゆえに考えるべき分類があるのであって，ある分類基準が別の分類基準が活かされることで，異なる保存環境下におくべきという結果をもたらすことがあることを理解しておくべきなのである。

また，そのほかの館種についてはいちいち説明は加えないが，それぞれに基準を設けて行われるべきであり，資料の特性を熟知して行われるべきなのが，博物館における重要な作業としての分類なのである。

（2）一次資料と二次資料

　各博物館の専門領域における資料分類とは別に，博物館資料論としての分類基準がある。すなわち一次資料と二次資料という分類である。

　基本として一次資料は実物，二次資料は記録されたモノと解釈する。また，後者は記録の集合体ということもできる。二次資料の例としては，複製・模写・模造・写真・実測図・録音などが上げられる。

$$\text{博物館資料} \begin{cases} \text{一次資料（実物）} \\ \text{二次資料（記録）…複製・模写・模造・写真ほか} \end{cases}$$

　きわめて単純な分類のように思えて，しかし，その具体的解釈は博物館学に共通の理解があるとはいいがたい。

　たとえば，収集方針に「ゴッホ」というキーワードをもつ博物館を想定したとしよう。浮世絵を模写したゴッホのその模写作品は，当該博物館にとっては二次的な資料ではなく，一次資料となるという解釈である。記録としての「模写」という側面で考えれば二次資料ということになるが，ときに一次資料になるという立場である。しかし，それはあくまでその資料に含まれる「ゴッホ」という情報が，相応の価値を付加しているというだけである。やはり原則としての「一次資料・二次資料」がそれぞれ「実物・記録」という判断基準で分類することは，必要な作業であることはまちがいない。

　ところで，梅棹忠夫は博物館が単にモノを見せる場ではなく，情報の収集・蓄積・発信にあたる場であるという旨の解釈を示し，いわゆる「博情報館」や「博情館」という考え方を示した（梅棹忠夫『メディアとしての博物館』平凡社，1987）。この考えを発展させると，博物館資料に含まれる情報を分類することの必要性も考えられる。先の一次資料・二次資料を決定する鍵ともなる可能性のある内容で，つまり，物理情報と価値情報といった分類基準を設けて使い分ける必要があるのかもしれないが，今後の課題としてその可能性があることのみ，ここでは示しておきたい。

(3) 体験に供される資料

博物館は，棚橋源太郎がその著書『眼に訴へる教育機関』(寶文館，1930) で「眼に訴へる」と記したごとく，視覚に訴える教育機関である。しかし，視覚だけではなく，そのほかの多様な知覚に訴える展示が応用されることがある。ハンズ・オン展示に代表される資料の使用は，展示方法の拡大として解釈できるし，その動向を確認しつつ，今後のあり方をさらに検討していくべきことは当然のことである。

ところで，一般に収集した資料は備品としての扱いを受け，未来永劫にわたって保存することが本来あるべき姿であるが，ときに体験に供する場合があり，それは備品として登録されたものでも体験に利用される場合（たとえば唐箕といった民俗資料やさまざまな楽器，さわれる土器など）と，同種多量に存在する資料の場合，その1つまたはいくつかを所蔵資料とは別に登録せずに，つまり，あくまで消耗品の扱いとして体験に供し，博物館所蔵資料という位置づけがなされない場合がある。これは収集にあたっての対応ということになるが，資料を分類するにあたっての基準となる可能性がある。

つまり，鑑賞のために製作されたモノが博物館資料となる場合であればとくに問題はないが，実際に何らかの方法をもって使用されることが期待されて製作されたモノは，その使用されるということに大きな意義が見いだせるのであり，そういった使用の実態は体験あってこそより深く理解できることが多いのである。それゆえ，資料を体験に供するという意味をさらに認めて博物館資料にその方策を付与することが必要であり，分類基準を設けることが肝要となる。

つまり，備品と消耗品という垣根を超えた資料の分類解釈が望まれ，公開するにあたって体験に供する資料の位置づけを明確にしていく必要があるといえよう。今後の検討すべき課題として提示しておきたい。

(4) 資料の整理

収集した資料は分類とともに整理されるが，博物館における資料の「整理」という行為には，単なるモノを博物館資料化するための一連の行為と，分類された資料を配架して保管しつつ活用の便を図る行為という2つの性格がある。

モノを博物館資料化するということは、たとえば考古学における発掘資料の場合、水洗・注記・接合・実測・撮影などの作業から原稿執筆・編集作業を経た発掘調査報告書によりその資料が研究の俎上に乗せられるのが原則であって、そういった一連の作業は考古資料のみに行われるのではなく、さまざまな種類の資料にそれぞれの方法がある。資料のさまざまな種類ごとの整理方法を述べるのが本節の狙いではないので考古資料の例にとどめるが、それぞれの資料の性質に基づき、整理の方法は異なることを、理解しておく必要があることを述べておくものである。

また、分類された資料を配架して保管しつつ活用の便を図るということは、各資料の基本情報や調査した各種の情報をデータとして記録し、また資料カード化して、つまり戸籍抄本として整理し資料の配架や活用に備えることであり、それが必ずなされるべきというのはいうまでもないことである。これは、次の適切な保管を実行するためにも必要なことである（図2.2.1）。

（5）資料の保管（保存）

博物館資料となったモノは、保管（以下、適宜「保存」と使い分ける）の対象として扱われる。その保管という機能について、博物館学史上では、浜田耕作『通論考古学』（大鐙閣、1922）の一節「保存の義務　永遠に存在の権利を有する過去人類の生命たる遺物に対して吾人の尽す可き義務は之を永遠に保存するを努むるにあり。」に読み取ることができる。

これは、そのまま現在にも通じる言葉である。もちろん、これは考古資料に対する言葉であるのだが、そのほかのあらゆる種別の資料にも当てはめられるであろう。なお、この考古学の範疇においては、遺跡から見いだされるものは遺構、遺物に分かれ、浜田の言説がそのうち遺物の保存をうったえるものとなっていることは時代性を反映している。しかし今や保存すべきは動産としての遺物のみにとどまるものではなく、一般に不動産として認識される遺構にも拡大している。このように、考古資料1つをとっても、対象とすべき資料の形態はさまざまであって、各種専門領域で扱うべき資料の分類を心得ながら保管を考えるべきなのである。

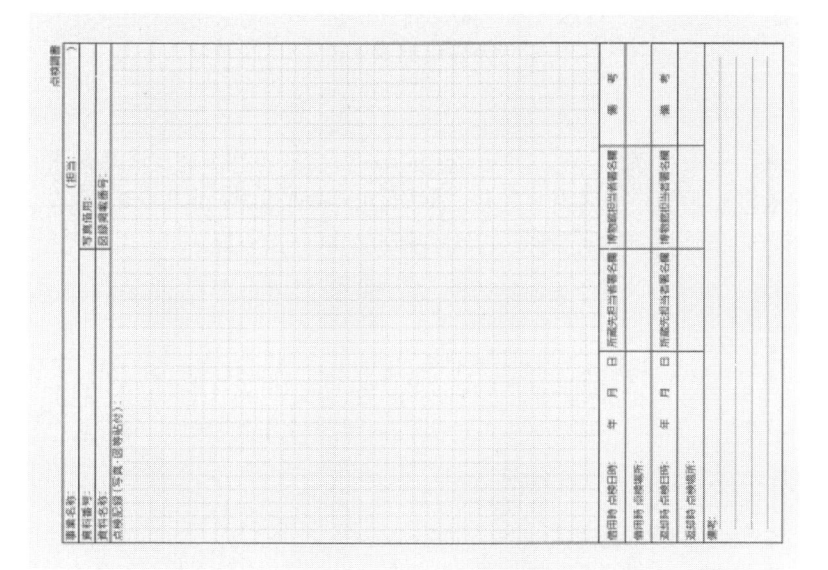

図 2.2.1　資料カードの例（新潟県立歴史博物館）

それらさまざまな資料は，すべてにおいて保管に注意を払わなければならないのは，改めて強調する必要はないのかもしれないが，敢えてきちんと確認しておかなければならない。そして，その保管をどこで，どのような環境で行うのか，その方針をもたずにある程度の保存環境下におくようなことが，本来あってはならない。

　保管のために最もふさわしいのは，やはり収蔵設備の整った場所であり，それはすなわち博物館ということになる。温湿度の管理された収蔵庫に守られることは，保存の上で最も望ましい条件といえる。しかし，保存とは単なる収蔵ではなく，資料の現状を維持し，あるいは絶対的な劣化を防ぐものでなくてはならない。つまり資料の材質は多種多様であり，材質に応じて保管されるべきことはいうまでもない。つまり収蔵のためのスペースが確保されればいいというものではなく，むしろすべてが同じ環境下の１つの収蔵庫に収められるようなことも避けなければならない。湿度の高い環境がふさわしい植物質の考古資料に対し，乾燥した状態が好ましい金属製品があるなど，資料それぞれの特性にあった環境をつくり出す必要がある。

　さて，適正な収蔵庫が望ましいとはいっても，間もなくその収蔵庫が埋まってしまうという問題が常につきまとっているのであり，膨大な資料を必ずしも良好な状態で保管できないことも，残念ながらあるのが実情である。そのため，博物館以外のさまざまな施設における保存環境も十分な配慮がなされ，設備が整えられなければならない。しかし，必ずしも理想の状態とはいえない例は現実にはやはり存在する。

　廃校や，児童・生徒数の減少による空き教室が利用されるような状況も見られる昨今であるが，管理上望ましいといえないことは明らかであろう。不特定多数の者が侵入可能な状態は避けるべきであって，そういいつつも致し方ない事情でそうならざるを得ないのであれば，管理の徹底をさらに強く心がけなければならない。また，管理の本領は，いつでも容易に必要な資料のありかを知り，検証や研究ができるシステムを整えておくことにある。そのために，前述した資料の戸籍抄本にあたる資料カードの整備は，必要不可欠なのである。

そのほかのさまざまな災害に対しても十分な配慮が必要である。地震，水害，火災や，台風に代表される強風などによる破損，汚染，焼失，散逸といった被災の実態が，残念ながら各地で報告されている。東日本大震災は，とくに甚大な被害をもたらした。したがって，どんなに整えられた場所であっても，自然の猛威の前では，どうしても力が及ばないことがあることを心得て，常日頃からそういった災害への注意も怠ることのないように，心してかからなければならないのである。

3　資料公開の理念と方法

（1）資料公開の理念

　収集された資料は，調査研究などの経過を受けて公開される。それは，ただ単にモノがあるというだけで公開されるべきではなく，ある一定の調査研究の成果として認識しうることが保証されるか，仮説として提示するレベルに達した段階で，初めてそれが可能となるのである。それはもちろん，収集の段階の調査研究よりも深化したものであるべきことはいうまでもない。逆に，それがなされてきたはずでありながら，公開を差し止めざるを得ない事態になることもある。収集の項でも述べた，考古学の分野における前期旧石器問題はその典型例となった。

　ところで，その資料の公開とは誰のためにあるのであろうか。第一に博物館の利用者のためであることは言をまたないが，では動物園など生き物を扱う博物館の場合はどうか。旭川市旭山動物園で実施された行動展示の事例が示すごとく，公開の方法によってはその生き物のためになる場合があることを了解しておく必要がある。また，曝涼（虫干し）は資料の保存を第一義として行われる行為であるが，公開されることでその資料の存在と価値を示すことでもあり，公開そのものが資料のためになるということもいえるのである。

　博物館は，資料を守るという責任を負っている。その責任を果たすために，前述した保管の理念と方法で事足りるかというとそうではなく，一般市民の理

解が得られなければならない。守るのは，博物館とその職員で行われているのではない。最も大切なのは，収蔵庫で守るだけではなく，博物館利用者，ひいては一般市民すべての「守るというその心」を守る（醸成する）ことが必要なのであり，そのための資料の公開であり，それも，そのための適切な公開方法を施すべきなのである。上記した「博物館の利用者のため」というのは，その利用者の愉悦のためなのではなく，未来の利用者のために守っていくことにつながるのだということを，理解しておくべきなのである。

（2）資料公開の方法

　資料の公開とは，すなわち人の目にふれる状態におくことであり，展示を代表とするさまざまな方法があるが，「展示のない博物館はない」といわれるごとく，博物館における第一の資料公開の方法が「展示」である。

　施設内での展示においては，モノそのものが並べばそれでよいのではなく，そのモノがもつ多くの情報や意義が，正確に，また容易に理解されるための工夫が必要とされる。展示品は，その形や附随する装飾だけではなく，それがどのような目的で，またどのような方法で使われたのか，あるいは社会的，文化的な位置づけを示すために，そのモノをケースの中に置くだけでは理解しづらい場合がある。土器に例をとれば，破片の状態では，容れ物という本来の機能を想像しにくいので，容れ物の形や大きさを容易に理解できるように加工（復元）しなければならない。しかし施こされた文様に注意を引かせるためには，破片が好都合である場合もある。そして，土偶といった祭祀にかかわるモノなど，その具体的な使用法を示すこと自体がむずかしい事例などもある。つまり，資料の状態と，伝えるべき情報に応じた適切な工夫が要求されるのである。

　また，関連する写真・図・レプリカなどの，いわゆる二次資料を用いて情報を示すほか，同種の資料を数多く並べて展示することは，比較検討を容易にし，共通性やちがいを一目瞭然に示す方法として効果をもたらせる。ジオラマなどを駆使し，物語性をもたせながらより理解を促す方法なども重要である。

　またテーマによって資料を編成し，特定の趣旨を徹底させる企画展など，その目的によって多様な公開手段を講じうるのである。たとえば「新収蔵品展」

の名目で，年度ごとに展覧会が行われることがある。収集し，分類・整理された資料は，保管はもちろん，公開されることで人に役立てられるものであることを忘れてはならない。

この展示についての詳細は「博物館展示論」（本シリーズ第Ⅱ巻）に譲るとして，博物館における公開の最たる方法である展示は，まだまだ可能性のある行いであると認め，さらなる発展を期すことが望まれる。

そして，展示以外の公開の方法も心得ておかなければならない。資料目録，所蔵品図録の刊行などもあるが，Web上での公開という方法は，最も新しい方法の1つであろう。

また，さまざまな公開方法を考えるうえで，整理作業が終わった資料のみが公開の対象となるのではないことも知る必要がある。収集や整理作業の状態を公開することは，資料のあり方や博物館の意義を理解してもらうという意味で有意義なのである。たとえば，整理室とそこでの各種作業を，部屋の外からのぞき込めるようにするなど見学可能な状態におくことで，展示されている資料の成り立ち（博物館資料化の過程）が理解でき，より資料への関心を高めることが期待できるだろう。整理室のガラス窓越しに覗き込めるような状態にして化石のクリーニングを公開することがあるが，場合によってはさらに市民参加型として博物館利用者とともに作業を行うことで，理解の幅は広がり，それは効果的な公開の方法ということになる。

また，遺跡の発掘調査に際して実施される現地説明会なども効果的な公開方法の例である。現地説明会は，出土品の一部だけでなく，遺跡や遺構のなかでの出土状態そのものを発掘者と同じ視線で現場検証できるとともに速報性の意味でも重要であり，その果たす役割は大きい。

写真2.2.1　ガラス窓を付設し公開される収蔵庫（静岡市立登呂博物館）

さらに，近年は九州国立博物館や静岡市立登呂博物館など収蔵庫にガラス窓を設け，収蔵庫内の収蔵状態を公開する博物館も多くなっている（写真2.2.1）。いわゆる収蔵展示とは異なり，収蔵しているという状態そのものが展示なのである。それは，前述した「守るというその心」を守ることにもつながるであろう。

　つまり，博物館において人の目にふれさせるという「公開」の方法は多岐にわたるのであり，さらなる方法の検討が必要と考えるところである。

[山本哲也]

第3章 博物館資料と調査研究活動

1 博物館における調査研究の意義

　国際博物館会議（ICOM）やわが国の博物館法などに示されているように，博物館の基本機能は資料の収集，保管，調査研究および展示・教育の4つにある。これらを行う博物館の主体的な活動を支える基盤となるのが，調査研究である。4つの基本機能は，それぞれが重要で相互関連するものであるが，調査研究はこれら博物館活動のすべてにかかわる出発点であることはまちがいない。それだけに各博物館においては，この調査研究機能に対するしっかりした基本姿勢，理念の確認が欠かせない。

　何よりも博物館の調査研究は，市民，利用者のニーズの把握をふまえ，課題を明確にして実施する必要がある。

　通常，調査研究といわれるのは，「調査」（examination）と「研究」（research）の4文字が連続して熟語的に用いられている。調査と研究の明確な境界はないものの，その意味合いは異なる。すなわち，調査は「ある事柄を明らかにするために調べること」「問題点や相違点を見つけ出すための注意深い観察のこと」であり，ある物事をよく学び，整理し，覆われているものを取り除いて明白にするという意味がある。また研究も，ある物事を調べ，明らかにするという意味がある。しかし研究には単に調べて明らかにするだけでなく，物事を学問的に深く考えるという意味があり，そこには新規性を指向した目的が強調される。したがって，調査研究は物事をよく調べ，学んだこと（既知）を基礎として新しい発見に向かってチャレンジするということになる。基礎的段階または研究の一部としての調査に基づいて，それを吟味して深く考察し，新たな発見や独創性，結論へ導こうとするのが研究の意味である。

いうまでもなく，博物館はきわめて社会的存在である。博物館が，社会と十分にコミュニケーションを深め，人々の信頼を得ることなしに社会のなかに根づいていくことはむずかしい。そのためにも地域の資料や資源を調査研究し，それに価値づけをすることによって市民や来館者の知的ニーズに応える知的情報を発信することが重要になる。それこそが博物館における調査研究の使命であり，学芸員の中心的な本来業務である。充実した調査研究により，市民・来館者に信頼される博物館を創るのは一人ひとりの学芸員である。学芸員による調査研究の意義は，たゆまぬ研鑽を通して得られた成果の情報発信が博物館の新たな魅力づくりにつながるという点にもある。研究成果は，多様な機会・場を活用して発表される必要がある。

　また，調査研究が契機になって，地域に新規の事業や産業の振興に結びつき，まちづくり，地域再生，地域の活性化，地域経済の活性化に寄与するという効果，意義があることは多くの例が示している。　　　　　　　　　　　［大堀　哲］

2　調査研究の内容・方法，カテゴリー

（1）調査研究の内容・方法

　博物館における調査研究は，何を対象とし，どのような方法で行うのかについて述べる。博物館の調査研究は，モノ（資料）に限定していえば，①常に形のあるモノそのものに即して行われること，②その成果が資料に表現されること，③市民の活用を目的とし，その成果が市民に公開されることという点で大学やそのほかの研究機関の調査研究とは，対象接近の方法などにちがいがある（伊藤寿朗 1993）。

　このように，モノの調査研究だけからも，博物館の調査研究にはその独自性を生み出す基盤が見られるのである。実際にどのような調査研究が行われるのだろうか。次にその内容・方法について述べる。

　その内容は，大きく分けて，①資料（モノ）中心の専門科学的調査研究，②資料の収集・保存・修復に関する方法的・技術的調査研究，③博物館の展示や

教育に関する教育学的調査研究の3つの軸からなり，それぞれが同等に重要である。①と②の調査研究の成果は，それぞれが独立した成果をあげながら，資料の収集・保管・分類整理という，博物館の基本活動に反映されることになる。②では，博物館に蓄積された資料と情報を，利用者にさらに適切に提供できる方法の研究につながる。このほかにも，最近は博物館そのもののあり方や，博物館の運営・経営論，「ミュージアム・マネージメント」の調査研究の必要性が指摘されている。しかし，ここでは①②③について述べる。

① 資料（モノ）中心の専門科学的調査研究

博物館にとって，資料そのものに関する調査研究は最も基礎的で，博物館活動の中心として認識されるものである。それは，その博物館のテーマとされる歴史，考古，自然，科学，美術等の有形，無形の文化や自然に関する事物を資料として調査研究し，資料の価値を見いだしたり，意義を創造することにつながる。その調査研究の成果は，展示や教育活動などに活用される。

博物館における資料そのものの調査研究は，多数の資料があることがポイントであり，それらの資料に直接結びついた形態学的研究を中心とした基礎研究，比較研究の方法に大きな特色があり，地域研究も重視される。大学や研究機関などは博物館と異なり，どちらかといえばモノというより，新しい考え方に力点をおいた方法が中心といえる。

② 資料の収集・保存・修復に関する方法的・技術的調査研究

博物館の重要な社会的役割の1つは，資料を収集し，確実に保存することである。博物館の設置目的に沿った資料をいかに豊富に収集するか，絶えざる調査研究が必要である。たとえば，考古学における発掘調査の方法，技術の研究，動植物の採集方法と標本づくりの技術的研究などがある。また，資料の保存に関する方法・技術の調査研究が，資料保存機関でもある博物館にとってきわめて重要である。博物館に収蔵・展示されている資料は，それぞれ材質が異なり，資料の劣化・損傷要因も多岐にわたる。その主なものには温湿度，光，空気汚染，大気汚染，生物・微生物，振動・衝撃，地震，火災などがある。こうしたことで資料保存のために，博物館は細心の注意を払っていかなければならない。

紫外線による資料の退色を避ける光線の開発，資料の素材に合わせた湿度，温度の適性を探ることによるカビ発生の抑制，害虫防除のための環境に配慮した燻蒸法や管理法の開発などの調査研究がある。また，美術・工芸の修復においても伝統的な修復手法に加えて，X線やMRI（核磁気共鳴装置）などの画像や新たに開発された接着剤の利用など，最新の科学技術を取り入れて行う研究も進められている。

③ 博物館の展示・教育に関する教育学的調査研究

これは，博物館における展示や教育活動による「モノ」と「ヒト」との結びつきに関する教育的調査研究であり，博物館独自の調査研究領域といえる。これには，展示や教育学的活動の意図をふまえて内容を構成し，その効果を測定し，入館者に展示意図が十分に理解されるように教育学的，または心理学的な側面から調査研究するものが含まれる。また，さまざまな機器やメディアを使用して効果的に展示や教育活動，情報提供を行うための調査研究もある。この調査研究は，博物館利用に関するものであり，博物館の発展に結びつく研究として，今後，学芸員が積極的に行う必要があるし，博物館としても奨励していかなければならないものである。学芸員のなかには，博物館の調査研究は自分の「モノ」に関する科学的研究としか考えず，必ずしもこの教育学的調査研究には興味もないし，必要性を強く意識していない向きがあるように思われる。いま，この研究分野のパイオニアが期待されている。

以上，博物館の調査研究の内容・方法の3つの軸について述べた。これらは，資料と利用者を結びつける活動であるといえる。展示や教育普及活動を支え，調査研究活動のなかで，利用者の意見や考え方を取り込むアンテナの役割を果たしたり，博物館を意味ある存在に高めていく活動でもあるという点で調査研究のもつ意義はきわめて大きいものがある。

（2）調査研究のカテゴリー

一般に，博物館の調査研究のカテゴリーとしては，大きく博物館の組織をあげての調査研究，学芸員の個人専門調査研究，外部の研究者や市民などとの共同調査研究に分けることができる。

組織研究は，博物館の調査研究を組織全体で推進するものであるが，調査研究テーマやその内容は，館の設置目的，使命のもとに統合されていることが必要である。そのため，館の設立目的に合わせた調査研究方針を作成し，これに基づいて計画が立てられる。組織として行うため，調査研究の目的，区域（海外，国内，行政地区など），形態（総合研究，グループ研究など），交流機関など，調査・研究方針を十分に議論し，共通理解をしておくことが重要である。

　学芸員個人の専門調査研究は，学芸員の専門分野のテーマに基づいて行う調査研究である。これは，学芸員にとって最も意欲的に，全力を打ち込めるものである。それはまた自らの専門性を磨ける機会であり，個人の専門分野をさらに発展させる大きな目標をもつことになる。

　共同調査研究は，館内の学芸員や，大学，研究所，ほかの博物館学芸員，郷土史家，博物館友の会員，教員，ボランティアなどと共通テーマのもとに共同で進めるものである。このカテゴリーは，学芸員にとっては，個人研究とちがいほかの研究者たちとの情報交流などを通して新しい情報やアイデアが生まれたり，研究の幅を広げるチャンスにもなるというメリットがある。

　長崎歴史文化博物館の組織研究の例をあげよう。当博物館は，2005年11月に開館して以来，"進化する博物館"をキャッチフレーズに掲げ，地域学としての「長崎学」調査研究の拠点化を図り，その成果を地域振興に寄与することをミッションの1つにしている。若手研究員の地道な調査研究の積み重ねが，1つの研究スタイルになりつつあるタイミングをとらえ，長崎学調査研究の体系化に乗り出すことになった。

　2011年度には，研究推進のリーダーを中心に「長崎学調査研究プロジェクト」を立ち上げ，館内研究員，大学研究者，ほかの博物館学芸員などによる共同研究に着手した。

　ここで長崎学の理念について若干説明しておきたい。近世長崎における海外交流の歴史は，古代から中世にかけて長崎県下全域で展開されてきた海外交流の歴史が，現在の長崎市で集大成されたものと位置づけ，これを前提に，調査研究対象エリアを長崎市を軸とした県下全域と東アジア世界，さらにはオラン

ダを中心とするヨーロッパ世界としている。具体的な調査研究は,「コレクション研究部会」「地域研究部会」「展示教育研究部会」を設置し,当面3年計画で博物館コレクションのなかの交流史研究,長崎と中国福建省の都市史・文化史研究,異文化交流の実践研究を進め,その成果は2012年10～11月末までの「福建博物院コレクション展」の開催や,研究紀要などに発表することなどを計画している。いずれにしても,当博物館では博物館組織の総力をあげて計画的・継続的かつ体系的な長崎学調査研究を通して,博物館の調査研究の位置づけを確立するとともに,日中交渉史・中国文化についての新たな歴史的魅力の発見と,長崎県及び長崎市の経済,観光の活性化に寄与することをめざしている。

　以上,博物館の調査研究活動の3つの軸について述べた。これらは資料と利用者を結びつける活動ということもできる。展示や教育普及事業を支え,調査研究活動のなかで,利用者の意見や考え方を取り込むアンテナの役割を果たしたり,博物館を社会的に意味ある存在に高めていく活動でもあるという点で調査研究のもつ意味はきわめて大きいのである。　　　　　　　　［大堀　哲］

3　館種別調査研究

（1）総合博物館

　総合博物館の定義は容易ではないが,1つの博物館で自然史,理工,歴史,美術など,2つ以上の分野を扱い,それらを総合した展示や教育活動を行っている博物館のことをさしている。ここでいう「総合」の意味は,展示であれば,たとえば自然史の展示室があり,別の展示室に歴史展示が展開されていても,両分野が何ら結びつきのない展示であれば,それは「総合」されたものとはいえない。単なる学問分野の並列ではなく,2つ以上の分野で人間の生活とか文化など,共通する課題を扱うことに"総合"の意味が生まれるのである。

　したがって,総合博物館における調査研究においても,この"総合"の意味をふまえたものでなければならない。2つ以上の科学がかかわりあい,融合した

研究によって，その機能をふくらませたり，充実した研究成果をもたらすと考えられるからである。

　博物館では，それぞれの学芸員の専門の調査研究に細分化されているが，博物館として総合的な調査研究を行う場合には，ある1つのテーマとその調査研究の成果をあげるために，それぞれの専門の立場からどのような協力体制をとるかが重要になる。たとえば科学博物館において，あるテーマで調査研究を行おうとする場合，当然，一動物科学だけではなく植物や地学，人類学などの諸科学分野の専門学芸員が協力チームをつくり，テーマに向かってそれぞれのアプローチを行い，十分に全体で議論し，融合化，総合化した研究内容にする必要があるし，それが可能であると思われる。

　総合調査研究の代表的な実践例としては，早くから神奈川県の平塚市博物館が知られている。当博物館は，「相模川流域の自然と文化」をテーマにあげている。このテーマ設定にあたっては，地域性，国際性と併せて「博物館が扱う地域的な範囲を明確にすることで，各分野の調査研究に共通のフィールドをつくり，情報交換や共同調査の基盤を用意」する配慮が見られる。そこにはテーマに沿った総合研調査究を推進しようとする強い意識が感じられる。事実，当博物館の対象領域を明確にし，各分野の調査研究に共通の調査地域を設定して，分野ごとの情報交流や共同調査研究の基盤を確保している。そのために，生物，地質，天文などの自然科学系の専門分野と，考古，歴史，民俗などの人文科学系の専門分野の学芸員が配置され，総合調査研究の体制が整備されて実施に移されたのである。ほかに「漂着物を拾う会」や「相模川を歩く会」などの調査研究はよく知られている。

　上記の例からもわかるように，個別の科学的調査研究を結合することによって，調査研究が総合化され，新しい概念，判断，成果が期待できるのである。単に個々別々の諸科学を結合するだけでなく，当該博物館の目的に即した関連諸科学を結合することによって，「モノ」媒体の研究活動を通して1つの新しい概念・判断・成果を生み出すところに，総合博物館における調査研究の意味がある。

〔大堀　哲〕

（2）歴史民俗系博物館
① 歴史民俗系博物館における調査研究

　博物館は，それぞれの使命（mission）を背負って設立されている。それは，ある一定の地域や時代，収集された資料群やその学問分野などに規定されることが多いが，いずれの場合も各館の使命に応じた4つの機能と活動が博物館の根幹をなしている。

　その4つの機能とは，資料・情報の収集・保存，調査研究，展示，教育普及の機能であり，それぞれの機能は独立的に存在するのではなく，相互に密接に連関している。つまり，博物館の調査研究とは，調査研究そのものが目的ではなく，そこに収集された資料をもとに，展示やそのほかの博物館事業全体に反映するための学術的根拠や裏づけを保証し，博物館使命を達成するための基礎をなすものでなくてはならない。

　この意味で，博物館の設立趣旨に応じた各館独自の基本テーマの設定が，必要不可欠である。換言すれば，基本テーマに沿った調査研究は，その館の独自性を打ち出し，展示や博物館事業という手段を使って利用者にもわかりやすいかたちでその成果が社会的に還元される。

　近年，国立歴史民俗博物館（以下，「歴博」）ではこれらをさらに発展させ「博物館型研究統合」という考え方を提唱している（図2.3.1，国立歴史民俗博物館 2007）。

　この館では，収集された実物資料や調査研究過程で取得した映像や音響など二次的資料を新たな研究資源と位置づけ，これらをアーカイブ化することによって大学機関への共同利用と公開を図っている。

　また調査研究は，研究テーマの公募などを行い，館内研究者のみなら

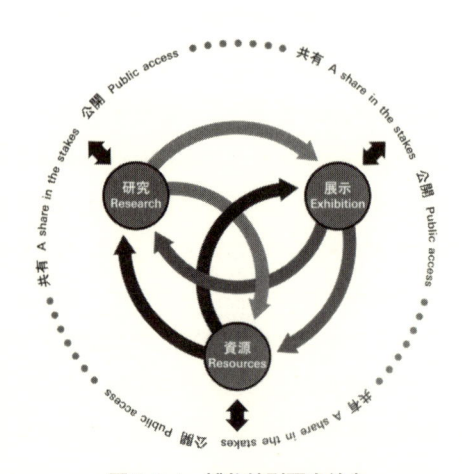

図2.3.1　博物館型研究統合

ず広く館外研究者との共同研究を推進しようとしている。この共同研究も，基幹研究・基盤研究・個別研究・連携研究の４つのカテゴリーを設け，日本の歴史・文化全般を対象とした研究から所蔵資料を中心とした研究まで，幅広い学際的研究の推進を模索している。

　展示は，多様な歴史像と柔軟な歴史認識の社会一般への提供，専門的研究集団のもつ専門知の相対化，歴史研究における現代的視点の獲得の３点を重点に，広く社会に対して開かれるべきものと位置づけている。また，研究成果や資料を公開する終着点としてだけでなく，そこから新たな研究や研究資源の掘り起こしへの展開をめざす。

　以上の資源，研究，展示が独立的に存在するのではなく相互に連関しあう仕組み，そしてそれらを共有・公開することによって集積された知を社会に開放し，逆に社会からも情報を収集する双方向のベクトルを常に確保することで，理想とする「博物館型研究統合」のスタイルを実現しようとしている。

　歴博は，もともと博物館という形態の大学共同利用機関であり，予算規模や体制の異なる博物館に一律に当てはめることはできないが，全国の歴史民俗系博物館における調査研究のこれからのあり方を考えるうえで，１つの大きな方向性を示している。

　②　歴史民俗系博物館の調査研究事例

　歴史民俗系の博物館のなかでも複数名の学芸組織をもつ博物館には，考古，歴史，民俗，美術工芸，保存科学など異分野の学芸員が配置される場合が多い。筆者も当初，資料１つの取り扱いも異なる他分野の学芸員の考え方に少し戸惑った部分があるが，開館後しばらくして逆にこのことが博物館の調査研究を行ううえで大きな特色となることに気づいた。その事例の１つを紹介してみよう。

　それは，武田信玄が信濃より奉遷した善光寺（山梨県甲府市）とそこで所蔵されている平安期の優作である重要文化財木造阿弥陀如来及両脇侍像の歴史について紹介した展示会のときのことである。この展示会の折，所蔵者のご協力を得て仏像の詳細な調査を行うこととなり，両脇侍像２体のエックス線調査を実施することになった（写真2.3.1，中山・沓名・近藤2007）。

定額山浄知院善光寺は，武田信玄が川中島合戦のおり，信濃善光寺の焼失を恐れて，永禄元年（1558）に本尊である善光寺如来はじめ，諸仏寺宝類を奉還し，大本願鏡空上人を甲府に迎えたことに始まる。武田家滅亡後に本尊が信濃に戻ったあとは，秘仏本尊にかわり拝されていた前立仏が本尊となり，現在にいたっている。調査を行った阿弥陀三尊像は文禄年間（1592～96）に当時の領主浅野長政によって，善光寺本堂荘厳のために北宮地村大仏堂から遷され，金堂東の間に安置されたものとされている。北宮地村は武田氏の祖である甲斐源氏の一族，武田信義ゆかりの地であることから本尊も武田氏に深くかかわるものと考えられる。これらの仏像は三像とも檜材寄木造りで，その様式から平安時代末期の12世紀後半に製作されたものとされる。

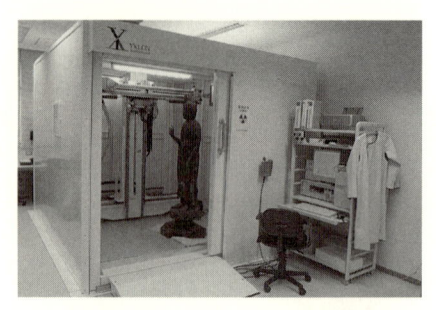

写真2.3.1　仏像のエックス線調査

　エックス線調査の結果，寄木造りの構造，内刳りの状態や打ち込まれた釘などの状態がしっかりと確認できた（写真2.3.2, 2.3.3）。さらに，観音菩薩立像の胎内の足元付近と勢至菩薩立像の顔部に円盤状の納入物が存在することが新たに発見された。この仏像胎内の納入物のエックス線画像のコントラストを調整し画像解析を進める過程で，鏡の鈕と文様の影像が明瞭に浮かび上がってきた。これらの鏡は，中心部の鈕に紐を通すための孔があり，その周囲の鈕座には中心部から放射状に花弁文様がめぐり，日本の和鏡に特徴的な「捩菊座鈕」であることがわかってきた。さらに，文様影像から，観音菩薩像内鏡は「秋草双鳥鏡」（図2.3.2），勢至菩薩像内鏡は「水草流水双鳥鏡」（図2.3.3）であることが判明した。これらの鏡は，仏像の製作年代とほぼ同じ12世紀中葉から後半のもので，おそらく仏像を製作する段階で納入されたと推定される。鏡が仏像内部に納められているこのような事例は，北宋時代に入宋した東大寺の僧奝然によって製作された清凉寺の釈迦如来像が著名であるが，平安時代から鎌

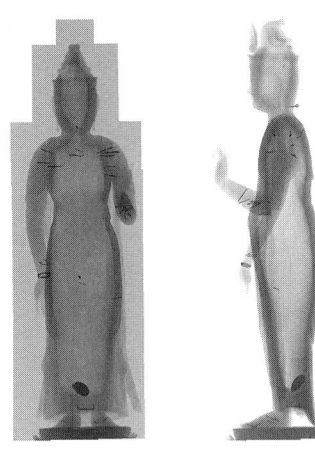

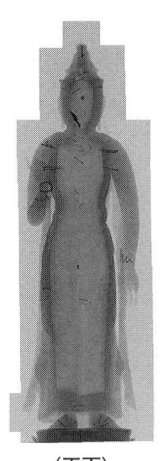

（正面）　　（側面）　　　　　　　　（正面）　　（側面）
写真 2.3.2　観音菩薩像　　　　　　写真 2.3.3　勢至菩薩像

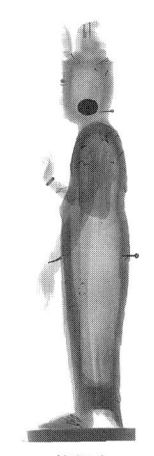

図 2.3.2　観音菩薩内納入鏡（秋草双鳥鏡）　図 2.3.3　勢至菩薩内納入鏡（水草流水双鳥鏡）

倉時代にかけて国内では8例ほどしか知られていない。800年前の信仰の姿が，まさに最先端の科学調査で明らかにされた瞬間であった。

　この一連の調査と分析は非常に短期間で行われたが，その理由は博物館内に

いる異分野の研究者が互いにそれぞれの専門知識や技術をもち寄り，協業することによって初めて可能となった。この調査内容は，マスコミなどを通じて大きく報じられ，仏像や当時の信仰への新たな理解と関心を引き起こした。博物館という装置を最大限生かした調査事例であり，展示と調査研究とが結びついた博物館型研究統合の１つのモデルケースともいえるであろう。　　［中山誠二］

（３）考古学博物館

① 考古学博物館の資料

　考古学博物館の資料は，考古学上の一連の調査研究を経て収蔵され，活用されるものである。考古学は「広義の歴史学の一分野で，発掘を行うことを本領とし，人類が残した物質的資料つまり遺跡・遺物の解釈を通じて人類の過去の生活ないし文化の変遷を明らかにする科学」（関野雄 1979）と定義される。したがって，考古学の資料は発掘調査によって得られるものであり，その調査の結果は報告書などにまとめられて公表されることによって一般にも共有された情報となるのである。発掘調査が終了する時点で，市民向けの公開の場として「現地説明会」が行われることがよくあるが，これはあくまでも調査の途中経過の報告であることをわきまえておくべきである。

　考古学の研究に用いられる資料は，人のさまざまな行動の痕跡である遺跡，人によって大地に掘り込まれたり構築されたりした遺構，人が大地から切り離された物質によってつくった道具や生産活動の結果の結果として残った遺物からなる。考古学博物館の資料の中心もこれら遺跡，遺構，遺物である。先述のとおり，これらの資料は発掘調査を経て得られるものであり，発掘調査の性格上，いつでもどこでも行われるものでもなく，したがって博物館にもたびたび収蔵されていくというものではない。むしろ，考古学博物館の資料は開館時に収蔵されているもので固定されがちであることが多い。このことは考古学博物館の調査研究活動だけでなく，展示や教育活動にも大きな制約を与えることになる。保存処理前の金属資料や木製品など一部の特殊な資料を除き，大部分を占める土器などの土製品や石製品は温度や湿度などの保存環境にはそれほど気を使う必要がないが，遺跡によっては莫大な量の資料をかかえ込むことがある。

発掘によって得られる考古学資料は，同時に「埋蔵文化財」としても扱われるものであり，いろいろと課題はあってもその保存は確実に行われてしかるべきである。

② 考古学博物館の調査研究の内容

a．資料の研究　発掘調査によって得られる資料を種とする考古学博物館では，活発な発掘調査活動を展開していかないかぎり新たな資料が頻繁に収蔵されていくことは考えにくい。その点，資料の出入りに関するかぎりでは伊藤寿朗のいう「第1世代の博物館」的な性格をもつといえる。とすれば，その研究上の特色は，既存の限られた収蔵資料についてのさまざまな角度からの研究や分析・調査が行われるところに見いだせることになる。この場合の研究対象は当然収蔵された遺物に関することだけではなく，遺構においてもまた遺物・遺構を産した遺跡そのものについても同様である。

収蔵されている資料を新たな角度から研究するときに，理化学的手法・機器による分析・調査が行われることも多いが，発掘調査機関を併せもつような博物館は別として，大がかりな分析機器を個々の博物館が所有することはあまりないだろう。必要が生じたときにはほかの規模の大きな博物館や研究機関にある機器を利用して調査研究が進められることになるが，そのことがスムーズに行えるように，主として学芸員による日常からのほかの機関・博物館との交流・連携を保っておかなければならない。

b．資料の活用の研究　発掘され出土した資料の特徴の1つに，遺跡によってではあるが，同種のものが大量に得られることがある。この大量の同種の資料を博物館の活動，とくに展示をはじめとする教育活動のなかでいかに活用することができるかは検討・研究されるべきことの1つである。学校教育の実践のなかで，縄紋土器の一片の破片でも利用法によっては完全な形の土器にも勝る教育的効果を上げることが紹介されることもある。実物であることの迫力や実感に頼ったただ見せるだけではない活用法の研究が重要な課題なのである。

体験学習展示のなかで，縄紋土器などの実物が触れる・持つなどのかたちで活用されることがある。この場合，いつも実物であることが必要であるのか，

一般の人の手にゆだねるときに生じる，破損することなどへの危険を回避するためにしばしばレプリカが利用されているが，レプリカ使用の効果と，実物による効果と危険度の兼ね合いも検討すべき課題になる。

c．利用者の研究　博物館にとって「利用者」はただ「博物館に来る人」というだけのものではない。博物館にとってはその活動の対象となる存在である。その利用者について，普段どのような人々（性別，年齢，文化階層など）がその博物館を利用しているのかを明らかにし，それぞれがどのようなニーズをもっているのかを十分に承知しておかなければならない。以下は，滋賀県立安土城考古博物館，大阪府立弥生文化博物館（以上平成21年度），市立市川考古博物館（平成20年度）のそれぞれの入館者の年齢別の割合である。

滋賀県立安土城考古博物館	大人70.4%・高大生3.8%・小中生11.9%
大阪府立弥生文化博物館	大人（一般+65歳以上）34.6%・高大生2.4%・小中生33.8%
市川市立考古博物館	18歳以上56.9%・18歳以下43.1%

　この3館をもって全体の傾向とすることはもちろんできないが，ここでは子どもよりは大人のほうが利用者は多いことがわかる。それとともにこれらの例は，博物館によって利用者層も異なることも示している。このような利用者の現状をできるかぎり把握し，それに基づいて利用者の博物館への要求や期待（ニーズ）を認識し，そのうえで博物館の活動の方針や方向性を考え明らかにしていくことになる。博物館が地域のなかで独りよがりの存在にならないように，地域のなかでの役割や働きを全うしていくためにも，利用する人たち（利用しない人たちも含めて）正しく把握していくことは重要な意味があり，その点で博物館の利用者に関する研究は博物館の調査研究活動のなかで欠くことのできない位置をもつことをあらためて指摘しておこう。　　　　　　［鷹野光行］

（4）美術館
① 調査研究の内容と方法
　美術館で行われる一般的な調査研究の主な対象は，芸術家（以下，「作家」），および彼らが制作した絵画や彫刻などの芸術作品（以下，「作品」）である。ど

のような作家がいて，どのような作品を生み出したのか，それらの美学的・美術史的な意義は何かといったこと——たとえば，ピカソに《アヴィニョンの娘たち》という絵画があるが，その図像は何を意味しているのか，その図像のソースは何か，その絵はピカソの芸術の展開においてどのような位置を占めているのか，そしてその後の芸術にどのような影響を及ぼしたのかなどを調査し研究していくことになる。他種の館園同様，自館の収集，保存管理，展示・教育などにかかわる作家や作品を日頃より広く深く調査研究していくことが，それらの館活動の質を高める基盤となる。

　収集においては，まず自館の収集方針に沿った作家（あるいは，彼らが形成する流派）を把握し，実際の収集状況と照らし合わせて，館として収集すべき作家／流派にある程度目星を付けておく。そして，それらの作家／流派のどの時期や様式のものが収集するにふさわしいかを，予算の制限のなかで考えていくことになる。そのためには，画廊やアートフェアなどに日常的に足を運んで，自分の目でできるだけ多く作品現物を見るとともに，画商，作家，ほかの美術館の学芸員，美術批評家，美術ジャーナリストなどとのコネクションを形成し，オークションの動きなどにも目を配って，自館にとってよい出物があればその情報をきちんと入手できるようにしておくことが大切である。そして，収集の本格的な候補となった特定の作品については，その来歴や展覧会出品歴や言及文献などの基礎情報を調べつつ，収集に値するかどうかの判断をつけていく。

　保存管理においては，保存科学などの専門分野の調査研究が重要なのはいうまでもないが，それらが実際の現場でよりよく生かされるためには，やはり個々の作家・作品についての美学・美術史的調査研究が必要になってくる。たとえば，その作家独特の材料や技法が用いられている作品の場合，その特殊な性質や構造，そしてそれを採用した作家の芸術的意図などをきちんと理解していれば，より適切にその作品を保存管理することができる。わが国の美術館ではまだ数は少ないが，専門のコンサヴェーターが保存管理の任務に当たってくれているところでは，コンサヴェーターにそこまでの美学・美術史的調査研究を求めるのが困難であれば，そこは適宜コンサヴェーターと学芸員が協同して

対処することになる。

　展示については，企画展でも常設展でも，作家選定やテーマ設定や展覧会の実際の中身の構成においては，事前の深く綿密な美学・美術史的調査研究が不可欠である。とくに，わざわざ館外から作品を集めて開催する企画展では，それなくしては意義ある企画は成立しえない。さらに企画展においては，自分が展示したいと思う特定の作品が現在どこに所蔵されているのかを調べ出すということも基礎作業として重要になってくるが，これについては，直近の一企画展だけでなく，近い将来開催したいと考えているほかの企画展も意識して，作品の所在の把握に日頃から努めたい。教育に関しては，保存管理と同様で，教育普及などについての専門的な知識やスキルが重要なのはいうまでもないが，他人に対して作家・作品を教育的に語る以上，当然自分自身がそれら個々の作家・作品について日頃の調査研究を通して学術的に熟知していることが前提となってくる。

　あるいは，とくに収集や展示などを目の前の目的としない，調査研究のための調査研究も重要である（それは，将来的に収集や展示などに役立つこともちろんある）。そういった種類の調査研究は，調査研究全体の土台を広げ強化するものであり，日々の限られた時間のなかでは容易ではないが，地道に継続してゆくべきものである。なお，学芸員は仕事柄，作品現物にふれる機会が非常に多い。とりわけ自館の所蔵作品にはほとんど毎日接している。そのメリットを生かした研究は，学芸員ならではということになる。たとえば，自館の所蔵作品であれば，絵画作品の裏面など，展示室に展示されている状態では見ることのできない部分の調査や，特殊な機器を使っての調査なども比較的困難ではない。そういった調査から思わぬ重要な情報が得られ，それが独自の大きな研究成果を生むことも当然ありうる。

② 調査研究の発表

　学芸員の調査研究の成果は，上に記したように通常のさまざまな自館の活動に必然的に反映されていくことになるが，ほかでも役立つよう，何らかのかたちで明確に公表されるのが望ましい。美術館の調査研究の主要な発表手段とし

ては，紀要，図録，シンポジウムなどがある。

　紀要は通常，一年度に1冊発行され，学芸員が各自の職務上の必要性や関心に基づいて行った調査研究を論文にまとめたものが掲載される。紀要に収録される論文のテーマについては，自館が所蔵する作品や自館で開催した展覧会など，何かしら自館の活動に直接関連のあるものに限定している館もあれば，学芸員の自由な調査研究が館の活動に将来的に貢献する可能性などを考慮して，とくにそういう縛りを設けていない館もあり，そのあたりは各館の判断次第となる。

　図録には主に，次の2つの種類がある。1つは館の所蔵作品の図録である。通常，巻頭に館のコレクション全体について説明する文章がきたあと，一作品につき1枚の大きなカラー図版が掲載され，そこに作家解説と作品解説が付される。限られたページ数で所蔵作品のすべてを掲載することは困難であるため，名作選のような形式を採ることが多い。あるいは，図版を小さくし，作家解説や作品解説を省くなどして，とにかく所蔵作品すべてを1冊に収録した所蔵作品目録のようなものにするか，ジャンル別や時代別などにして，分冊の形式にするというやり方もある。図録の主な種類のもう1つは，企画展ごとに制作される展覧会図録である。そこでも作家解説や作品解説が掲載されるが，それら以外に，章解説や関連年譜，参考文献一覧，さらに，担当学芸員によるその企画展の内容に関係した学術論文が巻頭や巻末に収録されるのが通常である。その点で企画展図録は，学芸員にとっては調査研究の最も重要な発表の場の1つとなる。

　美術館主催のシンポジウムは，企画展と連動して開催されることが多い。その企画展で扱っている作家や流派やテーマについての考察をさらに展開したり掘り下げたり，あるいは展覧会本体とはちがった切り口でそれらを考察するため，その企画展の担当学芸員以外にその道の専門家を複数招いて，聴衆の前で順次プレゼンテーションを行う。その後，担当学芸員がモデレーターとなって全体でディスカッションを行うというのが一般的な形式である。作家が現存の場合は，作家本人に加わってもらうこともある。

③ 調査研究の重要性

わが国の学芸員は「雑芸員」などと人から揶揄され，またそう自嘲することも多い。実際，一般的に見て，大学や研究所に籍を置く研究者や海外の美術館の学芸員に比して，日々の雑務は多岐にわたる。それゆえ，それらに忙殺されてついつい調査研究を怠りがちになっている事態も少なからず見受けられる。雑務も疎かにしないよう「何でもこなすのがよい学芸員」などと上司や先輩から教育されることもあるだろうが，しかし「何でも」というのならば当然，調査研究も軽視されてよいはずがない。調査研究は館の活動の基盤であること，そして，とくに美術館ならではの調査研究は，美術館学芸員こそが積極的に進めていく責務があることを忘れてはならない。　　　　　　　　　　　[大島徹也]

(5) 自然史系博物館

① さまざまな自然史資料

自然史分野の実物資料は通常「標本」と呼ばれている。自然界に存在するもののなかから抽出された見本，サンプルといったニュアンスがある。自然史系博物館にもち込まれる標本は，研究あるいは保存を目的に採集された自然界のサンプルである。ただし一口に自然史標本といってもその対象と保存方法は多種多様である（表2.3.1）。標本の作製と保存にはそれぞれの分野において独自の技術が必要とされる[1]。

② 標本・資料に基づく研究拠点として

自然史系博物館に収蔵されている標本のなかで，展示に供されているものはごく一部にすぎない。収蔵の意義はむしろそれらが自然界に存在していた時期や場所などを示すデータをともなった実物として，外部からの利用も可能なかたちで永久的に保管されているという点にある。このような博物館標本は，生物分類学，生態学，古生物学，地質学をはじめ医・農・水産学からバイオテクノロジーにいたるさまざまな研究のための基礎資料あるいは参考資料として活用されている。生物の新種が発見・記載された際の基準となる模式標本の場合をはじめ，研究のために博物館の標本が吟味・検討され，その成果が論文発表された場合には，当該標本の登録番号などのデータが論文中に明示され，かつ

表 2.3.1　自然史標本の種類とそれらの保存方法。

対　象		主な保存方法
生物標本	原生生物	プレパラート
	蘚苔類，菌類	乾燥
	維管束植物，海藻	腊葉（さくよう）
	材	乾燥
	果実，種子	乾燥または液浸
	花粉，胞子	プレパラート
	軟体動物	乾燥（貝殻）または液浸
	サンゴ，ウニなど	乾燥（骨格）または液浸
	甲殻類	液浸または剥製
	昆虫	乾燥
	その他無脊椎動物	液浸
	両生類，魚類	液浸，骨格
	爬虫類	液浸，骨格，剥製
	鳥類，哺乳類	剥製，骨格
地学標本	動物・植物化石	母岩と共に保存，必要な場合にクリーニング
	植物遺体	液浸またはプレパラート
	微化石（花粉，胞子，放散虫など）	プレパラート
	岩石・鉱物	整形，必要に応じて研磨
	地層	剥ぎ取り
	堆積物	ボーリング・コア

標本はその証拠（voucher）として博物館に確実に保管される。このことによって，後々の学術的な検証や研究進展の可能性が担保されていくのである。

　自然史系博物館には調査や寄贈による膨大な点数の標本が集積している。このような自然史標本のコレクションはそれ自体，実物による自然の記録としても高い価値をもっている。近年は集積した標本の産地や採集日などのデータをコンピュータに入力してデータベース化し，公開する事業が多くの館において取り組まれている。このようなデータベースを利用し解析することによって，

地域の生物，とくには絶滅危惧種や外来種の分布の変遷を追跡するような研究が可能になる。ただし，乱獲のおそれのある貴重種の産地情報の取り扱いには細心の注意が払われなければならない。また集積された情報は，たとえばコンピュータによる地理情報システム上で生物分布図を表示することによって，教育活動などに利用することもできる。さらに自然史系博物館相互の連携により，このような標本データが共通のフォーマットによってインターネット上でつながり，一般市民にも共有されるようになりつつある（国立科学博物館のサイエンスミュージアムネット上の自然史標本情報検索など）。

　このように博物館は標本・資料に基づく研究の拠点として重要な任務を担っている。そしてその機能を発揮するためには，それぞれの分野の資料管理と研究に精通した学芸員が配置されていて，収蔵資料がつねに利用可能な状態におかれていなければならない。また，外部からの研究利用を促すための利用システムの確立，必要なスペース・設備の確保，収蔵資料のデータベース化と公開，関連する文献・図書などの資料の収集などの条件整備も必要である。

③　地域自然の調査研究拠点として

　一方で自然史系博物館は，自身が立地する地域の自然の現状を網羅的に把握するためのインベントリー調査[2]をはじめ，その特性や変遷，生い立ちを明らかにするための種々の調査研究に取り組む機関である。そしてこのような研究は，専門職（研究者）としての学芸員の手によって，地域を出発点としつつもグローバルで普遍的なものに発展し高められていくものである。その成果は個々の学芸員や研究者集団によって学会発表や論文などのかたちで学術公開されることはもちろんであるが，それにとどまらず展示や普及教育活動を通じて市民に還元されるものでなければならない。博物館の手で地域の自然の現状や生い立ちが明らかにされ，その意義がわかりやすく解説されることによって，市民がその地域の自然を深く理解し，愛着を抱き，価値を共有することが可能になる。地域の人々の理解がなければ貴重な自然を保全することも叶わない。博物館が収集する地域の自然史資料の網羅的なコレクションも，このような調査研究を通じてこそ系統的に構築されていくものである。

このように自然史系博物館にとって調査研究は事業の柱であり，ほかの事業を支える根幹でもある。しかし，現行の博物館法では，博物館は資料収集・保管のための機関であることが出発点として定義され，調査研究については「あわせてこれらの資料に関する調査研究をすることを目的とする機関」（第2条）と，あくまでもその延長線上においてのみ位置づけがなされている。また，事業に関しても「博物館資料に関する専門的，技術的な調査研究」と「博物館資料の保管及び展示等に関する技術的研究を行うこと」（以上，第3条）が博物館の行う研究であるとされている。これらの規定のもとでは，収蔵資料にかかわる研究活動はよく当てはまるが，ここで述べているような自然史系博物館の本来的な使命としての調査研究活動を正面に位置づけることができないという不十分さがある。

　自然史系博物館における調査研究機能は，行政における課題解決の取り組みにおいても有益な存在となっている。たとえば，すでにすべての都道府県において，地域の絶滅危惧生物種を選定し公開するレッドリストを作成する事業が進んでいるが，そこでは自然史系博物館が過去の証拠標本や関連資料を所蔵する強みを発揮して大きな貢献をしている。博物館がこの事業の拠点を担っているところもある。各地の自治体による生物多様性国家戦略に基づく地域戦略の策定事業においても同様である。このような意味で自然史系博物館は地域の自然に関する情報センター，シンクタンクとしての役割を果たしている。

　さらに，大学において比重が著しく低下している生物分類学，古生物学などの基礎研究を支える研究機関として，また今後重要になる生物多様性にかかわる学術研究を推進する機関として，自然史系博物館には国家的な役割も期待されているといえるであろう。

　しかし，自然史系博物館の全国的な設置状況をみると，県立レベルは22館であり，指定都市立のものを含めても，全国の約半数の都道府県にとどまっている。市立あるいは町村立のものは全国に50館，公益法人あるいは会社・個人が設置しているものを合わせると73館となる[3]。郷土系博物館が全国の津々浦々に254館配置されているのと比較すると，その少なさは明白であり，

周囲の期待に十分に応えているとはいえない現状である。

④ 市民参加による調査研究活動

市民に対して，自然史系博物館は展示だけでなく野外での自然体験も含めたさまざまな普及教育プログラムを企画・実施している。博物館が主催するこのような行事に参加し，学習の場として積極的に活用しようとする人々の多くは，「友の会」などに加入し，継続的な博物館利用者となる。さらに特定の分野に関心を抱き，研究活動に参加しようとする人々も生まれてくる。このような人々を対象に，学芸員は個別分野の研究サークルなどをつくることによってその意欲に応えようとする。その結果，さまざまな市民参加型の調査研究が各地の自然史系博物館において実施されている。博物館の普及教育活動と調査研究活動との接点がここにある。この段階にくると学芸員のリーダーシップがものをいうが，博物館の公共性をふまえ，市民に開かれたサークルとして運営していくことが肝要である。

さらに個々の分野ではなく，博物館が分野横断的に一丸となって市民参加型の，地域の自然を対象とした大規模な調査研究プロジェクトを組織し，数年間をかけて大きな成果を上げる事例も生まれている[4]。このようなプロジェクトにおいては，対象とする地域の自然に関する詳細な調査データが分布図のようなかたちでまとめ上げられて参加者によって共有されるとともに，膨大な博物館資料・標本も収集され，さらに特別展示などを開催することによって市民に公開することも行われている。

[山西良平]

(6) 理工系博物館

博物館資料には多種多様の形態があり，さまざまな分類をすることができるが，あまり学術的でない分け方をすれば，「形のある資料」と「形のない資料」とに分けられるであろう。理工系博物館の特徴として「形のない資料」を多く扱うことがあげられる。それゆえに理工系博物館の調査研究はほかの館種とは少し特異な面が生じる場合がある。

「形のある資料」とは，ここでは一次資料，二次資料にかかわらず，物体として常に存在する資料のことを意味することとする。理工系博物館においては，

たとえば，科学技術や産業技術の成果品（製品や部品，素材，装置など）の実物や復元模型，図面，写真などがあげられる。

一方，「形のない資料」とは，物体としては常に存在はしていない資料を意味することとする。理工系博物館においては，たとえば，数学や物理，化学などの現象や事象が資料となりうる。それらの現象や事象は，視覚や聴覚，触覚などでとらえることができるが，それらを引き起こす何らかの行為をしなければとらえることはできない。また，当然ながら「形のない資料」をそのまま取り扱うことはできない。そこで，その現象や事象を引き起こすための装置や機器類が必要となり，それらが資料となる。すなわち，「形のない資料」を具現化するための「形のある資料」が存在する。

ただし，装置や機器類を使っても具現化できない場合もある。その現象や事象の規模が非常に大きいまたは小さい，生じる時間が非常に長いまたは短いなどの場合，そもそも直接目や耳などでとらえることができない。そのような場合，多くは結果が数値などのデータで示されることとなり，それが資料（「形のない資料」）となる。また，そのような場合は実際に現象や事象を装置や機器類で引き起こすのではなく，コンピュータによるシミュレーションを行うことが多く，よってシミュレーションで用いられるプログラム自体が資料となる。さらに，その結果のデータはCGによる静止画または動画などで表現される（可視化される）こともあるが，そのためのプログラムもまた資料となる。

理工系博物館では，このような装置や機器類，データやプログラムなどの資料を展示室で実際に稼働させる（来館者に体験してもらう）ことで，そのまま展示物となったり教育プログラムとなったりする。よって，理工系博物館における資料に関する調査研究は，ときに展示や教育に関する調査研究を同時に行うことが不可欠であり，それゆえに当然ながら来館者を考慮した運営に関する調査研究も必要となる。

① 「形のある資料」の調査研究

理工系博物館における「形のある資料」の代表的なものは，科学技術や産業技術の成果品であろう。具体的にあげれば，航空機，船舶，自動車，ロボット，

コンピュータ，通信機器などその種類や分野に際限がないが，これらは，過去に製造されたもので現存していないもの，過去に製造されたもので現存しているもの（部分的にだけ現存している場合も含む），現在も製造されているもの，これから製造されるであろうもの（試作品や模型）などがあげられる。

　ここでは，過去に製造されたもので現存しないものの調査研究について，航空機の復元模型の製作に向けた調査研究を事例に述べる（写真2.3.4）。復元においては，まずは情報資料の調査研究が重要となる。当時の設計図や製作図（子図や孫図などの細かい図面も）が残っていないか，当時の記録写真や記録映像，文献や新聞記事などが残っていないか，機体の色見本や素材の断片，飛行記録や製作記録はないか，さらには，その機体にかかわった人（設計者や操縦士などの当事者だけではなく目撃者も含む）がいないかなど，できるかぎり，あらゆる形態のあらゆる資料の存在を調査し，収集する。そして，収集した資料は，それぞれその資料に適した方法で記録してデータ化し，さらにデータベース化することが必要となる。さらに，復元においてもう1つ重要なのは時代考証である。その機体が製作された時代背景や社会情勢は，機体に少なからず何らかの影響を与えている。たとえば，その時期によっては現在では手に入らない素材や再現できない技術などが使われている場合がありうる。また，同じ機体であっても，何らかの目的である時点で改造がなされていれば，その前後によって部分的もしくは全体的に形状が異なるといった場合もありうる。よって，まず復元の目的を明確にしたうえで，どの時点の状態を復元するかを決定し，収集した図面や文献，写真などあらゆる資料を調査研究して，復元に必要な情報を抽出していくことが重要となる。

　過去に製造されて現存するものや現在も製造されているものは，基本

写真 2.3.4　航空機の復元模型製作の様子
調査研究によって抽出された情報の精度が，そのまま復元の精度につながる

的には実物資料として存在する。理工系博物館では，保存という前提のもと，その実物資料がもつ歴史的および技術的な情報や価値などを抽出し，整理して分類し，そして体系化することが主な調査研究といえる。一方，理工系博物館の実物資料の展示では，直接触れることができたり，乗り物であれば乗ることができたり，さらには実際に動かせる状態にして見せる場合が多くある。触れさせたり動かしたりすることは保存の面からすれば好ましくないことであるが，教育の面からすれば実物に触れて実感できるという点でとても効果が大きい。この保存と教育についての議論は，あらゆる博物館において生じる課題であるが，重要なのは館として活用目的を明確にすることであり，そのためには，その資料が歴史資料として重要であるのか，教育資料として重要であるのかを，まずは調査研究によって見極めなくてはならない。

② 「形のない資料」の調査研究

理工系博物館における「形のない資料」の代表的なものは，先に述べたような数学や物理，化学などの現象や事象であろう。この現象や事象という資料は，それを引き起こす装置や機器類を通してその姿をあらわす。そして，姿をあらわすようにすることが展示となり教育となるのである。たとえば，ある物理現象を引き起こす実験装置があり，それを展示室に置いたとき，ただ置いてあるだけでは当然ながら展示として成立しない。来館者がその装置を使って現象を引き起こして体験し，かつ理解できてはじめて展示として成立するのである。いわゆる参加体験型展示やハンズ・オン展示などと呼ばれるものである。よって，その現象をいかに正しく引き起こすか，そしていかにわかりやすく体験させるかを追求することが重要であり，それが理工系博物館における現象や事象という「形のない資料」の調査研究となる。その際，もちろんその現象自体についての調査研究を行い正確な知見や知識を得ることは前提であるが，その知見や知識をもとに現象を正しくかつわかりやすく再現するための装置や機器類を選定または設計，製作することもまた理工系博物館の調査研究（研究開発）となる（写真 2.3.5）。

これは，現象や事象を直接的に見せることができない場合，たとえばコンピ

ュータによるシミュレーションの場合でも同様である。シミュレーションで生成された数値データは，そのままでは一般の来館者には理解しにくいが，静止画または動画などにして可視化することによってわかりやすく表現することができる場合がある。大学や研究機関では，研究成果を広く一般にわかりやすく伝えることが求められており，シミュレーションや観測などによって得られた数値データを可視化するサイエンスビジュアライゼーションという考えが高まっている。理工系博物館では研究機関などと共同研究を行うことがあるが，その場合の理工系博物館の役割の1つは，研究成果を一般の人々にわかりやすく伝えることにある。そこで，可視化するためのハードウェアやソフトウェア，システムなど，どのような手法や技術を使って伝えていくかを考え，検証して選定すること，場合によっては開発することも理工系博物館の調査研究となる。ゆえに，現在どのような手法や技術が普及しているか，または将来どのような手法や技術が普及していくかなどを調査研究しておくことも必要となる。ただし，手法や技術の選定や開発において気をつけなくてはならないことは，手法や技術ありきではないことである。「こんな手法や技術を使ってみたい」ではなく，目的にあった手法や技術を正しく選ぶことである。

写真2.3.5 **教育プログラム用の実験装置の研究開発の様子** 現象を正しくかつわかりやすくするために，試作や予備実験を繰り返す

ところで，展示物や教育プログラムとして成り立たせるためには，正しく，わかりやすくすることだけではまったく足りない。来館者が介在するという前提においては，安全性と耐久性，メンテナンス性を高める必要がある。来館者が何度も安全に体験できるものでなければならないし，それを維持させるためにスタッフがメンテナンスをしやすいものでなければならないのである。そのためには，来館者の意見や動向を記した運営日報や展示物の状態を記した保守

管理記録などの日常の運営データが不可欠である。すなわち，運営データをもとにした運営に関する調査研究が求められるのである。

③ 求められる調査研究

繰り返しになるが，理工系博物館の調査研究は，資料に関する調査研究がそのまま展示や教育に関する調査研究に直結し，ひいては運営に関する調査研究が必要となる場合が多くある。これについて，もう少し具体的に述べる。

たとえば，先に述べた参加体験型やハンズ・オン展示は，ときに演出やデザインが優先され，展示物を構成する機器類が本来の使用の環境や条件から逸脱した状況で什器の中に収められてしまい，耐久性に問題が生じてしまっている場合がある。また，このような展示物には，普通内部に収められた機器を調整するためのメンテナンス口がつけられるが，その位置が悪かったり，周りがわずかな隙間しかなかったりして，ひどい場合には機器に手が届かないなどの失敗事例もある。しかも，同じ失敗が複数の館が生じている場合もある。

どうしてこのようなことが生じるのか。その大きな理由は，展示設計・製作者がもっている展示技術のノウハウやデータと博物館運営者がもっている運営のノウハウやデータがリンクされていないことにある。さらに，参加体験型の展示において最も重視しなくてはならないのは安全性であるが，安全性を確保するためには，とくに展示設計・製作者と博物館運営者の間で密に情報交換がなされなくてはならない。

安全性を確保し，耐久性およびメンテナンス性の向上を図るためには，運営を考慮した展示の設計および製作におけるガイドラインが必要であろう。そのためには，展示技術のノウハウやデータは経験則に加え工学的な視点で裏づけられて体系化される必要がある。一方，運営のノウハウやデータも個人に蓄積されているものが組織的に整理され，分析され，そして体系化される必要がある。ゆえに，このガイドラインを確立するためには，まずは展示技術および運営のノウハウやデータを体系化し，それらを組み合わせた調査研究が求められる。

展示や教育において，演出やデザインありきではないことに注意が必要であ

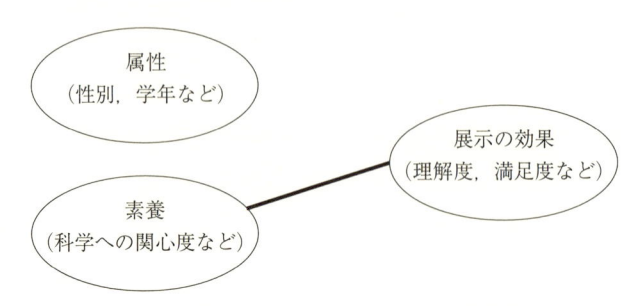

図 2.3.4 来館者についての分析事例（属性と素養，展示効果の相関） 展示の効果と属性に相関がない（たとえば，男女に関係なく効果がある）が，効果と素養には相関がある（たとえば，科学に関心がある人のほうが理解度が高い）
出典：『平成19年度科学技術館科学技術理解増進活動基礎調査―科学技術館来館者調査編―報告書』

るが，これらを重視する必要があることも認識しなくてはならない。来館者に内容を理解してもらうこと，すなわち展示や教育の効果を出すことが最大の目的であるが，そこには演出やデザインの力も必要であり，それらを考えてつくられたものとそうでないものでは効果に大きなが差が出るのである。よって，効果をあげるための演出やデザインについての調査研究も理工系博物館において行われるべきものである。気をつけなくてはならないのは，演出やデザインだけに凝りすぎて館側の独りよがりにならないようにすることなのである。

そうならないためには，当然ながら体験する来館者のことを考えなくてはならない。つまり，来館者についての調査研究が必要となる。たとえば，理工系博物館では，「どのような性別・年齢層の来館者が多いのか」（来館者の属性），「来館者は科学や技術にどれくらい興味や知識があるのか」（来館者の素養），「来館者は館にどのようなことを求めているのか」（来館者のニーズ），「来館者が展示や教育を体験してどこまで理解し，満足しているのか」（展示や教育の効果）といったことをアンケート調査する場合，それぞれの結果を単独で考察するのではなく，属性や素養，ニーズ，効果についてクロス集計や回帰分析などで相関を分析するなど，社会調査やマーケティング調査などの手法を用いて考察する必要がある（図2.3.4）。このような調査によって，展示物や教育プログ

ラムの開発または改良にあたり，最適なテーマや内容，レベル，手法，演出，デザインなどを検討することができるようになるのである。

　理工系博物館における調査研究は，その資料に関連する理学，工学の専門分野の視点だけでは成り立たない。教育学，心理学，社会学，統計学などさまざまな分野の視点での調査研究も求められる。これは理工系博物館に限ったことではないであろう。ただ，どのような博物館においても最も重要なことは，来館者や利用者のことを根本に考えた調査研究を行うことである。よって，運営現場や外に積極的に出て来館者や利用者と交流すること，それが博物館における調査研究の礎となるのである。　　　　　　　　　　　　　　　［中村　隆］

（7）野外博物館

　ヨーロッパ野外博物館協会の定義によれば，野外博物館（Open Air Museum）とは「博物館の敷地の地形的環境内に実在物を露出して提供すべく，科学的に計画され，方向づけられ，そして科学的に管理された活動をしている組織体である。科学的，教育的目的を明確にするとともに保全手法を駆使し保護につとめ，同時に，一般市民に公開する施設」と定義されている。文字どおり，野外にある博物館であるが，その種類は多様化しており，建築博物館・たてもの園，遺跡博物館，遺跡周辺にある現地の博物館（サイトミュージアム），彫刻美術館などがその代表的な例である。広義には，風土記の丘，歴史公園，エコミュージアムなども野外博物館の範疇に入る。

　野外博物館の資料は基本的に大型の家屋や建築的価値の高い建築遺産（不動産資料）である。建築遺産を保存・公開しようとして野外博物館が歴史に登場したのはそれほど古くなく，19世紀後半からである。この野外博物館という概念が登場する以前は，記念建造物を活用した博物館施設への移行（＝転用）という面が強かった。しかし，スウェーデン・ストックホルム郊外に誕生したスカンセン野外博物館が1891年に設立されてからというもの，北欧諸国の各地に野外博物館が設置されるようになった。民俗文化財である伝統的民家が失われるのを防ぐ目的で，多くの家屋が野外博物館に集められるようになったのである。

わが国でも野外博物館が誕生するのは高度経済成長の時期であり，ちょうど都市開発によって歴史的な建造物が破壊され始めた時期と重なっている。

では，野外博物館は具体的にどのように資料を収集し，活用していくのであろうか。現地保存の場合は，博物館に「転用」する手法があるが，現地保存がむずかしい場合は「移築保存」ということになる。この「移築」という保存継承の移転工事は，建築物の長寿命化をはかることが主目的である。野外博物館は博物館資料としての伝統的家屋を後世に残し活用しながら維持管理する面からも，また地域の伝統文化を活用しながら博物館として公開・運営する観点から見てもきわめて重要な施設である。

写真 2.3.6　1830年代の中産階級の典型的な家屋　スカンセンの創立者ハーセリウスが1892年から没年1901年まで住んだ家がスカンセン野外博物館に保存・公開されている

一方，野外博物館の公開には，全面公開，一部公開，公開制限など，その形態はさまざまである。公開とは，①歴史的建造物，公共建築物，私的住居などを一般市民に「開放する」場合，②作家などの私的住居を記念館として一般の人々に「展示する」場合がある。いずれの場合も「博物館化」(musealisation)と呼んでいる。

近年，地域振興や「まちづくり」の観点から，博物館の存在意義は大きくなっているということができる。「まちまるごとミュージアム」のように都市・地域全体を博物館に見たてて，建築遺産や文化的景観などを博物館と称する場合が流行しているのも周知の事実であろう。

「博物館」であるか否かという基本的問題は，博物館機能の1つである「収集」という点から見ると整理しやすい。博物館はコレクション機能を有することが前提となっている[5]。つまり，保存対象となる資料を（ある意志や方針のもとに）収集し，保存・公開・展示する場が博物館であるから，旧来型の博物館

学では「まちまるごとミュージアム」は野外博物館としては取り扱うことはできない。ある意味で，ここに博物館学の限界があると指摘できるが，建築遺産や世界遺産などをその研究対象とする文化遺産学や都市展示学のような新たな観点から記述できる学問体系が必要であることにはちがいない。

パリやローマは「天井のない美術館」と呼ばれることがある。たとえば，カトルメール・ド・カンシー（Antoine Chrysostome Quatremère de Quincy, 1755-1849）は，ローマを「立像や巨像，神殿，オベリスク，凱旋記念円柱，浴場，円形広場，凱旋門，漆喰装飾，フレスコ，浅浮彫り，碑文，装飾，建材，家具，道具の破片などが存在する」野外博物館的都市と絶賛していたが，都市を形成する部品としての建築遺産は集められたものではなく，偶然・必然を問わず歴史的な変遷のなかで形成されてきたものである。このため，今日的な意味では，天井のない美術館や博物館（都市）は，本書の取り扱う野外博物館の範疇に入れることはできないであろう。

L. ブノワは「博物館建築物，博物館都市は博物館学精神の究極の到達点であり，元来，考えられていた形の博物館への最終目標である。…（略）…しかし，このような古いモニュメントを活用することは，どこでも可能なわけではなく，しかも世界中に新しい博物館をどんどん開設すれば済むというものでもない」としている[6]。

これに対して，歴史家屋や伝統的民家を「資料＝モノ」としてとらえ，これらの大型資料を収集する博物館，すなわち今日でいう「野外博物館」は，歴史的建造物を集め，組織化した博物館としてカテゴライズされるのである。

ところで，歴史的建造物や伝統的家屋などを博物館として公開するには，一定程度のフィルターが必要である。このフィルターは資料の選定基準である場合も公開基準の場合もある。歴史都市全体を博物館として展示・案内することは不可能であるにして

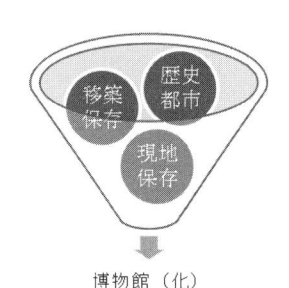

図2.3.5 博物館化 博物館化には資料選定基準と公開基準のフィルターが必要

第3章 博物館資料と調査研究活動　171

表 2.3.2　日本の野外博物館

開館年	館　名	保存建築数	開館年	館　名	保存建築数
1906	三渓園	13	1976	町田市立薬師池公園	2
1945	北方文化博物館	3	1976	岡山県立吉備路風土記の丘	2
1952	山形政道博物館	3	1977	千葉県立房総風土記の丘	3
1958	長崎市グラバー園	6	1977	香川県立四国民家博物館	25
1960	小川原湖民俗博物館	4	1977	肥後民家村	10
1960	富山市民俗民芸村	4	1979	伝承園	11
1960	大阪府日本民家集落博物館	8	1979	石川県立白山ろく民俗資料館	10
1965	福島県会津民俗館	5	1980	岩手県立博物館	2
1965	愛知県犬山市博物館明治村	64	1980	世田谷区立岡本公園民家園	1
1967	川崎市立日本民家園	28	1982	福島市民家園	9
1967	百万石文化園江戸村	18	1983	北海道開拓の村	60
1969	埼玉県立さきたま風土記の丘	2	1983	博物館　網走監獄	21
1969	岐阜県下呂温泉合掌村	10	1983	野外民俗博物館リトルワールド	28
1970	滋賀県立安土城考古博物館	3	1986	千葉県立房総のむら	25
1971	岐阜県高山市立飛騨民俗村	37	1987	世田谷区立次大夫堀公園民家園	8
1971	和歌山県立紀伊風土記の丘	4	1987	府中郷土の森博物館	7
1971	宮崎県総合博物館	4	1989	福井市おさごえ民家園	10
1972	富山県立立山博物館まんだら遊苑	4	1993	小平ふるさと村	5
1972	岐阜県荘川の里	7	1993	立川市立川越道緑地古民家園	1
1972	岐阜県白川村合掌つくり民家園	25	1994	江戸東京たてもの園	25
1973	北上市立博物館附属みちのく民俗村	16	1994	大和市立郷土民家園	2
1973	琉球村	7	1995	浦和くらしの博物館民家園	5
1974	奈良県立民俗博物館	13	1996	岩手県遠野ふるさと村	22
1975	古河市立総合公園	2	1996	東村山ふるさと歴史館茅葺き民家園	1
1975	宮地嶽神社民家村自然広苑	7	1997	みちのく公園ふるさと村	5

も，ある地域に限定すれば（たとえば，伝統的建造物群保存地区），住居など個体建築遺産の公開の可能性は出てくる。現地保存・現地公開は個体建築遺産においてのみ可能である。移築の場合は，野外博物館という閉ざされた地域に限定することによって，公開が可能となる。

また，野外博物館にはモニュメント（歴史的記念建造物）を活用した博物館もある。ヴェニス憲章（1964年）では次のように定義する。

「「歴史的記念建造物」には，単一の建築作品だけでなく，特定の文明，重要な発展，あるいは歴史的に重要な事件の証跡が見いだされる都市および田園の建築的環境も含まれる。「歴史的記念建造物」という考えは偉大な芸術作品だけでなく，より地味な過去の建造物で時の経過とともに文化的な重要性を獲得したものにも適用される」（第1条）

この条文に記された歴史的記念物の概念には，歴史都市も田園の建築的環境も含まれる。しかし，本来的な意味では，「博物館・美術館は，個体建築物の中に収蔵品が保存され，展示品がディスプレイされる場」ととらえることが一般的である。前述したように，野外博物館も限定された地区内に収集された建築物が保存・展示されている場である。

国際博物館会議（ICOM）大会決議（第4回スイス大会，1956年）のなかで謳われた「歴史的記念物（historical monuments）やモニュメント」[7]を博物館としてとらえる時代もあった。しかし，決議文を注意深く読めばわかるとおり，「歴史的記念物（historical monuments）を特別な博物館として捉え，その資料の数々を展示し，図表・写真，あるいは建物の歴史に関係する文書類を用いて，長年にわたる建築的発展，修復，その場所で起こった歴史的出来事等を可能なかぎり組織化した施設」が野外博物館である。そこには，収蔵品の一次資料だけでなく，間接資料としての二次資料を用いた展示があり，資料が組織化されていることが必要十分条件である。　　　　　　　　　　　　　　　[水嶋英治]

（8）動物園

① 動物園における研究の意義

娯楽施設としてとらえられがちな動物園ではあるが，動物園を維持し発展さ

せていくためには，研究活動が重要な要素を占めている。

　動物園の一番の特徴は，もちろん，生きた動物を飼育していることであり，動物学資料の宝庫といってもよいだろう。動物園自身にとっては，動物を適切に飼育管理していくために，その動物に関する知識を獲得し，かつ蓄積していくことが不可欠である。一方で，動物園で飼育される動物の多くが希少な野生動物であるため，動物園以外ではその知識を蓄積することがむずかしい面がある。よって，動物園自身が研究を行い，また，動物園の研究フィールドとしての活用を進めていくことが望ましい。

　動物園にとって最も重要な資源である動物を収集し維持していくためにも，研究活動が重要となる。動物園で扱う動物のなかには，世界的に希少であり国際条約で取引や移動が制限されている種が多い。ワシントン条約（CITES）で規制される希少動物の取引の限定解除条件が，学術・研究目的の場合である。このような種においては，単に一般市民の興味関心を満たすだけに収集することは許されず，研究活動などを通じて学術的や社会的に有益な活動に貢献することが必要とされる。また，入手・取引が困難な希少種を動物園が展示していくためには，動物園自身が繁殖に取り組むことも重要であり，そのためにも研究活動の実施が求められている。

　このようなさまざまな点から，動物園における研究活動を充実させていくことが必要とされている。

②　動物園における研究活動

　動物園での研究としては，動物の飼育管理に関する研究，繁殖に資する研究，行動に関する研究，飼育動物の福祉向上に関する研究，展示に関する研究，教育活動に関する研究，来園者の行動に関する研究などがあげられる。

　動物の飼育管理に関する研究は，動物園の日常的な活動と強く連動するものであり，飼育技術者と獣医がメインプレーヤーとなるだろう。栄養学的な研究，獣医学的な研究などが行われる。清掃，給餌など現場での業務をかかえる動物園の職員が研究活動にも取り組むのは大変ではあるが，技術的知識を獲得し維持していくためには不可欠な活動である。飼育管理に関する研究においては，

日常的な飼育管理についての適切な記録を前提として，飼育技術者などがもつノウハウを形式知にしていくことが重要である。希少種の多い動物園での飼育や治療は，一例一例が貴重な例となる。

　動物の繁殖については，適切な飼育環境が提供されることに加えて，生殖周期や生殖行動の把握をしたうえでの適切なカップリングなど，多くの知見の集大成として

写真 2.3.7　動物園間の協力により上野動物園で繁殖に成功したゴリラ　親子で千葉動物公園に帰っていたころの写真

繁殖が実現することとなる。動物園における研究活動の中心といえるだろう。近年では，飼育下の限られた個体数の集団のなかで遺伝的多様性を維持していくため，血統の登録管理が進められ，これに基づく繁殖協力が進められている。種によっては国際的な血統管理も行われている。また，動物園間で協力して希少な種を繁殖させるため，動物園間での動物の貸し借り（ブリーディングローン）も盛んに行われるようになっている（写真 2.3.7）。

　野生下での希少種保護とも強く結びついた飼育下繁殖の研究も進められている。これからの動物園に求められる役割の1つといえよう。たとえば，広島市安佐動物公園では，オオサンショウウオの保全活動に関して，1971年の開園当初より研究班を設けて，野外での繁殖行動の観察などの研究やこれをふまえた飼育下の繁殖に関する研究を行い，野生下のサンショウウオの保護にも貢献している。また，現在飼育下繁殖個体の野生復帰に取り組んでいる兵庫県豊岡市のコウノトリの郷公園では，国内の動物園での飼育下繁殖の研究成果が活かされている。福岡市動物園では，環境省との協力により，絶滅危惧種のツシマヤマネコの飼育下繁殖にかかわる研究を実施している。近年，リスク分散の観点から，ツシマヤマネコの飼育下繁殖の取り組みは国内の複数の動物園に拡大している。

動物行動学の研究については，動物園が1つの研究フィールドとなる。飼育下であることは，研究にとっての制約である一方，詳細な観察が可能となる利点がある。動物園での行動観察を行って，その動物の行動特性，生態を把握することは，野生での動物管理にあたっても有益な情報を提供するだろう。

　動物園動物は死亡したとしても，その遺体が動物学の貴重な資料となる。解剖や標本作製を通じて学術的な研究にも貢献することが期待される。この際，近隣の自然史博物館などとの協力も有効であろう。

③　動物園での研究体制

　日本の動物園では，少数ながら園内に独立した研究組織を設けている例もある。設置している例としては，たとえば，開園当初より学芸部門を設置し，リ

写真2.3.8　繁殖研究が行われているカンムリシロムク　写真提供：横浜市繁殖センター

写真2.3.9　テナガザルの学習実験の様子（京都市動物園）

サーチフェローを配して充実した研究活動を実施している日本モンキーセンターの例などがある。横浜市では，よこはま動物園ズーラシアの隣接地に非公開の「繁殖センター」という施設が設置されている。同センターでは，動物飼育施設と生物学実験室が整備されており，DNA 検査による雌雄判別，ホルモンの分析等による生殖周期の把握のための研究などが行われている。また，希少種の配偶子の冷凍保存にも取り組んでいる。同センターでは，カンムリシロムク（野生の生息地はインドネシア・バリ島）の繁殖研究を行っており，さらにはインドネシアとの共同により飼育下個体の野生復帰にかかわる研究も進められている（写真 2.3.8）。

近年では，日本においても外部研究者が動物園に常駐して動物園と協力して研究を行う例が登場してきている。京都市動物園と名古屋市立東山動物園は，2008 年に京都大学霊長類研究所と研究協力協定を締結し，動物園をフィールドとした研究が進められている（写真 2.3.9）。

動物園間の協力については，(社)日本動物園水族館協会が中心的な役割を果たしており，飼育技術者研究会の開催，日本動物園水族館雑誌の刊行など，動物園間での飼育技術に関する情報交換が進められている。　　　　　　［牧 慎一郎］

（9）水族館

① 水族館と研究

博物館法において博物館の１つと定義されている水族館は，博物館法に定められているとおり「一般公衆の利用による調査研究」と「資料に関する研究」を行う機関とされている（鈴木・西 2010）。西（2001）は水族館の調査研究には「水族館についての調査研究」と「水族館での調査研究」という２つの意味があり，前者は水族館のあり方，歴史，建物，経営などについての水族館論理学にほぼ相当する研究で，後者は水族館実践論に相当する分野と，水族館で扱う資料（水族）そのものに関する調査研究と位置づけている。また，内田（1978）は水族館における研究を「水族そのものに関する研究」「水族と人との結びつきに関する研究」「水族の保護に関する研究」としている。

今日，水族館は水圏に生息する生物を研究するうえで重要な施設となってい

る。水族館における水生生物の研究の主な利点は，野生下ではなかなか観察することのできない水生生物の行動や生理などを長期間観察できることにある。現在，水族館で行われる研究は，繁殖，生理，遺伝，行動，生態，分類，形態，疾病など生物そのものに関することから，飼育，調教，展示，採集，輸送，設備，飼料，水質などの飼育を行っていくうえで必要な技術に関する研究まで，多岐にわたっている。水生生物と人との結びつきに関する研究には，教育活動にかかわる研究が含まれる。1975年，動物園水族館等の自然科学教育としての教育活動の実践経験の交流調査研究などに寄与することを目的に，日本動物園水族館教育研究会が発足している。

　近年では，環境エンリッチメント，生物多様性の保全などの視点から，野生個体の研究も盛んに行われるようになってきた。野生個体の行動や社会，生態などを研究することは，生態展示，行動展示など展示に活かすことが可能となるだけでなく，水生生物の保全を行う際に必要なデータを蓄積するうえでも不可欠となる。

② 飼育技術者による研究

　わが国の水族館の歴史をさかのぼれば，初期のころには水族館自身に研究能力がなく，水族館が研究機関であるとの自覚もない時代があった。「水族館は研究材料を提供できる」という声はあったが，水族館には研究が必要で，その研究成果が水族館自身に還元されるべきという認識が，水族館内部から湧き出てきたのは，1950年代も後半になってからのことであった（鈴木・西 2010）。

　1939年に発足した(社)日本動物園水族館協会は，種の保存，教育・環境教育，調査・研究，レクリエーションを4つの目的として掲げ，定期的に研究会を開催し，学術雑誌を発行するなどして，研究発表の場を提供してきた。水族館技術者研究会が水族館で飼育されている生き物についての研究や飼育技術，展示方法などの情報交換をすることで，水族館の質の向上をめざすことを目的として，海獣技術者研究会が水族館や動物園の飼育動物の飼育と調教技術の方法を伝え，飼育と調教を通じて，動物が豊かに過ごせるようエンリッチメントを検討するとともに，飼育・調教技術の向上を図ることを目的として開催さ

れるようになった。

　飼育技術者による研究には，「館内における研究」と「フィールド（野外）における研究」がある。水族館で展示されている水生生物の多くは，自然界から採集され，飼育・展示された個体である。それらを長く飼育し，繁殖させていくためには，飼育技術，繁殖技術の向上が不可欠である。これらの技術を向上させるためにも，自然界で彼らがどのように生活しているか知ることはきわめて重要なこととなる。

　水族館が水生生物を入手する方法には，採集，購入，交換，受贈，ブリーディングローン（繁殖を目的とした借用），保護収容などがある。採集は基本的に自家採集であり，漁業者採集，あるいは漁業者と水族館との共同採集であった場合でも，採集，輸送には飼育技術者が強くかかわっている。交換，受贈，ブリーディングローンの場合も生物の輸送は飼育技術者が行うことが多く，入手した生物に無駄な殺傷を与えないよう，採集・輸送に関する研究の割合は増加している。

　飼育技術者が最も手をつけやすい研究は，館内で飼育している生物を対象とした研究である。水族館で飼育される生物は，海棲哺乳類，魚類，棘皮動物，軟体動物，甲殻類，刺胞動物など広範な分類群にわたっており，しかも種類数が多い。現在，日本の水族館では5000種以上の水生動物が飼育されているが（猿渡・西 2009），そのなかには珍しい生物も少なくない。入手した生物を長生きさせ，繁殖によって飼育生物を確保していくことが重要であることから，飼育技術者の研究は必然的に飼育，展示，繁殖に関することが多くなっている。日本動物園水族館協会が掲げた目標の1つである種の保存という観点からも，水族館における繁殖研究は重要な研究課題となっている。多くの園館で人工授精や水槽内産卵を行わせて水生生物の卵，幼生，仔稚魚の個体発生を観察・記載している（猿渡・西 2009）。

　内田（2010）は，水族館の社会的機能，責務としてレクリエーション，教育，調査研究，自然保護の4点をあげており，水族館が立地する周辺の海域の水生生物の調査研究はこの4項目のどれにとっても必要であるとしている。実際，

多くの水族館が周辺海域の水生生物の研究を行っており，その成果が生物の保護，生物多様性の保全，地域の環境教育などの活動に還元されている。調査研究の対象は水族館で飼育されている生物種が中心となるが，沖縄美ら海水族館のザトウクジラ調査のように，水族館での飼育とは直接関係のない生物種の調査も行われている。このような調査は，周辺海域の生物情報を得るだけでなく，漁業者からの情報収集ネットワークの構築にもつながり，展示生物の収集にも有益となる（内田 2010）。

飼育技術者による研究には，環境省，水産庁などの国の機関や都道府県，市町村からの委託事業として行われる希少生物の保全や繁殖に関する調査研究もある。また，近年では水族館の企画として市民参加による生物モニタリングも行われるようになってきており，水族館が地域の生態系や生物多様性に関する研究拠点としての役割を担うようになってきている。

③ 大学・研究機関との連携

近年，学術交流協定というかたちで大学などの研究機関と水族館が連携して共同研究を進めるケースも見受けられるようになったが，わが国の場合，特定の研究者・研究室と水族館の連携というかたちで共同研究が行われてきた。京都大学白浜水族館，東海大学海洋科学博物館のように大学の附属施設として設置され，大学と連携しながら研究を行っている水族館，名古屋港水族館，大阪海遊館のように独自の研究施設を有し，内外の水族館関係者や研究者との共同で研究を行っている水族館もあるが，実際に行われている共同研究の多くは研究者と水族館飼育技術者の個人的なつながりによるところが大きい。鴨川シーワールドが設置している国際海洋生物研究所のように，研究者を客員研究員に迎えている例は特異である。

研究機関と水族館の共同研究には，水族館が共同研究を申し込む場合と，研究機関・研究者が共同研究を申し込む場合がある。近年，水族館においても医療検査機器を導入する園館が見受けられるようになったが，繁殖，生理，遺伝，疾病などに関する研究の場合，先端技術をもっている大学などの研究機関との協力が必要となり，これらの機関との共同研究が進められている。フィールド

調査においても研究機関のもっている技術や知識を必要とすることがある。また近年では，人工衛星標識や超音波発信機，データロガー（各種データを計測・保存する計器）などの先端機器を用いた共同研究も展開されている。

　座礁，漂着，混獲された海棲哺乳類の研究においては，水族館と研究機関の協力が不可欠となる。動物が生きている場合，水族館が一時的に保護し治療を施すとともに，その種に関する飼育技術に関するデータを蓄積することが可能となる。死んでしまった場合，死亡漂着した場合には，研究機関に試料が提供され，死因などを解明するための病理学的研究，DNA解析による個体群研究，環境汚染物質の研究，胃内容物による食性の研究，生活史などの生態学的研究などが行われている。

　研究機関・研究者が共同研究を申し込む場合，研究機関では飼育することが困難な水生生物を飼育している水族館に研究の協力を依頼するケースが多い。とりわけ，海棲哺乳類を含む大型の水生生物を研究機関が飼育することは困難で，必然的にそれらの生物を飼育している水族館との共同研究を行うことになる。飼育個体を研究に利用する利点は，①形態や行動，生理の詳細な分析が可能であること，②多種間での比較が容易にできること，③実験的操作ができることにある（幸島2010）。水族館では日本周辺に生息するものだけでなく，世界中の水生生物を観察することができる。24時間観察など，潜水調査では到底できない観察やデータの収集を行えるのも水族館の魅力である（猿渡・西2009）。実験を必要とする研究分野にとっても水族館は重要な役割を果たしている。国内でも，認知科学，感覚生理学，神経生理学，動物行動学といった分野の研究が行われており，種々の成果が得られている（中原2002）。

　水族館に飼育されている水生生物を研究に利用したり，飼育下で繁殖させたりするためには，彼らが本来の自然に近い生き生きとした姿や行動を見せてくれるように，飼育環境や飼育方法を改善して，彼らの生活の質を高めることが必要である（幸島2010）。そのためには，水族館と研究機関が連携して，飼育下やフィールドにおける研究をより推し進めて，飼育する生物の理解を深めていく必要がある。

　　　　　　　　　　　　　　　　　　　　　　　　　　　　　［中原史生］

(10) 植物園
① 植物園資料の特性

　植物園では、さまざまな植物種を生きた植物や種子バンク、組織培養物などのかたちで、植物園資料を維持している。現在地球上には、24万種あるいは30万種もの植物種が知られ、そのうち8万種が世界の植物園で保有されていると思われている。各植物園が取り扱う資料は、各園の目的や使命、機能によって異なるが、大規模な植物園では、科学的に分類、整理するとともに、標本庫（ハーバリウム）、図書館、実験室を備え、植物科学のほかの関連分野に関する調査研究活動を行い、その成果の証拠として植物園資料を持続可能な継承をし、生きた植物資料を中心に生物の多様性保全、保護、植物学、園芸、教育、福祉活動などに資している。一方、規模の小さな植物園や中規模の植物園などいろいろあるが、大なり小なりその役割があり、調査研究活動とその成果の発表の場としての機能を果たし、植物園資料を保存し、社会教育の生涯学習の場としても欠かせない。

　いずれにおいても、植物園資料は、体系的に調査研究が行われ、収集、整理、保存（育成を含む）している生きた植物のほかに、乾燥した押し葉標本（蠟葉標本）、種子、液浸標本、冷凍サンプル、成分結晶などや、調査研究の成果の論文、文献などがあり（一部、総合博物館、自然史博物館等の植物部門と共通している）、植物科学の調査研究活動に貢献している。なお、生きた標本を主として扱う植物園の場合、枯死した場合には乾燥標本として関連研究機関、自然史博物館などの重要な資料となりうるので、それらの機関と連携を取り研究資料として収蔵されている。

② 調査研究活動の意義

　植物園資料は、多目的な機能を有し、植物園使命の根幹をなし、関連分野である植物の系統分類学、保全生物学、樹木学、園芸学などの調査研究活動に支えられている。すなわち、植物分類研究、民族植物学研究、園芸研究、総合的病害虫防疫、生育地および栽培下における野生植物の保全・育成研究、植物の植え戻しと生育地の回復の研究、種子保存および植物組織バンク、野生遺伝子

バンク，新しい遺伝資源の導入と評価研究など経て，次の世代への知的財産として質の高い植物園資料として受け継がれる科学的な証拠として意義がある。一方，治療的訓練および治療教員研修，園芸研修，環境教育プログラム，公害の緩和やモリタリングプログラム，都市計画，資源配分，土地利用，保全ネットワークおよび地域団体活動，地元や農村社会に対して保全に関する情報，一般市民の余暇，観光開発などのさまざまな機能を有し，すぐれた調査研究に基づいた関連資料が蓄積されている。したがって，植物園の資料は生物学研究や生物多様性の保全，遺伝子資源や環境問題などの調査研究を行い，科学的，社会的な意味の深い意義をもち，科学，教育，レクリエーションなどの活動において重要な意義があるといえよう。なお，生きた植物コレクション以外の資料については，自然史系博物館，総合博物館などの植物部門の項を参照のこと。

③　調査研究活動

　植物園は薬草園や庭園を起源にして，さまざまな歴史を経て，今日のような多様な植物園が誕生し，大なり小なり植物学に関する研究がともなっている（第Ⅱ巻を参照）。植物園の調査研究活動は植物園資料の収集，整理，育成，保全，展示，公開などに関連する研究を基盤にしている。その内容は，植物の多様性やインベントリー（植物目録），資源研究，系統保存研究など生きた植物の展示や社会教育，レクリエーションに関する研究など多種多岐にわたっている。当然，一部分は総合博物館や自然史博物館，動植物園などの植物部門と重なるが，生きた植物を扱う点が大きな特徴となる。大別すると，①植物園資料に関する植物科学的な調査研究，②資料の保管・保存（育成を含む）に関する研究，③生きた植物園資料に関する環境管理などの研究，④教育的活用に関する調査研究活動がある。

a．植物園資料科学的な調査研究　　植物園資料は，蒐集するだけでは価値はない。植物園資料を専門的な植物科学の研究により明らかにすることによってはじめて，植物園の役割を果たすことが可能になる。

　すなわち，多くの植物は多種多様な植物について多岐にわたる調査研究に取り組み，研究成果を正確なデータとともに記録し，植物園資料を持続し，規模

はさまざまであるが，研究を行う施設を有し活動している。したがって植物科学の調査研究を基盤とし，収集・保全される質の高い植物園資料は社会的な評価も高く，学習体験，文化的な活動においても，また植物の多様性の保全，関連分野への研究資料などへの活用，ならびに絶滅危惧種の保全，環境保全等に関する多方面からの研究が行われている。これらの研究活動は，植物学，系統分類学，保全生物学，樹木学，園芸学，植物繁殖学などの研究のみならず，民族植物学研究，園芸学研究，植物育種学，生態学復元生態学，分子遺伝学，保全生物学，植物化学分類学，分子生物学などのいずれかの分野に属している。

b．資料の収集・整理・保管（育成を含む）・保存に関する技術的な研究 資料に対する科学的研究が正確に行われるためには，収集計画から，方法・受入・整理・保管（育成を含む）・保存に関する一連の作業には生きた植物を対象とする特性から植物科学研究に加え，技術的な種々の手法に関する園芸学研究とともに，正確な記録情報のデータ管理システムや情報工学的な研究が重要となる。ここでは，生きた植物標本を主にし，ほかの植物園資料については総合博物館や自然史博物館系の植物部門での取り扱いを参照のこと。

　コレクションの収集・導入にあたっては，直接あるいは間接でであっても，明確に目的を示し，計画を立案し，収集・導入する植物の情報を諸機関などから収集して整理し，調査研究計画をたれなければならない。実施にあたっては，あらかじめ国や地方自治体など関係機関や生育地の所有者などから許可を採集・導入許可を得る必要がある。関連する主な法律には自然保護法，自然公園法ならびに海外ではワシントン条約，生物多様性に関する条約などの国際法に従い，国際間の移動は国際植物防疫法に従って行わなければならない。調査受入にあたっては，資料に関する情報の記録，許可書等の確認，種名当の同定，導入時に病害虫に対する防除対策などについての検討が必要である。絶滅危惧種，希少種などの収集が可能になる場合があるが，受入に対しては委員会などを設置し，生育環境条件，栽培設備などの技術を含めた調査研究を行いプログラムの検討が必要となる。絶滅危惧種などの救済にあたっては，専門の研究班を組んだ調査研究が必要となる。希少種についても同様である。

植物同定は分類学の調査研究の対象で，形態，染色体，化学成分，分子レベルでの研究などの手法により行われ，新種などの命名は国際植物命名規約，品種改良などによる栽培植物は国際栽培植物命名規約に従って行われる。

　収集された資料は，調査研究が行われ，資料として作成・整理され，同定を終えたものからラベルが付き，登録に入る。なお，一連の作業の調査研究の成果は論文としてまとめられ，標本資料，植物成分結晶標本なども同様な作業を経て登録される。生きた植物の場合は，登録番号や学名などを記入したラベルがつけら育成管理される。なお，植物標本の場合，資料を所有する機関番号は国際的に登録され，国際カタログ（Index Harbariorum）がつくられている。

　生きている生植物（種子，胞子，培養などを含む）に対しては，生植物は多様な形態・生態および時間的経過とともに生長に対応して園芸学や樹木学，繁殖学などの研究を行いながら維持管理作業を行う必要がある。展示公開あるいは研究などの資料として展示植栽地（自生地内，自生地外），育成圃場，育苗圃など，あるいは繁殖室，育成室において地植えあるいは鉢植えなどで育成し，保全生物学，復元生態学などの研究を行い，系統維持管理をする。種子や胞子などについては低温あるいは超低温施設（長期保存法が可能）で，また培養物については植物組織培養施設内で技術的な開発研究を進めるとともに維持管理し系統保存し，随時植物関連分野の貴重な調査研究資料として継続的に貢献する。

ｃ．生きた植物園資料に関する環境管理等の研究　　資料の受入から標本作成（育成を含む），整理，登録，記録，展示，保存などの一連の作業環境管理（育成管理を含む），病虫害の定期的な駆除管理および調査研究管理体制などは，資料の高い品質を維持するために重要である。園芸学，植物保全学，希少種・絶滅危惧種の保全，生態学等の分野から，生育条件などに対応した導入温室，培養室，繁殖室，育成室，展示温室などの湿度，潅水，換気，光などの自動制御システム下での育成管理の技術的な研究，寒帯や熱帯，乾燥地域などの生育地諸条件に対応する日常栽培管理に関する研究，また育成圃場，展示植栽地などは自動制御による潅水システムなどによる管理体制のシス研究，一般管理に加え多年草，球根植物，水生植物などの基盤更新管理，鉢植え植物の植え替え管

理体制実施にあたっての技術研究などを行わなければならない。一方，輸入禁止特別許可植物の隔離温室等栽培や植物病理学的な設備の技術的研究がある。

d．資料の教育的活用に関する研究　植物園の資料の植物の収集・整理・維持・保存（育成保全を含む）など一連の役割を果たしながら，科学的研究を行い，資料を蓄積しているばかりでなく，その成果を教育やレクリエーションに活用し，植物園が蒐集した資料を社会的にも経済的にも結びつけ活用し，社会の期待に応えなければならない。したがって，研究活動の発表の場として教育普及に関する研究にとどまらず，来園者がいかに生きた植物に興味をもち，魅力を感じるようその存在感をいかにアピールするかが重要となることから，学校と連携し，アンケート調査などを行い動向などの調査し，植物園活用の教育プログラム，生涯学習，憩いの場，観光資源などの開発研究も行わなくてはならない。また，学校教育の場においても，利用者が展示資料から，何を感動し，何に興味を示し，実物資料から何を学ぶかなどを調査研究の対象にするなどが考えられる。とくに植物園では，生きた資料の四季折々の姿を五感で感じ学べる特徴を生かした教育普及，レクリエーションなどに活用する開発研究する必要がある。
　　　　　　　　　　　　　　　　　　　　　　　　　　　　　　　　　　　［小西達夫］

4　ほかの博物館・大学などとの共同調査研究

（1）共同調査研究の必要性

　一般に学術的な調査研究活動は，博物館のみならず大学や試験研究機関などといった関連組織・団体においても主要事業として位置づけられている。そうした類似機能を有する組織・団体が林立するなか，博物館ならではの特質として指摘されるのは，数多くの学術資料（学術資源・情報）の宝庫であり，それを基軸とした独自の調査研究を実施しうる条件に恵まれていることである。

　ある学術資料をめぐり，多種多様な分野の研究者・専門家が参入すれば，従来にない，個性的な研究成果が得られることが見込まれ，また，地域・国を越えて研究者が集えば，他地域との，あるいは国際的な比較研究の道も容易に開

けてくることはここに指摘するまでもない。大学のような機関にとっても博物館の有するナマの学術情報を活用することは，独自の研究成果をあげるうえでも大きな魅力があるといえよう。

　また，共同調査によって得られた調査研究の成果は，独自の企画展として情報発信をなしうるし，ほかの博物館と連携することで，合同企画展の開催にもつながる。とくに海外の博物館と連携すれば，国際的な大規模展示会開催の道も開けるようになり，それにともなって，研究機関として一定の評価が外部から得られると同時に，集客性の向上ということも副次的な効果として期待される。さらに，共同調査研究成果を一般社会に還元する方法として，合同講座や大型シンポジウムの開催，合同調査報告書の刊行などといったかたちも考えられるのである。

　このように，博物館の共同調査研究は，当該博物館が，あるいは学芸員・研究員が単独で実施する場合よりもより大きな成果・利点をもたらしうることから，今後，ますます博物館として共同調査研究を積極的に実施されることが考えられる。そこで，本節では，共同調査研究を実施するにあたりとくに留意すべきことと思量される，組織づくりと資金確保という2つの点について中心的に論じ，共同調査研究を実施するにあたっての具体的課題を明らかにすることとしたい。

(2) 共同調査研究のための組織づくり

　ほかの博物館や研究者・機関と共同調査研究を実施するにあたり，担当学芸員・研究員の個人的な調査研究意欲という属人的要素だけに頼ってしまっては当然ながら活動に限界が生じる。やはり，当該職員が属する博物館全体としてそれを支援するために体制づくりが不可欠となってくるのである。簡単な研究会を開催するだけでも旅費などの必要経費が発生し，とくに海外博物館と連携を行う場合にはその比重がきわめて重くなることは述べるまでもない。

　まず，博物館としては調査研究活動の方針として，共同調査研究の実施を明文化し，正式に館の活動として位置づけることが不可欠である。この点が明らかでない場合，共同調査研究の実施そのものが館の事業として認められず，当

該学芸員・研究員の私的な活動とみなされ，経費支出も困難となるという事態も想定されよう。組織として共同研究の必要性について館内全体で意思統一を図り，正式な館の事業として位置づけ，学芸員・研究員の活動を保障することが大きな前提である。

そのうえで，連携先の博物館や大学などの機関との共同調査研究体制を強化するために，館や組織同士で協定を締結することも1つの重要な方法であろう。共同調査研究について協定書として明文化することで，共同する博物館・組織双方にとって正式な事業と明確に位置づけられる。これによって，共同体制についていわゆる一方の館のみの「片思い」的事態を防ぐことにつながり，双方にとって便宜が図られることになるのである。

国際的な博物館同士の学術交流協定の一事例として，2008（平成20）年になされた山梨県立博物館と大韓民国・国立清州博物館との協定をここで紹介したい。両博物館が立地するのは，ともに四方を山に囲まれた内陸地域であり，共通した地勢的特徴を有する。日韓両国の内陸文化を国際的視野のもとに解明し，新たな歴史理解を構築することが期待されたことを理由として，次の内容により学術交流協定が結ばれた。

・双方が所蔵する資料（原品，映像画像，学術資料情報）や施設を利用して，相互の学芸員が研究しあう。
・研究，研修を目的とした学芸員の相互交流を図る。
・各テーマに基づく，調査研究会を開催し，意見交換を図る。
・テーマに関係した両地域の現地調査を行う。
・調査研究にかかわる成果を報告書としてまとめる。
・調査研究成果を相互に公開する。

以上に基づき，2009（平成21）〜2013（平成25）年までの5箇年を協定期間とし，その成果は学術シンポジウムや共同展示会の開催をとおして公開するということで双方の同意を得た。本協定に基づき，両館の学芸員・研究員同士が両博物館を往来し，実際に共同調査研究を実施しつつある現状にある。

上述した諸項目は，ほかの博物館における共同研究のあり方においても大き

く重なり合うと考えられる。館同士の共同調査研究体制を維持するための仕組みづくりとして，協定を取り交わすことは一考に値するといえよう。

また，ある地域的範囲内において博物館同士のネットワークを日常的に築くことも有効である。一例として山梨県内では「ミュージアム甲斐ネットワーク」という博物館同士のネットワークを立ち上げ，会議や合同事業，コレクションの貸借促進のほかに共同調査研究を主要事業の1つとして位置づけている。

大学との連携についても，博物館での実習活動（いわゆる博物館実習とは別に）を単位として認定し，日常的に博物館と大学の研究者との交流促進が図られている事例もある。

ほかの博物館・大学などとの共同調査研究を実施するにあたっては日常的に学芸員・研究者同士で顔つなぎをする関係を築いておくことも意識するべきであろう。したがって，調査研究に限らず，博物館のさまざまな事業活動全体について日常的に何らかのかたちでネットワーク化を強めることが，結果的に共同調査研究の充実化にも直結するのである。

（3）共同調査研究のための資金獲得

ほかの機関，とりわけ外国のそれと共同して調査研究を行うにあたっては，膨大な資金を要することはここに述べるまでもない。共同調査研究を実施するにあたっては，組織づくりと平行し，資金獲得の方途についても事前に解決すべき大きな課題である。現状では社会全体の経済情勢も決してよいとはいえないことから，経常的な予算の範囲内では十分な調査研究活動費を賄うことはむずかしいと判断される。それだけに外部から競争的資金を獲得しやすくするために，館の運営全体を見直す必要があるのである。

博物館の実践活動に研究助成を行っている団体の1つとして(財)日本科学協会がある。同会が実施している「笹川科学研究助成」の2010（平成22）年度総評は次に掲げるとおり，共同調査研究と資金獲得との関係を探るうえで興味深い。「(助成が認められるためには博物館等の)現場での実践基盤としっかりした理論構築の確立により，実践研究の質的レベルアップが図られることになりますが，そのための大学等の専門機関等の研究者とのコラボレーションについ

て積極的に進めて欲しいと思います」と示唆に富んだ提言がなされているのである。博物館での日常的な実践活動と大学などの研究機関との理論化を車の両輪とし，先にも述べた日常的に博物館と研究機関との間で共同体制を築くことが資金獲得につながる近道であることが述べられている。

　また，外部競争的資金のなかで最も規模が大きいのは科学研究費補助金（以下，「科研費」）であることは自明であろう。この科研費の獲得について浅草澄雄「「博物館冬の時代」を乗り切る―博物館と科学研究費補助金―」が本問題に関して手際よくまとめているので，以下，同論に依拠しながら論を展開する。一般に，科研費は博物館の学芸員であれば応募することが可能であるが，その種目は「奨励研究」に限定されており，研究期間1年で申請総額も100万円までとされている。それが，当該博物館が文部科学省によって学術研究機関として指定されるようになると，奨励研究以外のすべての種目に応募できるようになり，種目によっては研究期間も5年程度，申請総額も1000万円以上の規模で応募することが可能となる。大規模な共同調査研究を行うためには科研費の獲得は不可欠であり，その前提条件として，科研費指定の博物館となるよう努めるのは重要な課題であるといっても過言ではないだろう。

　文部科学省から学術研究機関として認定されるためには一定の基準が存在し，館全体として研究体制を位置づけ，また経費支出にあたっての不正を防止するために，経理事務の体制を整えることが求められている。学芸員・研究員だけでなく総務職員も含め，博物館全体で調査研究体制を構築していなければならないのである。

（4）共同調査研究の課題

　充実した共同調査研究を実施するためには，資金獲得は不可避の課題である。行論の都合上，本節では共同研究のための組織づくりと資金獲得とを分けて論じたが，実際には両者は不即不離の関係にあることは，以上からも明らかであろう。共同研究には多くの人や資源が動くだけに，組織づくり，資金獲得により活動を担保することが重要であることは再三述べたとおりである。

　だが，先に紹介した浅草氏の論文によれば，2007（平成19）年段階の統計結

果として，科研費指定の博物館は43館，全国の登録相当博物館全体の3.6%にとどまっているという。このことは，現状では全国の博物館において科研費獲得に向けての体制が十分に整備されていない，換言するなら充実した共同調査研究体制の構築が一部の博物館に限られており，博物館全体として大きな課題ということが浮き彫りとなっているのである。

そのほか，共同研究にふさわしいテーマ設定のあり方，研究成果をどのように蓄積していくのか，館同士の費用負担のあり方など検討すべき問題は多い。さらに共同調査研究者間同士での会議を一例としてみても，参加者の取りまとめなど，その事務的負担も軽視できない。いわゆる多種多様な館種や学芸員・研究者のコーディネート能力，調整能力が問われているといえよう。

最初に述べたとおり，共同調査研究は博物館に大きな利点をもたらす魅力的な事業であるが，一方でその実施にあたっての具体的な活動体制をどのように構築するのか，その工夫の余地がかなりの程度で残されているのである。

[髙橋　修]

5　調査研究の成果公表と還元

（1）博物館における成果公表の特質

さまざまな事業活動が社会に開かれた存在である博物館においては，そこでなされた調査研究の成果を広く利用者に公表し，還元することは責務であるといってよいであろう。一口に「利用者への公表」といっても各利用者の興味関心やその度合いは多種多様である。また，博物館は学術研究機関であり，教育機関としての側面をもつことから，公開手段やその機会は複数存在することが望ましい。具体的には公開対象や事業目的に応じて次のような方法が例としてあげられる。

まず，専門的な内容については，学術論文として博物館研究紀要や調査研究報告書というかたちで，また所蔵資料の整理結果については収蔵品目録というかたちで刊行することが一般的である。また，ほかの博物館・外部研究機関の

学芸員・研究者を招いて学術シンポジウムを開催することも多くの博物館で実施されている。また，学芸員・研究員個人が属している学会や研究会などで口頭報告することや学会誌・専門誌において論文類を著述することも主要な公表手段の1つとして数えられよう。

つぎに，専門研究者以外の一般利用者に対して門戸を広げるためには，講演会・講座を開催し，その内容をより一般向けにわかりやすくするよう注意を払う必要がある。ときには子ども向けに，工作などの体験イベント，クイズ大会などのようなかたちで「遊び」や「楽しみ」的要素を主としながらも，「学び」の要素を加えて研究成果を伝えるという工夫も求められるであろう。また，公開の媒体として，以前は紙媒体が中心であったのに対し，近年のIT技術の著しい進展により，電子媒体も主流となりつつある。刊行物のPDFファイル化により，従来以上に利用者は博物館の研究成果を入手しやすくなっている。また，新発見の資料紹介など迅速に調査研究成果を公表する必要がある場合には，博物館ホームページやブログなどで簡便に情報発信を行いうる条件が整えられてきている。電子媒体の進展は公表手段として多くの可能性を秘めているが，一方で，紙媒体をPDF化するにあたっての写真版権・著作権の問題，電子発表媒体そのものの社会的信頼性，電子媒体における保存性の不安定要因など解決すべき課題があることには留意しなければならない。

ともあれ，以上の事例は，大学やほかの研究機関などにおいても運営上の比重の軽重はあるにせよ，一般的に行われていることである。そこで博物館ならではの成果公表手段として「展示」という表現手段に注目することとしたい。展示とは，一般にそれを見る人に強い印象を与え，さまざまな人々に伝えたい情報を短時間で伝達しうる特性を有している。それだけに資料が漫然と並べられるのではなく，必ず学術的な研究成果に基づいた意図・ストーリーのもとに配置されるものである。ナマの実物資料同士を比較素材として並べることで，博物館ならではの新たな論点・知見を提示することも可能である。こうした実物資料の展示のほかにもグラフィック，映像，ジオラマなどの視聴覚媒体がよく併用されるが，これらも学術的調査研究成果に基づいて作成されることは自

明に属するであろう。

　ともすると，学術的な研究成果の公表とは刊行物や学会報告などの手段ととらえられがちであるものの，展示という方法も成果公表手段として意識化する必要があるのである。ただ，そのためには次の2点に留意しなければならない。

　第1に，論文などの著述物や口頭発表の手段は誰が行ったものなのか，その責任の所在は明確であり，担当学芸員・研究員の実績としやすいのに対し，展示の場合は共同作業であることから，責任の明示化が困難という問題をかかえていることである。展示作業の各段階においての担当者をどのように明示するべきかは久留島浩が説くように，今後，検討すべき大きな課題の1つである。

　第2に，展示という発表媒体はある一定の期間のもとに実施されることから，内容再現の困難性という制約を有していることである。原則的に刊行物は，また，口頭発表にあっても音声・映像などの記録媒体に保存をすれば，いつでもその内容・情報に接することが可能である。対する展示の場合，その開催期間が過ぎれば，そっくり同じ内容の展示が再現される機会はほとんどない。したがって，展示成果を記録する方法も検討すべき論点となるのである。現状では展示成果の記録媒体として展示図録・カタログ類の作成・刊行という事業が，展示に付随した公表手段として博物館のなかで大きな意味を有している。くわえて，学芸員などによる展示解説・ギャラリートークの類も展示関連事業として調査研究成果の公表手段のなかに位置づけられよう。

　このような注意点が存在しながらも，展示は博物館にとって主要な公表手段の1つであり，そのあり方を工夫することによって，調査研究機関としての博物館の個性を広く一般に訴える効果が期待されるのである。

　博物館における成果公表の特質とは，それ自体として完結しているのではなく，調査研究や展示といった各種活動と密接に連携し，しかもそれぞれが社会に開かれ，相互に影響を及ぼしあう関係にあることである。そして，調査研究成果を公表することで，一般利用者から学術的情報や資料の所在情報が寄せられ，それがさらに調査研究活動や展示などの各種事業に還元され，らせん状に活動全体の充実化が図られていくことにある。つまり，博物館の活動成果を広

く社会に公開することは，逆に社会から博物館に対し，多大な恩恵がもたらされる契機でもあるという双方向的な関係にあり，そのことを自覚しながら事業活動を展開しなければならないのである。

（2）調査の演出効果と地域社会への還元

以上をふまえ，社会に開かれた博物館であるためには，調査研究による成果をどのように還元していくのかが検討すべき課題である。その具体的事例として伊東孝の提言は注目される。

伊東を中心とする研究グループが広島県の鞆の浦にある古くから伝わる港湾施設を調査した際のことである。これまであまり注目されてこなかった雁木（階段状の港湾設備）について，20人を超える大勢の調査者が1週間近くも滞在し，本格的な調査を実施した。従来にはない規模の調査を実施したことによって，地元の人々に対し，雁木の文化的価値の重要性について大きく喚起することができたという。

一般に歴史的遺産は地域の人々にとっていわば空気のような存在であり，その真の価値について広く認知されていることは多くないという現実がある。それが，学術的にしっかりとした調査研究を行い，その遺産は「価値のある」ものということをうまく伝えられたならば，歴史遺産の保存意識の涵養につながり，地域社会へ大きく調査研究成果を還元したことになる。

そのための有効な手段として伊東は「調査のデモンストレーション効果」を提唱する。地域社会に入り込んで調査研究を行うにあたっては，ある程度，地元に強い印象を与えるような演出効果を考慮することの重要性を説くのである。同じ調査研究という行為であっても，それ自体がすでに地域社会への還元となり得るような工夫を行うことは，社会に開かれた施設である博物館にこそふさわしい調査研究・成果の公表スタイルといえるであろう。今後，こうした調査研究成果の効果的な還元のあり方について，議論の本格化が待たれるのである。

（3）市民との協働体制による成果公表と還元

社会と博物館とが双方向の関係を良好に構築するにあたり，一般市民・団体と協働体制を整えることは今後，ますます重要となるであろう。

当該問題を考えるに際して参考となるのは，西川武臣が紹介する横浜開港資料館（以下，「開港資料館」）の実施したアンケート結果である。開港資料館では郷土史にかかわる市民団体に対し，各団体の活動にあたっての諸問題や資料館に期待することなどに関して質問をしたところ，主に次のような回答が寄せられたという。
　①市民団体にとって活動拠点の確保の困難性。
　②各市民団体によって実施される事業について，それを周知するための広報手段の欠如。
　③市民団体が事業を企画・実施するにあたり，資料館職員による助言・相談体制の整備
　④開港資料館の専門職員による講座講師としての派遣。
　⑤開港資料館が所蔵する資料利用の便宜。
　上記はいずれも全国の市民研究団体が普遍的に直面している課題である。とくに③④は調査研究・教育機関としての博物館に，また，⑤は資料保存機関としての博物館にそれぞれ期待された役割である。これらに対し，博物館側が正面から向き合うことで，市民団体の活動基盤を強化し，ひいては地域文化の底上げに資することになる。別言すれば，以上の諸問題へ取り組むことは，博物館の調査研究などの事業成果を市民団体との協働というかたちで社会に還元していることになるのである。かかる行為が結果的には地域社会において博物館の存在が不可欠であるとの認識を醸成することへと結実する。社会と博物館との双方向的関係をもつことの重要性が了解されよう。
　なお，横浜市では開港資料館を中心にこれら市民団体が連携をするために「横浜郷土史団体連絡協議会」というネットワークを組織し，市民団体の協働を図り，双方の良好な関係づくりに向けて地道な努力が続けられている。こうした活動も市民との協働体制のあり方について参考となる事例である。
　ところで，博物館と市民との協働にあたっては，団体を介した関係を構築するほかに，博物館の活動に関心を有する個人と直接に協働する方途も視野に含める必要がある。布谷知夫は滋賀県立琵琶湖博物館における市民参加型の多様

な調査研究の実例について紹介している。そこでは調査組織の有無という視点から，①組織をもたない調査，②ゆったりとした組織をつくっての調査，③組織をつくって行う調査の３類型に分類がなされている。参加のしやすさ，参加者の数の多さという側面では①がすぐれ，逆に参加意識や継続性，参加者同士での高度な議論展開という側面では③がすぐれる傾向にあると整理がなされている。そして，いずれの調査方法にあっても，その成果は展示や調査報告書の刊行などの手段により広く公表されたとのことである。

博物館利用者の興味関心のありようは多種多様であることから，それに応じた複数の参加型調査研究の仕組みづくりの重要性が提起されているのである。いずれの手段にあっても，市民と協働することで独自の調査研究成果が得られ，また，館活動への参加意識が育まれることによって，館への理解が深まるという構造にある。先述した，調査研究活動・成果の公表・展示・資料収集などの諸活動がいずれも緊密に結びつきあっていること，社会に対して活動成果を還元することがそれぞれの活動のさらなる充実化を促進させることという博物館の特質と対応しているのである。以上から，市民との協働体制の築き方は，博物館の発展を左右する重要な要因といえよう。

なお，市民との協働による成果の公表の具体例として，市民による自主コレクション展，伝統技術・芸能の実演会の開催，博物館紀要などへの市民による投稿などが想定される。いずれも具体的に実施するにあたっては，館の方針とあうように参加者市民と十分な調整を図ることが必要であり，ここでもコーディネート能力が強く問われるのである。

今後も社会に開かれた存在であることを自覚することで，個性あふれる独自な調査研究成果の公表手段や還元の方法がそれぞれの博物館において模索・実行されていくであろう。

[髙橋　修]

注
1) 財団法人日本博物館協会編『博物館の望ましい姿シリーズ２　資料取り扱いの手引き』財団法人日本博物館協会，2004年。

大阪市立自然史博物館編著『大阪市立自然史博物館叢書―②　標本の作り方』東海大学出版会，2007年．
国立科学博物館編『国立科学博物館叢書―③　標本学　自然史標本の収集と管理』東海大学出版会，2003年．
2)　浜口哲一「インベントリー調査の意義と平塚市における現状」『神奈川大学理学誌』20巻2号，2009年，pp. 323-326.
3)　財団法人日本博物館協会編『日本の博物館の現状と課題　（博物館白書平成17年度版）』財団法人日本博物館協会，2005年．
4)　大阪市立自然史博物館編著『大阪市立自然史博物館叢書―①　大和川の自然』東海大学出版会，2007年，p. 132 附図1．
5)　資料・コレクションの有無によって博物館であるか否かは見解が分かれるところである．北米の博物館では，実物資料のない科学館・サイエンスセンター・プラネタリウムなども博物館の範疇に入れているが，ヨーロッパ諸国では（たとえば，イギリス，フランス，オランダなどは）コレクションのない博物館を博物館とは呼んでいない．
6)　L.ブノワ（1971)，水嶋英治訳『博物館学への招待』白水社，2002年，p. 54.
7)　モニュメントとは，ラテン語のmonumenta（monumentumの複数形）で「想起させる，思い出させる」ことを意味する動詞moneoから派生している．帝政初期に著された古辞書では「monumentumは，何であれ誰かある人の記憶のために造られた神殿，柱廊，文章や詩句のごときものである」とされている．島田誠「ローマ帝政初期における過去の記憶の形成と記憶の断罪について」『研究年報　第55輯2008』学習院大学文学部，2009年，p. 45.

引用・参考文献

伊藤寿朗『市民のなかの博物館』吉川弘文館，1993年，p. 24
国立歴史民俗博物館『歴博のめざすもの』2007年，pp. 9-18
中山誠二・沓名貴彦・近藤暁子「善光寺阿弥陀三尊像の脇侍像にみる像内納入鏡」『山梨県立博物館研究紀要』第1集，2007年，pp. 1-12
『滋賀県立安土城考古博物館　平成21年度年報』2011年
『平成21年度　大阪府立弥生文化博物館要覧』2011年
『市立市川考古博物館館報』第37号，2010年
石田戢『日本の動物園』東京大学出版会，2010年
村田浩一「動物園と研究活動―原点としての教育と研究―」『畜産の研究』第60巻第1号，2006年，pp. 38-44
内田至「水族館」古河忠道・徳川宗敬・樋口清之監修『博物館学講座　第5集　調査・研究と資料の収集』雄山閣，1978年，pp. 184-206
内田詮三「野生動物の調査：ザトウクジラ」村山司・祖一誠・内田詮三編『海獣水族館―飼育と展示の生物学』東海大学出版会，2010年，pp. 230-247
幸島司郎「動物園・水族館とフィールド研究者の連携―多様性研究の視点から」『科学』Vol. 80, No. 10, 2010年，pp. 1010-1014

猿渡敏郎・西源二郎編『研究する水族館―水槽展示だけではない知的な世界』東海大学出版会，2009年

鈴木克美・西源二郎『新版水族館学―水族館の発展に期待をこめて』（東海大学自然科学叢書4）東海大学出版会，2010年

中原史生「イルカ・クジラ学とは何か」村山司・中原史生・森恭一編『イルカ・クジラ学―イルカとクジラの謎に挑む』東海大学出版会，2002年，pp. 1-7

西源二郎「Ⅲ　館種別博物館の調査研究　水族館」加藤有次・鷹野光行・西源二郎・山田英徳・米田耕司編『博物館調査研究法』（新版博物館学講座6）雄山閣，2001年，pp. 130-145

網干善教『博物館学概説』関西大学出版部，1998年

岩附邦雄『日本の植物園』東京大学出版会，2004年

石田源次郎・岩科司・小西達夫・倉重祐二・皆川順子・遊川知久編『日本の植物園における生物多様性保全』　日本植物園協会，国立科学博物館筑波実験植物園，植物園自然保護国際機構，2007年

大橋広好訳『国際植物命名規約（東京規約）』津村研究所，1997年

古賀忠道・徳川宗政・樋口清之編集『博物館学講座　第1巻』雄山閣，1976年

同上『博物館学講座　第7巻』雄山閣，1976年

同上『博物館学講座　第5巻』雄山閣，1978年

加藤有次『博物館学総論』雄山閣，1992年

小山博滋『植物標本の作り方』国立科学博物館後援会，2000年

柴田敏隆・太田正道・日浦勇編『自然史博物館の取集活動』日本博物館協会，1973年

国立科学博物館編『標本学　自然史標本の収集と管理』東海大出版会，2003年

全国大学博物館講座協議会西日本部会編『新しい博物館学』芙蓉書房出版，2010年

ピーター. S. ワイズジャクソン・ルーシー. A. サザランド共著『植物園の保全活動に対する国際アジェンダ』植物自然保護億歳機構，2004年

浅草澄雄「「博物館冬の時代」を乗り切る―博物館と科学研究費補助金―」『博物館研究』Vol.43, No.5, 2008年，pp. 18-22

久留島浩「これからの歴史系博物館について」地方史研究協議会編『21世紀の文化行政』名著出版，2001年，pp. 33-63

平川南「今，なぜ博物館か」『博物館研究』Vol. 42, No. 7, 2007年，pp. 2-3

伊東孝『日本の近代化遺産』岩波書店，2000年，pp. 142-144

西川武臣「指定管理者制度の導入と横浜開港資料館」『博物館の仕事』岩田書院，2007年，pp. 137-153

布谷知夫『博物館の理念と運営―利用者主体の博物館学』雄山閣，2005年，pp. 93-111

第 4 章　博物館資料の活用

　1951 年に制定されたわが国の博物館法によれば「博物館資料」とは，「歴史，芸術，民俗，産業，自然科学等に関する資料」であり，具体的には「実物，標本，模写，模型，文献，図表，写真，フィルム，レコード等」があげられている。一方，国際連合教育科学文化機構（UNESCO）では，1960 年に「文化評価を有する一群の物品ならびに標本」，また，国際博物館会議（ICOM）では，1974 年には「人間とその環境についての物的証拠」，1989 年には「人間とその環境に関する物質資料」，そして 2004 年には「人々とその環境の有形および無形の証拠」と定義している。こうした定義をふまえたうえで，「博物館資料」のとらえ方，分類には，大まかに以下のようなものがある。

　①一次資料（直接資料・実物）と二次資料（間接資料・記録）に分類するもの（加藤 1977・1996 など）。

　②「モノ」と「情報」に分類し，前者を一次資料：実物（資料・標本・作品）と二次資料：製作物（複製品・模型・写真など）に細分し，後者を報告書・研究書・学術図書・伝承などに分類するもの（倉田・矢島 1997 など）。

　③「もの」（器物）と「こと」（現象・情報）に分類し，前者を実物：資料・標本・作品と複製（製作物）：模造・模型・模写・複写に細分し，後者を文献・録音・画像・装置に分類する。そのうえで「もの」の実物のみを直接資料，「もの」の複製（製作物）と「こと」を間接資料とするもの（佐々木 2005 など）。

　このように年を追うごとに「博物館資料」という概念・内容の拡大化が図られていることがわかる。それは博物館を取り巻く環境が年々変化し，博物館資料の活用自体が多様化したことを反映しているのであろう。しかし，いずれも第一義的に博物館資料に位置づけられているのが「実物」であることに変わりはない。そこで本章では，博物館資料の根幹をなす，この「実物」を「モノ」

ととらえ，これを中心に論を進めることとしたい。ただし，それらは学芸員によって学術的・芸術的価値が見いだされ，展示や教育に活用されるものでなければならないことはいうまでもない。

　モノはその地に根ざし，そこに暮らす人々のさまざまな記憶を蓄えて存在している。それゆえ，モノを見ることによって，その地域とそこに根づいた歴史と文化が理解できる。だからこそ，モノを後世に遺す必要があるのである。モノは人を介して伝えられていく。しかし，そのためにはその価値を多くの人々に知ってもらわなければならない。市民にその価値が認識されないのであれば，それは決して後世へ伝わることはない。その価値の認識と継承こそが成熟社会には必要不可欠となる。市民にとって，その価値を認識する場，それが博物館である。学芸員はその場をつくる創造者であり，新たな資料の価値を見いだす創出者でもある。それゆえ，学芸員はそのモノの価値を来館者に知らしめる使命を負っているのである。

　博物館の価値が何よりモノの存在によって保証されていることは，世界の著名な博物館の例をみても明らかである。しかし，モノを学術的・芸術的に理解し，適切に保管し，効果的に展示する専門職がいなければ，そのモノは死蔵されているも同然である。博物館にはモノを生かすための専門家，すなわち学芸員が必要である。また，モノを収集・保管し展示するためには，これに見合う建物と土地が不可欠で，ここを拠点に学芸員が市民に対し，モノを基軸としたさまざまな文化的活動を提供できるのである（史学委員会2011）。

　こうした博物館資料は，大まかに「展示」「教育」「情報」の分野での活用が考えられる。しかし，博物館そのものが社会教育施設であり，市民の生涯学習の支援施設であることを思えば，その根幹をなすモノの活用には自ずと全体的に教育的要素が入り込んでくるのは当然のことである。したがって，それぞれのモノの活用に関しては「教育」がキーワードとなり，それぞれの分野が有機的なつながりをもちながら展開していることを認識しておく必要があろう。

　なお，筆者の専門分野の関係から本章では歴史・文化遺産を中心的材料とし，その内容の記述を行う。

1　展示活用

　博物館でのモノの公開，すなわち「展示」は，博物館におけるきわめて重要な教育活動である。学芸員はモノのもつ魅力，そして，それらがもつ歴史的・文化的背景をわかりやすく来館者に伝える。来館者はそこから多くを学び，豊かな感性を育む。それが結果として成熟社会に生きる人々の生涯学習支援へとつながっていくのである。逆に，来館者にとって展示によってもたらされるモノの価値と豊かな心の獲得は，精神的豊かさや生活の質の向上を重視する平和で自由な成熟社会を根底で支える哲学を創造するための重要な営みともいえる。成熟社会における人々の多様な営みに対し，博物館の果たす役割はきわめて重要である。

　モノを単に並べるだけでは展示とはいえない。そこにはある一定の理念に基づく「物語」の存在が欠かせない。この物語を書くのはもちろん学芸員である。そして，学芸員はその物語を舞台芸術へと仕上げるのである。学芸員はまさにこの舞台監督ともいえる存在である。役者たちの個性を見いだし，意のままに舞台を演出する舞台監督と同様，学芸員は個性に富んだモノたちを書き下ろしたシナリオにうまく当てはめ，展示を魅力的に演出するのである。すべては来館者のために。このように展示にはすぐれたストーリー性とともにそれを構成するにふさわしいモノが必要なのである。

　また，舞台演出はその舞台装置とも深い関係をもっている。この舞台をどのように美しく飾り，どのように整えるのか。それは博物館において，モノをどのような展示ケースに，どのような展示台・演示具を用い，どのような高さ・角度で展示するのかといった問題と同等のものである。とくに，モノが展示される高さは重要である。学芸員は来館者の目の位置，高さを意識した展示を心がけるべきである。それはモノをどの角度から見るかによって，その印象がまったく変わってしまう可能性があるからである。

（1）平常展（常設展）における活用

　博物館の展示は，一般的に平常展（常設展）と特別展（企画展・巡回展等を含

む）に分けられる。まず，平常展におけるモノの活用からみていこう。

　どのような平常展が展開できるかは，その博物館が収蔵するモノの内容・質によって決まってくる。逆に収蔵資料は，その博物館の性格を決めるとともに，その博物館の顔ともなる。こうしたモノは，いわゆる一次資料と呼ばれるもので，展示の根幹をなすものである。しかし，展示は一次資料だけではなかなか魅力あるものにはならない。たとえば，いくら石器を展示しても，その用途や制作工程を端的に来館者に伝えるには，二次資料と呼ばれる映像や CG 画像，VR 画像さらには制作工程を示す実験資料などの活用が望まれる。ものによっては模型，図表，写真などが来館者の学びのよき補助役となるだろう。一次資料という主役は，二次資料という脇役によって引き立てられ，人々の注目を浴びるのである。来館者のこの実物・本物へのまなざしがきわめて重要である。しかし，脇役とて博物館資料として重要な役割を演じ，来館者のために展示自体をわかりやすく魅力的なものに仕上げているのである。この点も注意しておく必要があろう。

（2）特別展（企画展・巡回展などを含む）における活用

　平常展とは異なり，特別展における展示のテーマ設定はかなり自由である。自分の博物館の収蔵品を核に展開する場合もあれば，それにこだわらず，その時々で話題性のあるものをテーマにした展示が可能となる。しかし，そのテーマ設定には，「なぜ」「今」このテーマを選択するのかといった明確な意図が必要であると同時に，そこにはモノの質にこだわった，わかりやすい展示が求められる。国内外から集められた質の高いモノは，来館者に新たな知と美と心の充足感をもたらしてくれるはずである。来館者に実物・本

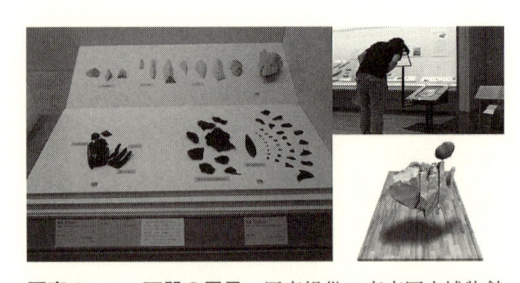

写真 2.4.1　石器の展示　写真提供：東京国立博物館
左：東京国立博物館特集陳列「石に魅せられた先史時代の人びと」の石器の展示風景，右上：石器の製作工程を示す 3D 映像機器，右下：石器の製作工程を示す 3D 映像（東京国立博物館『石に魅せられた先史時代の人びと』2011 年より）

物との多くの出会いの機会をつくるのも学芸員の大きな役割の1つである。

　ところで，日本では特別展に関しては，大手新聞社やテレビ局が共催者となり，開催館とともに企画・立案・運営を行うことが多い。この場合，共催者により展覧会予算が確保され，よりすぐれたモノの展示が可能となっている。そして，巧みな広報戦略も手伝って，その作品群は来館者のみならず図録・テレビ・ラジオ・雑誌・インターネットなどを通じ，多くの人々に知られ，そのモノは館外でも人々を知と美の世界に誘う役割も果たしているのである。

（3）展示活用とリスク

　モノの展示活用には，光，照明の効果を知る必要がある。女優が照明を浴びると，さらにきれいに映えるように，ダイヤモンドも光によってその表情を変える。たとえば，アンティックジュエリーのダイヤモンドアクセサリーを通常の展示ケースの照明だけで展示した場合，その存在はまるで薄汚れたガラス玉の集合体にしか見えなかったことがある。しかし，これにスポットライトを当ててみると，それはまるで生命が吹き込まれたように瞬く間に，いきいきと光り輝いたことを鮮明に覚えている。それは奈良・興福寺の鎮壇具の1つでもあるガラス玉も同様である。乳白色のガラス板の上にこれらを乗せ，板の下からライトを当てた展示手法によって，このガラス玉は宝石のような輝きを放ったのである。このように光を当てることによってそのもの自体を浮き立たせ，来館者に強い印象を与えることができるのである。すなわち，展示における光，照明は，そのモノが本来もっている情報を引き出すとともにその美を演出するという重要な役割を果たしているのである。

　東京都現代美術館では，作品の本来の姿を生み出した作家のアトリエの光環境に近づける照明をめざしているという。自然光をどのように室内に取り入れるのかという取り組みは世界の博物館でも盛んに模索されている。これは博物館における展示照明がいかに大切であるかということを端的にあらわしている。これまで博物館照明は，自然光にはじまり，白熱電球・蛍光ランプ・ハロゲンランプ・光ファイバー照明・LED（発光ダイオード）とめまぐるしい技術革新のなかで変わり続けてきた。また，文化財保存の観点から照度を制限し，さら

に，人工光線から有害な紫外線や赤外線を制御する技術も進化し，博物館における展示照明分野は多様化・複雑化がますます進んでいる（木下 2008）。

しかしその一方で，ときにこの光が資料に大きなダメージを与えてしまうという問題があることも確かである。光によって資料は退色もすれば，変色・劣化もする。モノの保存と公開，この相反する活動のバランスが重要である。保存のみを考えるのであれば公開せずに（光に当てずに），収蔵庫に保管しておけばよい。しかしそれでは，どうしてモノを保存する必要があるのかといった必然性が市民には理解されない。また，それがいくら貴重なものであると主張したところでその実体を視覚に訴えないかぎり，その価値は市民には通じない。その価値が認識されないのであれば，市民はその保存のために莫大な税金を投入することを許さないだろう。そして結果として，それは後世へ伝わることはなくなる。繰り返すが，この価値の継承こそが重要なのである。市民にそのモノがどんなものであるのかを公開してこそ，市民の心に文化遺産を守る心が芽生えるのである。学芸員はこの心をうまく育てていかなくてはならない。

（4）価値の発見と伝達

学芸員はそのモノの価値を広く一般に知らしめる物質文化の翻訳者であるともいえる。しかし，そのために学芸員は，モノの詳細な観察とさまざまな調査研究を行い，それがもつ学術的情報を収集・分析する必要がある。また，その芸術性を感受する感性を磨くことも忘れてはならない。学芸員にはこうした能力も求められるのである。

モノの価値を人々に伝える方法はいくつかある。展示の場合は，「解説」がそれにあたる。このほか，ギャラリートークや講演会でのレクチャー，博物館のさまざまな出版物，研究論文などもあげられよう。こうしたなかで，端的に来館者にその価値を伝えるには，学芸員が直接，ギャラリートークなどの機会を利用するのがよい。しかし，そこに参加できる人の数や時間の制約からそれは限られたものにならざるを得ない。そこで重要となるのが，展示資料の脇に置かれる「情報」である。この情報は「題箋」と「作品解説」とに分かれる。前者には名称・時代・作者・出土地・地域・材質・所蔵者といった基本情報が

盛り込まれる。この基本情報においても時代の決定，作者の認定などには学芸員の深い見識が必要となる。一方，後者には学術情報・芸術性などを通し，歴史的・文化的価値が記載されることが望まれる。そして，それは学術用語の羅列ではなく，来館者にとってわかりやすい解説でなければならない。これこそ学芸員の力量が問われるころである。

　ところで，博物館では児童・生徒・学生たちが展示資料を見るよりは必死になって，そのモノの題箋や解説を熱心にノートに写し取る光景をよくみかける。そのモノをよく知るための学習行為の1つであろうが，これは本末転倒である。モノの基本情報のみであれば，それらはその場所を離れたところでも入手できる。博物館に来る目的は，まさに本物・実物と対面することにある。こうした点を学校関係者に認識してもらう努力も学芸員は決して惜しんではならない。解説を読むことでだけでそのモノがわかったと誤解してしまわないように，ゆっくりモノの前に立ち止まり，モノとの対話を楽しんでほしい。このことはモノの展示活用できわめて重要なポイントである。

　またもう1つ，この解説を補完するものとして注目しなければならないのが音声ガイドの存在である。眼でモノを追い，耳で解説を聞く。音声ガイドには来館者がモノのさまざまな情報を確認しながらその鑑賞に集中できるという利点がある。このほか，近年，急速に技術革新が進む携帯端末を用いた解説システムが数多く開発され，世界中の多くの博物館で利用されているが，これに関しては本章第3節で述べることにしよう。

2　教育的活用

(1) 生涯学習の支援

　かつて欧米の博物館がそうであったように，わが国の博物館にも強い啓蒙主義が横たわっていた。学芸員がモノに対し，専門的知識を振りかざし来館者に教示・啓蒙するいわば一方通行的学習システムが流行していた時代である。そして，この啓蒙主義によって博物館は堅苦しい知の教室になってしまったとこ

ろもある。しかし，いまやこうした考え方は客体的となり，代わりに博物館には「リテラシー（Literacy）」という言葉が盛んに用いられるようになってきている。博物館を批判的に読み解き，いかに活用するか。この考えは菅井薫によれば，1984年アメリカの博物館教育の研究者であるキャロル・スタップによって掲げられた概念であるという。「基本的な『ミュージアム・リテラシー』とは，資料（モノ）を解釈する能力を意味し，十分な『ミュージアム・リテラシー』とは，博物館の所蔵資料やサービスを，目的を持って自主的に利用する能力を意味する」というものである。また，博物館は「展示や出版物，プログラム活動から図書館，研究コレクションや職員の専門家としての知識まで，目的を持って自主的に博物館の全ての資源を利用することができるようにすべきである」とも述べている（Stapp1984・菅井2009）。こうした考えの背景には，市民のモノに対する知的欲求・探究心の高まりとともにそれを鑑賞することにより得られる心の充足感の獲得，それこそがいまの自分たちの生活文化を育む原動力になることへの気づき，そして，市民社会における博物館の役割の多様化などがある。市民とともに成長する博物館。これは博物館の社会化をも意味する。しかし，そのためにはこうした市民活動を可能にする健全で安定した社会が必要である。

　博物館資料の教育的活用において大切なことは，モノを媒介とした市民の生涯学習をいかに支援できるかという点にある。学び手の主体性を尊重し，自発的思考を促す。そのための積極的な支援がいま博物館に求められている。博物館におけるさまざまな経験（体験）は，人々のモノの見方，感じ方を大きく左右する。また，そこで獲得したモノの見方を他者に向け，「自分」と「他者」を確認し，比較することでそこには新たな地平が拓けていく。それは新たなモノの見方の獲得といってもよいだろう。モノを見るとは，単にその歴史的・文化的背景を知り，美的価値観を他者と共有することだけでは決してないはずである。もちろんそのこと自体はきわめて重要である。しかし，学芸員はその先にある他者を認め，尊重することを学ぶとともに自国の歴史文化の多様性を改めて学び，文化を育む心の重要性を確認する必要がある。そのための自発的な

学びを支援することが重要なのである。こうした点を確認したうえで，博物館資料の存在意義を市民に伝える必要があろう。

モノのもつ魅力，そしてそれらがもつ歴史的・文化的背景をいかにわかりやすく来館者に伝えるか，それこそが成熟社会に生きる人々の生涯学習を支えることにつながっているのである。

（2）伝統と文化

モノに内存する歴史的・文化的背景の抽出とその活用については，とくに，学校教育との連携強化が求められる。それは次世代を担う子どもたちにこそ大いにモノを活用してもらい，自分たちの生活を充実したものにしてもらいたいからでもある。また近年，教育行政にもこうした点を重視する動きが見られるようになってきている。教育基本法の改訂にともない，2008（平成20）年3月には学習指導要領も改訂され，そこには伝統と文化を尊重し，これらを育んできたわが国と郷土を愛するとともに，他国を尊重し，国際社会の平和と発展に寄与すべきことが盛り込まれた。そして伝統と文化に関しては，その理解と次世代への継承がいかに大切であるかがうたわれたのである。博物館はこうした学校教育の動きとも連動し，伝統文化の理解促進につながる活動ならびに人材育成の基盤強化にも努めなければならない。

私たちを取り巻く社会は，これまでとはちがい，急速にその姿を変えつつある。世界的規模で広がる不況の波，それに追い打ちをかけた東日本大震災は計り知れない資料の喪失を生み，とくに，被災地では営々と築かれてきた伝統・文化さえも失わせつつある。しかし，こうした状況であればこそ，地域ならびにそこに長年住んできた人々のアイデンティティの凝縮された文化遺産が重要な意味をもってくる。復興に向け立ち上がった人々には経済的支援とともに精神的支柱が必要とされる。博物館に残されたモノの1つひとつが人々の精神的支柱になるはずである。こうした社会状況において博物館の果たす役割はますます大きなものになっていくだろう。モノを媒介に人間を，そして社会を見つめ，未来を切り拓く力を養う。博物館資料の教育的活用の意義がここにある。

世界のグローバル化にともない希薄となる自国のアイデンティティ。伝統文

化の理解と継承は，その地に根づいた個性的な文化の見直しに通じ，そのアイデンティティの模索と獲得は，自分たちの立ち位置を固めるとともに，他者への新たなまなざしを生み出す。そして，それは他者と自分という相異なる互いの文化の理解と価値観の共有をもたらし，そこには結果として，多様性に富む豊かな文化が熟成される基盤が築かれるものと考えている。その「介護者」ともいうべき存在が，博物館ではないか。こうした観点から伝統美術・伝統文化への理解を深め，さまざまな人たちにそれを伝えていくために，博物館はどのような役割を果たすべきなのか。学芸員は真剣に考えなければならない。

(3) 教育的活用の事例

こうした考えを根底に，各博物館ではさまざまな博物館資料の教育的活用のプログラムを用意し活動を行っている。たとえば，東京国立博物館では以下のような目標を掲げ，先導的事業のモデル化およびその実践を念頭に博物館資料の教育的活用を図ってきている。

①学校，社会教育関係団体，国内外の博物館と連携協力しながら，博物館資料に関する情報について正しく後世に伝えるとともに，その理解を深めるようなプログラムおよび講演会，講座，ギャラリートークなどを実施，生涯学習の推進（学習機会の提供）ならびに人材の育成に寄与するプログラムを行う。

②ボランティアを募り，適宜研修を実施し，来館者サービスの向上につながるボランティア活動の支援を行う。

③収蔵品を媒介とした各専門分野の研究者との共同研究に基づき，それぞれの作品の「翻訳者」として，来館者と作品の距離を近づけ，幅広い来館者に博物館資料をよりよく理解してもらうような教育普及プログラムを展開する。

とくに，①に関しては，学校との連携事業の推進を柱に，スクールプログラム（鑑賞支援・体験型プログラム）の実施，鑑賞教育に向けての学校の博物館利用推進プログラムの開発，鑑賞教育のための教師向け副読本を活用した事業の展開，博物館におけるこども向け体験型学習の実験モデルのメニュー策定とパッケージ化，遠隔地校を対象とした博物館利用推進プログラムの開発，東京藝術大学との連携事業の実施，大学・研究機関・企業などと連携した博物館情報

に関する共同研究やソフトウェアの開発といったさまざまな取り組みを積極的に展開してきている。また，公私立博物館が開催する展覧会および運営などの援助・助言を行うとともに公私立博物館等が実施するさまざまな博物館資料に関する研修会への協力・支援も行っている。こうした活動のいくつかは現在整理統合され実施していないものもあるが，そ

写真 2.4.2　仏像の制作工程　写真提供：東京国立博物館

れに代わり盲学校を対象に視覚障がい者のためのプログラムを展開し，博物館のバリアフリー化にも努めている。

　ここでは簡単に東京藝術大学との連携事業について紹介しておこう。この活動は，さまざまな仏像や仏画などの制作工程を大学院の学生が指導教官とともにボランティアとなってその制作にあたる。そのうえで，出来上がった「作品」に対して自らが来館者に対しギャラリートークを行うものである。この制作にあたって，学生たちは博物館資料の実物・本物と真剣に向かい合い，その造形と古典的技法を学び，そこに潜む美の根源をも見いだすのである。この点，芸術を学ぶ学生にとって大きな教育的効果を上げている。これを今度は彼らが彼ら自身の言葉でその想いを来館者に伝えるのである。もちろん，そこには本物に宿る資料的価値を提供する学芸員の存在があることも重要である。来館者はその解説を聞き，新たな視線で本物と対峙する。今まで見えなかったものがそこには見えてくる。それはまさに見ることの発見である。

　②に関しては，市民の力を借り，モノの価値を市民が来館者に伝える。市民同士が同じ土俵で，同じ価値観を共有する。ミュージアム・リテラシーとしても健全なあり方であろう。ボランティアの力を借りながら，平成 22 年度は「日本の模様をデザインしよう」「北斎の富士を作ろう！」「東博ウサギめぐり＆掛軸ふうカレンダー」といったハンズオン・体験型プログラムを実施し，海

外からの来館者を含め，およそ 10 万人の来館者に楽しみながら文化を学ぶ体験を味わってもらった。こうしたワークショップでは，「楽しみながら」というのがキーワードとなろう。さらに，この娯楽性と創造性を加味したワークショップとして人気があるのが「アートスタジオ」である。このプログラムは，根付（ねつけ）と江戸時代のファッションを組み合わせたワークショップである。まず，はじめに参加者には展示された根付を観察してもらう。次に，解説者によって浮世絵などの作品に描かれた当時の人々のファッションが紹介される。そして，根付の本来の使用法を作品のなかから学ぶ。こうした体験を経て，自らデザインした根付を加熱すると硬化する粘土で制作するというものである。このプログラムはハンズオンを加味したワークショップであるが，これは最終的に来館者をモノに近づけるための試みなのである。

③に関しては，教育普及的手法を用いた特集展示として「日本美術のつくり方」「博物館の音楽会」など平常展示に関連し，子どもだけではなく，大人や家族を対象としたワークショップならびにハンズオンアクティビティを展開。こうした活動はより幅広い層への関連展示の鑑賞を深め，伝統文化の理解促進に寄与し，伝統文化への興味関心をより高めるものとなっている。

以上のように，博物館資料の教育的活用はモノを媒介とした市民の生涯学習をいかに支援できるかという点に収斂されるといえるだろう。

3　情報的活用

（1）博物館資料のデジタル・アーカイブス化

学芸員は地道な調査研究を基礎に資料（モノ）からさまざまな情報を引き出す。そして，この情報を整理・分析し，その成果をさまざまな博物館活動に反映させるのである。

これまでの博物館における資料（モノ）の情報的活用は，主に資料の整理やデータベース化，ならびにホームページによる広報活動に向けられていた。しかし，今日では多くの博物館で資料のデジタル・アーカイブス化による情報的

活用が盛んに行われている。その範囲は資料のデータベース化による資料管理やデジタル・アーカイブス化による資料検索，展示ならびに貸与履歴の確認，画像の提供など，博物館実務の大半に及んでいる。こうした動きのなかで，とくに，体験型の学習資源コンテンツや図鑑型データベースの提供といった自発的学びの支援としての活用が注目されている。国立科学博物館が積極的に提供するサイエンスミュージアムネット（S-net）などはその好例である。その具体的な内容は，①Web 情報検索：全国の科学系博物館のホームページ内の全ての情報の検索，②自然史標本情報検索：全国の自然史系博物館が所有する，生物多様性に関する標本情報の検索，③研究員・学芸員検索：全国の博物館等に所属する，研究員や学芸員の検索を可能とするものであり，地球規模生物多様性機構（GBIF Portal）のサイトにもリンクし，世界の生物多様性に関する自然史標本情報を検索することもできるように工夫されている。

　ところで，こうした博物館資料のデジタル・アーカイブス化は，先にも述べたように，新たな展示解説ツールを生み，世界の博物館でさまざまな活用が試みられている。

　博物館資料のデジタル・アーカイブス化は多様化した来館者に対し，また，さまざまな年齢層に応じた解説の提供ならびに多言語化対応をも可能なものにしてきている。それは多くの博物館で採用されている情報 KIOSK 端末と呼ばれるタッチパネル式のもの，音声ガイドに文字情報や画像を組み込んだ PDA（Personal Digital Assistant：携帯情報端末），携帯型のゲーム機や音楽プレイヤーなどの各種携帯端末に端的にあらわれている。また，圧倒的な普及率を誇る携帯電話を利用した解説システムや無線 LAN と GPS 機能を融合させた解説システムも開発され，実際に活用されているところもある（近藤 2010）。東京国立博物館で実証実験が行われたスマートフォン端末を利用した位置連動型ガイドシステム「とーはくナビ」などもその一例である。これは利用者が興味関心と観覧予定時間に応じて，日本美術入門や法隆寺宝物館鑑賞など 6 つのコースから選択し，無線 LAN を利用した位置連動機能をそなえたガイドにしたがって観覧できるというものである。こうした機器は自発的学びを支援するツール

としても有効なものといえよう。

（2）VRとMR技術

さらに，博物館における資料（モノ）の情報的活用の一例として，東京国立博物館と凸版印刷株式会社と共同で展開する「TNM&TOPPANミュージアムシアター」をあげることができる。これは文化財の新たな公開手法の研究開発を目的に東京国立博物館の収蔵品を主軸に最新鋭のバーチャルリアリティ（VR）技術と高精細な4K映像（フルハイビジョンの4倍以上の解像度）ナビゲータが文化遺産の世界をより身近にわかりやすく解説するものである。そこはまさに，文化遺産の新しい鑑賞体験を提供する場となっている。これまでに，聖徳太子絵伝，法隆寺献納宝物金銅灌頂幡，洛中洛外図，土偶をはじめマヤ文明のコパン遺跡や北京の紫禁城などをテーマとしたコンテンツが上映され，来館者から好評を得ている。このプログラムの特徴は，モノの形状・色彩・高精細画像のデータと学芸員によって抽出されたそのモノに内存するデータを組み合わせた三次元データを二次元世界に投影し，これをナビゲータという人間が直接来場者に解説することで最終的には来場者を実物資料のある展示場に誘導し，実物との対面を実現させる点にある。これは，いわばデジタル世界とアナログ世界の共演が生んだ，新たな博物館資料の情報的活用といえるだろう。

写真 2.4.3 土偶コンテンツ「DOGU 縄文人が込めたメッセージ」上映イメージ　監修：東京国立博物館，制作・写真提供：凸版印刷株式会社

一方，こうした仮想現実感（VR；Virtual Reality：バーチャルリアリティ）に対して，実在の現実世界をもとにして，電子的な仮想データでこれを補う体験をさせる複合現実感（MR；Mixed Reality：ミクストリアリティ）と呼ばれる技術は，たとえば，博物館に展示された土偶の出土した遺跡や埴輪が樹立した古墳の景観，古代都市の復元あるいは動植物が生息する自然景観，さらには骨格標本に生体復元CGを組み込み，生きた動きをする動物たちを私たちの目の前に映し

出すことを可能にした（近藤 2010）。こうした技術は，本来そのモノがもった根源的な情報を甦らせる可能性をもっている。モノは博物館に入ることにより遺跡や生息地から遊離されてしまった。しかし，遺物と遺跡，動植物と生息地は本来一体化したものであり，その一体化のなかからさまざま情報が得られるはずである。こうした技術のさらなる可能性に期待したい。

（3）博物館のアクセシビリティ

　現在，多くの博物館がホームページを設け，各種展覧会やイベントなどの情報ならびに収蔵品に関するデータや見どころといった情報も提供し，より多くの人々に博物館に足を運んでもらうような仕組みを考えている。いまや「博物館情報へのアクセス性」（利用の容易さ）が1つの達成目標となって，公開が進むようになってきている（高安 2010）。しかし，その一方で，鎌田裕一郎が述べるように，展示できない収蔵品，知的蓄積，研究成果，博物館には膨大な資産があるにもかかわらず，さまざまな制約からそれらを博物館活動に十分に生かすことができていない部分があることも確かである。こうした点も考慮し，博物館が資料のデータベース化を図り，収蔵品情報を積極的にインターネット発信すれば，さまざまな角度から博物館の存在意味や価値を広く知らしめることができるはずである。そして，鎌田は「ICT（Information and Communication Technology：情報通信技術，筆者補記）の活用で博物館を世界の大学や研究機関や図書館とスムーズに結びつけることが可能だ。こうしたネットワークは，館での研究に役立つのはもちろんだが，来館者の関心の度合いに応じた情報提供にも役立てることができる」とその有効性を語る一方で，「ICT が開くインターネットの世界では，膨大な知の海であると同時に悪質な情報や落とし穴のある荒ら海でもあり，提供される知識・情報が精査された場ではない。こうした中から，適切な情報を選び出し，また間違った場所に利用者を導かないような配慮が必要である。さらに著作権，肖像権などの保護の知識も身につける必要がある。『発信してしまったものは，取り戻すことができない』この事を常に意識する必要がある」と警鐘を鳴らす（鎌田 2010）。学芸員は博物館資料の情報的活用を行う場合，こうした点を十分に留意しなければならないだろう。

ところで，これまで見てきたようなインターネットを基盤とした資料の情報的活用とは別に重要な活用媒体がある。それはテレビ・ラジオ・新聞・雑誌といったマスメディアである。こうしたマスメディアがもたらす博物館資料の情報的活用も，見逃すことはできない。さまざまなモノが主体となり，モノと人間が織り成す興味深い歴史・美術番組や大自然のなかで繰り広げられる動植物と人間の営みに関する番組，そして，特集記事満載の新聞や雑誌などがもたらす市民への影響は計り知れないものがある。これは単なる知識の蓄積としてではなく，一種の娯楽として番組や記事を楽しみ，くつろぎながら心豊かに時を過ごすという充足感さえ市民にもたらすのである。モノがもつ情報の活用といった観点からも博物館としてこうしたマスメディアとの連携も忘れてはならない。モノは情報を通し，博物館を離れたところでもしっかりとした役割を果たしているのである。
　モノには人類の記憶が宿る。そのモノは，人間がさまざまな営みのなかで生み出してきた膨大な知的資産でもある。モノの存在，それ自体が情報の塊ともいえる。その情報をいかに取得し，整理・分析し，そのデータをいかに「情報化」するか。この「モノの情報化」がこれからの博物館のアクセシビリティの鍵となる。この情報化を通し，モノは現代社会に生かされ，未来に遺されていくのである。

　人間には寿命がある。しかし，モノには継続的な保存処置・予防処置が施されていれば基本的にはそれがない。それゆえ，保存環境がよければ子々孫々の世までそのモノは生き続ける。ただし，それはモノがもった価値が現世の人々に正しく理解され，その価値観が後世の人々に受け継がれて初めていえることである。モノのもつ価値の継承は，市民の力に支えられながらも，まさに学芸員によって行われているといっても過言ではない。そのためには，まず学芸員自らが収蔵資料とじっくり向き合い，多角的視点をもった調査研究を行い，モノがもった情報をできる限り抽出し，そのモノの本質的魅力を市民に提示していかなければならない。それが教育的配慮のもとに行われる展示や情報提供に

つながっていくのである。しかし，その実現には必ず「保存」と「活用」という問題に直面するだろう。学芸員はこの両者の狭間でもがき苦しみながらも各方面の専門家とよく協議し，両者の調和を考えながら，よりよい活用の仕方を模索すべきである。

　モノはさまざまなことを私たちに教えてくれる。歴史，伝統，文化，環境，美，憩い，そして生きていくためのさまざまな知恵。だからこそ学芸員は常に高いアンテナをもちさまざまな情報を集め，広い人的ネットワークを構築しながら資料の活用を図るべきなのである。それが結果として市民のための博物館の形成につながり，博物館が単なる知の宝庫としてだけでなく，市民が心豊かに生活を営むため，そして新たな文化を創造するための真の社会教育施設として成熟していくのである。　　　　　　　　　　　　　　　　　　　［井上洋一］

引用・参考文献
有元修一「博物館資料とはなにか」「博物館資料の活用」『博物館資料論』（博物館学シリーズ２）樹村房，1999 年
井溪明「博物館における情報の提供と活用の方法」『博物館学概論（改訂版）』関西大学出版部，2001 年
伊藤寿朗『市民のなかの博物館』吉川弘文館，1993 年
大堀哲「博物館とはなにか」『改訂　博物館概論』（博物館学シリーズ１）樹村房，2004 年
大堀哲「博物館とは何か」『博物館概論』学文社，2005 年
加藤有次『博物館学序論』雄山閣出版，1977 年
加藤有次『博物館学概論』雄山閣出版，1996 年
鎌田裕一郎「ICT 社会の中の博物館」『展示論―博物館の展示をつくる―』雄山閣，2010 年
木下史青「東京帝室博物館・復興本館の昼光照明計画」『東京国立博物館紀要』第 43 号，東京国立博物館，2008 年
倉田公裕・矢島國雄『新編博物館学』東京堂出版，1997 年
駒見和夫「博物館と教育」『博物館概論』学文社，2005 年
近藤智嗣「博物館における情報機器の活用」『展示論―博物館の展示をつくる―』雄山閣，2010 年
佐々木秀彦「博物館と収集」『博物館概論』学文社，2005 年
史学委員会（博物館・美術館等の組織運営に関する分科会）『提言　地域主権改革と博物館―成熟社会における貢献をめざして―』日本学術会議，2011 年

菅井薫「博物館における多元的『リテラシー』論の適用性と課題」『人間文化創成科学論叢』第12巻，お茶の水女子大学大学院人間文化創成科学研究科，2009年

高安礼士「情報公開とデジタルアーカイブ」『展示論―博物館の展示をつくる―』雄山閣，2010年

段木一行『博物館資料論と調査』雄山閣，1998年

水嶋英治「博物館と保存」『博物館概論』学文社，2005年

水嶋英治「博物館の目的」『展示論―博物館の展示をつくる―』雄山閣，2010年

文珠省三「博物館における情報の意義」『博物館学概論（改訂版）』関西大学出版部，2001年

山口卓也「博物館における情報機器」『博物館学概論（改訂版）』関西大学出版部，2001年

Stapp, C. 1984 " Defining Museum Literacy", *Roundtable Reports* 9(1), 3-4. Reprinted in: Nichols, SK. 1992 *Patterns in Practice: Selections from the Journal of Museum Education*, Walnut Creek: Left Coast Press, 112-117.

第5章　博物館資料の今後と課題

1　収集の困難さ

(1) 資料収集の現実と限界

　博物館が資料を収集することは，すべての博物館活動の基本であることはいうまでもない。博物館は，世の中のあらゆるものを収集することが理想ではあるが，限られた収蔵スペースと，さまざまな制約のなかで，現実には取捨選択しながら収集することとなる。

　収集資料のためには，まず調査・研究に基づくことが必要があり，骨董品収集や趣味的収集とは異なり，物珍しさや希少価値のみを以て収集することはまずない。調査・研究によって得られた資料の諸情報は，資料カードや目録というかたちに記録化・データ化され，資料の活用に供されている。また，収集した資料は，整理・分類され恒久的に保管し，最終的には展示や教育活動などに活用され，新たな価値の発見に向けることとなる。

　さらに各博物館では，各館の性格に基づき収集方針を確立したうえで，コレクションの形成を図っている。そのために，組織的・計画的収集体制を確立し，定期的・継続的に収集を進めている。博物館資料とするためには，客観性や確実性が要求されるため，人文資料では「鑑定」「評価」，自然資料では「同定」などの価値判定のための調査・検討（資料の監査）を経たうえでの収集となる。

　多くの博物館が直面しているのは，資料収集の限界という問題である。最も切実なのは，収蔵庫が満杯状態となり，収蔵庫増設の予算も計上できずに，収蔵能力が限界に達してしまうという事態である。そればかりではない。近年は，財政難などに基づく博物館のリストラも始まっており，博物館自体がなくなってしまうという事態も生じている。そのほかにも，収集対象資料の散逸や絶滅

により，収集対象がなくなってしまうという事態や，政変や革命などの大きな社会変革によって，従前の収集対象が無価値となってしまうという事態も考えうる。このように現実の資料収集には，「収集の限界」が存在するということを知っておく必要がある。

（2）収集資料の選択

博物館で取り扱う資料は多岐にわたるが，博物館法第2条では「歴史，芸術，民俗，産業，自然科学等に関する資料」としていて，文化財保護法に見る「文化財」よりも，さらに積極的に産業や自然科学といった分野の資料を取り込むべく「博物館資料」として条文中に明記している。

文化財保護法によって指定された文化財を収蔵したり，展示したりすることは，博物館の重要な責務の1つではあるが，上述のように博物館では，指定文化財のみならず，より広い意味での有形・無形の文化遺産の収集に努めている。博物館の基本となる資料の多くは，過去の遺物・遺産ということになるが，博物館は，単に過去を懐かしんだり，先人の遺産に感心するだけの場ではない。博物館は，全国各地に設置され，生活に身近なものとなってきた今，現代を知り，将来を考えて行くための手がかりを提示する場としての存在意義も重要になってきている。そして博物館は，地域の歴史・文化・環境を考える生涯学習の場として，その役割を再認識する場ともなっている。

文化財を指定することと同様に，博物館においても現実的には，何もかもを収集するわけにはいかない。博物館では常に，限られた収蔵スペースのなかで何を収集し，何を後世に残していくべきかという選択に迫られている。こうした現状をふまえると，博物館においても必然的に古い時代の資料収集が重視されるという傾向は否めない。

資料収集に関して，人的問題からいうならば，博物館の量的充実とともに，各地博物館に専門的職員としての学芸員が配置されるようになり，質的にも充実してきた。しかし，限られた定数配置のなかでは，発掘資料を担当する考古分野，古文書類を担当する歴史分野，民具類を担当する民俗分野の3分野に学芸員を配置するのがせいぜいで，現代の資料を担当するような分野の職員配置

までは，なかなか及ばないのが現実である。このような現状から，市町村の多くの博物館では，資料も職員配置にならって，人文系においては，考古資料・歴史資料・民俗資料と分野分けされている。このような博物館を取り巻く状況のなかで，戦後を中心とする現代の資料を取り扱おうとした場合，

写真2.5.1　飽和状態の収蔵庫

民俗もしくは歴史分野の学芸員が片手間に担当せざるを得ないというのが現実で，現代的課題をもった住民の学習要求に，博物館は十分に対応しきれているとはいえない。

(3) 現代の資料をどう残すか

　市町村の総合・人文系博物館では，民俗資料としては民具を中心に，歴史資料としては古文書や古美術品を中心に収集しているのが一般的であるが，博物館において収集すべき，歴史資料あるいは民俗資料を具体的に示す法的概念はない。しかし，民具を例としてあげるならば，慣例的には動力・電化以前のモノ，別の言葉でいうならば，近代化以前のモノに重点をおいた収集が行われている。だが現実には，都市部や大都市近郊の博物館において，従来の民具の範疇ではとらえきることのできない，新しい機械・器具類が収集され，あるいは収集せざるを得ない状況となっている。生活のなかにおける現代の資料，つまり「生活資料」も文化財として，何らかのかたちで収集しなければならない状況に迫られているのである。こうした現実の戸惑いのなかで，多くの博物館では民俗分野の担当者がこれらの資料の受け入れを行い，従来の民俗資料の取り扱いと同様の方法で分類・整理を行っているというのが現状である。

　そこで，資料収集の実際について，具体例をあげてみることとしたい。電動機の付いた農機具，あるいは戦後の家電製品について，寄贈の申し出があった場合，まず，どの分野が担当するのか，また，それをどのように取り扱うの

第5章　博物館資料の今後と課題　219

かについては，現在，多くの博物館にとっての課題となっている。東京近郊をはじめとした，多くの博物館の実例などから見ると，これらの資料は民俗分野が担当している場合が多い。しかし，博物館によっては，というよりも担当者によっては，それらの受け入れについては慎重で，限られた収蔵スペースでの資料収集を考えると，必然的に収集資料に対してランクづけや選択が行われることになる。そうなるとどうしても，希少価値の高い，古い時代の資料収集に力が入り，機械化以前の資料や工場生産以前の資料しか収集しないというケースも現実には起きている。

　しかし，筆者の20年にわたる博物館現場経験のなかでは，戦前の古い物のほうが，資料に対する認識のない一般の人でも，「古い物は大切である」という暗黙の了解のもと，実は残りがよい場合が多い。かえって，使い捨ての時代に入る戦後の高度経済成長期以降の物のほうが残りが悪く，より新しい物がよい物という価値観の転換なども弊害となり，現代の資料のほうが集めにくいという現実がある。また物が残せないという，戦後，狭くなった住宅事情や，粗大ゴミ収集システム・リサイクルシステムなどによる廃棄も影響しているといえる。

（4）「生活資料」と民具

　さて，そのようななかで，現代の資料を収集したとしても，その分類は博物館によりまちまちで，担当者や受け入れ分野で，その資料をどう位置づけるかによって大きく異なってくる。ラジオ・テレビの類を例にあげると，民俗分野では，ソフト面（番組）を重視して娯楽・遊戯具や民俗知識の資料として分類するところもあれば，ハード面（形状）を重視して住生活に分類するところもある。家電製品類は，民俗資料の対象外という博物館では，歴史資料として分類しているところもあるし，理工学分野を有する博物館では，電気機器の1つに分類・収蔵しているところもある。このように，現代の「生活資料」の取り扱いは，地域レベルの博物館では確立されたものがないのが現状である。

　このような実情を鑑みると，工業製品や電化・動力製品，大量生産品を，地域資料として博物館はいかに収集していくかという点は，博物館の大きな今日

的課題であるといえる。博物館の資料収集が前近代，端的には戦前ばかりに志向していたとするならば，博物館は将来，戦後の高度経済成長とそれにともなう地域や生活の変化をどのようにとらえることができるのであろうか。歴史・民俗資料の収集対象から外れるからといって，博物館が戦後の高度経済成長期の資料などを収集しないとしたならば，これは大きな問題としてとらえなければならない。量産品であっても，1点1点の情報は異なり，1つとして同じ来歴をもつ資料はないのである。

　さしあたり，これらの資料を博物館資料としてとらえようとしたとき，博物館法第2条に基づく考え方として「産業に関する資料」を人文系の立場から検討し直し，農業・鉱工業・商業・交通・通信・土木・建築に関する資料はもとより，生活のなかの工業生産品までをも含めた概念としてとらえることが有効的と考える。しかし，生活関連の現代の資料を具体的に収集しようとした場合，現実問題としては民俗資料としての民具と明確に分けられない部分も多く，一部は民具に該当する資料にまたがるものもある点を念頭に入れておく必要があろう。

2　展示と保存のバランス

(1) 収蔵資料の展示

　博物館が，すべて収蔵資料を展示することは一般的に不可能で，現実には展示スペースの制約上，数％の資料しか展示することができない。そのために，博物館では定期的に企画展や所蔵品展を開催し，収蔵資料の公開に努めている。もちろん，収集資料のなかには，展示に向かない資料や，展示に合わない資料も少なくないため，現実的には100％の資料を公開することは不可能である。

　しかし，資料を展示するという行為は，保存と相反する行為であるということを知っておく必要がある。資料保存という観点のみに立てば，博物館が収集した資料は，収蔵庫の真っ暗な空間で，適切な温湿度管理のもとで永久的に保存されることが理想的である。それが展示室において公開された場合，盗難・

退色・汚損・破壊などのリスクが生ずる。だからといって，資料を収蔵したままであっては，文字どおり宝の持ち腐れとなってしまい，人々に資料の価値や存在さえをも知らせることができない。資料の劣化を防ぐため，複製品を製作し展示することも考えられるが，莫大な複製費がかかり現実的ではない。

　また，博物館資料は常に劣化の危機にさらされている。とくに日本では，地震・水害・火山噴火・山崩れといった天災に直面しているばかりではなく，展示室ではとくに盗難・資料落下・手あか・火災といった人災に対するリスクが高くなる。そのほかにも環境上，生物的なものに起因する虫害，カビ害，糞・小便などの動物的被害，物理的なものに起因する光・熱・温度・ほこりなどによる被害，化学的なものに起因する塩害，アルカリガス・亜硫酸ガス・排気ガス（NOx）などのガス被害などにさらされている。

　見学者の側も，展示室内を走らない，展示室内で飲食しない，展示資料に触れない，触れてもよい展示資料は丁寧に扱う，カメラのフラッシュ撮影はしない，撮影禁止の資料は撮らないなどの，資料保存のための見学マナーが求められる。

（2）展示の保存環境

　資料の劣化をいかに最小限に食い止めて展示するかは，博物館の使命である。展示室は，オープンスペースとなり人の出入りも多いため，収蔵庫のように空間全体を一定の温湿度に保つことは困難である。そのため，展示ケース内における工夫が望まれる。完全密閉型のエアタイトケースを配置し，調湿剤を用いて湿度管理ができればベストであるが，エアタイトケースは高価なため，なかなか導入がむずかしいのが現実である。そのため通常は，一般展示ケースを配置し，調湿剤などを導入しつつ展示室全体の空調に気を使うことになる。国宝や重要文化財の展示では，文化庁の指針により，温度22℃，相対湿度60％±5％が基準とされている。また，同一資料の長期間にわたる展示は避けるべきで，とくに色絵図などの彩色紙資料については，退色などの心配から30日を上限とした定期的な交換が望まれる。

　さらに展示は，真っ暗な空間（0ルクス）で行うことは不可能であるため，

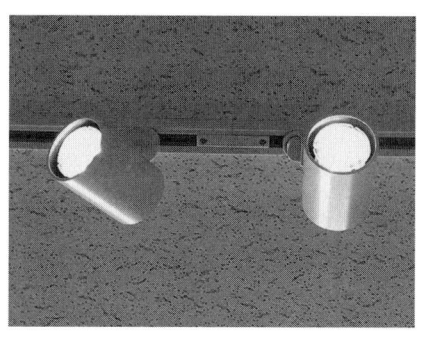

写真 2.5.2　エアタイトケース　　　　写真 2.5.3　LED スポット照明

照明が必要となる。展示室全体および展示ケース内の照明には，一般的に蛍光灯が使用されるが，一般蛍光灯では紫外線による資料劣化が生ずるため，紫外線の発生を軽減した「美術館・博物館用蛍光灯」を使用する必要がある。紫外線はことに，退色の原因となるため，彩色資料を展示する場合は留意する必要がある。またスポット照明を行う場合は，白熱球を用いることも多いが，この場合は，発熱による温度上昇への配慮や，熱線防止フィルターを用いるなどして熱線の除去に努める必要がある。近年は，LED を用いた蛍光灯やスポット照明が市販されており，従来の照明よりもやや高価ではあるが，耐用時間が長く，熱線や紫外線の発生がかなり軽減されているため，展示照明として有効的である。

　展示のための照度は，国内では 1997（平成 9）年にようやく日本照明学会で基準が示されたが，国際博物館会議（ICOM）で定められた基準に準ずるのが，国際的にも妥当と考えられる。その照度は，最大（高照度）でも 300 ルクスで，交換可能なパネルや，光に比較的鈍感な土器・石器・金属器・陶磁器などに用いられる照度である。日本の文化財に多い木製品や竹製品，漆器・油彩画などは中照度の 150 ルクス，光に敏感な絵図，染色品，昆虫標本などは低照度の 50 ルクス程度とする必要がある。国宝や重要文化財の展示も，この低照度の 50 ルクス照明とされるが，実際には非常に暗く，お年寄りや視力の弱い利

第 5 章　博物館資料の今後と課題　223

者にはかなり厳しい照度といえる。また，展示ケース内よりも通路のほうを暗くしないと資料が見えにくくなるため，通路照明はこれらよりもさらに低くすることが必要である。照度測定には今日，デジタル照度計が用いられている。

（3）資料の輸送と公開

博物館資料に含まれる指定文化財は，国民共有の財産であり，公開することは文化財の価値や存在を広く紹介するうえで重要である。指定文化財含む博物館資料は，所蔵館での公開にとどまらず，各地の博物館・美術館に貸し出され，広く国民に公開されている。公開のためには，資料の移送が不可欠となるが，この際の資料劣化リスクも少なくはない。

輸送ダメージを最小限にとどめるのが，美術梱包と美術品運搬である。とくに脆弱な資料は振動に弱く，環境変化にも弱いことから温湿度変化を最小限にとどめるために，薄葉紙・エアキャップ・美術梱包用段ボールなどを使用した特殊梱包を行い，振動対策がなされ，空調設備の整った美術品専用運搬車で移送する必要がある。

国宝や重要文化財の展示に関しては，文化庁の示す指針類を遵守し，手続きをふまえて行わなければならない。関連する指針・規定・基準・要項には，施設の建設にかかわるものとして「文化財公開施設の計画に関する指針（1995年　文化庁文化財保護部）」，資料の公開にかかわるものとして「重要文化財の所有者及び管理団体以外の者による公開に係る博物館その他の施設の承認に関する規程（1996年　文化庁告示）」「重要有形民俗文化財の所有者及び管理団体以外の者による公開に係る博物館その他の施設の事前の届出の免除に関する規程（1996年　文化庁告示）」「有形文化財（美術工芸品）の展示を主体とする美術館または美術工芸品を多く取扱う博物館等の施設配置に関する基準について（1970年　文化庁文化財保護部）」「国宝・重要文化財の公開に関する取扱い要項（1996年　文化庁長官裁定）」などがあり，これらに従って文化庁の承認や指導を受けたうえで展示する必要がある。

3　資料の情報化

（1）博物館資料と情報

　博物館が収集した資料は「博物館資料」として，その多くは永久的保存を図る保存資料とされるが，破壊や消失の可能性を含んだ研究資料や教育資料なども存在する。素資料である「物」を，博物館資料としての「モノ」とするためには，その「物」に対する調査・研究で得た記録・データを欠かすことはできない。つまり博物館では，資料収集の際，資料に関する記録やデータも合わせて収集し，「物」を資料化すると同時に情報化も図っているのである。博物館法第3条第1号では，「博物館資料」として，実物・標本の一次資料のほか，模写・模型・文献・図表・写真・フィルム・レコードなどの二次資料も掲げている。つまり，実物に付随する文献・図表・写真などの情報資料も，博物館資料としていることが理解される。そのほか，2008（平成20）年の博物館法改正の際には，「電磁的記録」が追加され，電子データも博物館資料となった。博物館では，二次資料として無形資料も収集するが，その中心を成す情報記録資料には，映像資料と音響資料がある。前者には，ガラス乾板・フィルム（8mm・16mm・35mm…）などの光学的記録資料とディスク（LD・DVD・ブルーレイ…）などの電磁的記録資料があり，後者には，レコード・テープなどのアナログ資料とCD・MDなどのデジタル資料（電磁的記録資料）がある。

（2）資料の財産化と情報化

　博物館資料は，寄贈・寄託・借用・交換・購入・採集・発掘・製作などさまざまな方法で収集される。資料の受け入れにあたっては，寄贈の場合「寄贈申込書」，寄託の場合は「寄託申込書」の受領，借用の場合「借用書」を準備するなどして，まずは博物館資料として移管する事務手続きを行うこととなる。その後，資料の戸籍簿ともいえる「資料カード」（または「基本カード」）に1点1点の資料情報を記録化していく。この際に，資料の写真撮影や図面化も行い，文字情報と写真・グラフィック情報との合体を図る。ここで作成された「資料カード」は通常，分野別に保管される。並行して，公立博物館であれば

公共財産としての受け入れ・登録手続きとして，受入番号を付しての「受入台帳」への記載や，登録番号を付しての「登録台帳」への記載が行われる。多くの博物館では，受入台帳は全分野共通で記載し一括保管し，登録台帳は担当分野別に記載し分野別に保管している。この段階で，並行してデータベース化の入力作業を行い，資料情報の電子化を図る。現在は，台帳を電子化（データベース化）する博物館が多くなっており，敢えて「受入台帳」と「登録台帳」を分けるという必要性は減ってきている。最終的に博物館資料として登録された資料は，分野ごとに分類記号が付され，各資料に「資料ラベル」を取り付けたうえで，収蔵庫の棚に分類して配架される。分類・収蔵されたあとは，データベース化された資料情報により，資料を汎分野的に検索することが可能となる。また収蔵後は，資料の出入庫管理も重要で，こうした記録情報も入力されていく。なお貸出の際には，資料特別利用承認手続きなどを経た上で館外に持ち出される。

（3）受入れ資料の記録情報

ここでは，博物館資料としてどのような情報を記録化するのかについて，具体的に紹介することとしたい。まず，事務手続きとして作成される「受入台帳」と「登録台帳」の記載項目から見ることとしたい。これらは，台帳という性格上，一覧表形式で1点（1件）1行の記載方式となっている。「受入台帳」は，①受入番号，②資料名，③部門（分野：考古・歴史・民俗・美術・動物・植物・地質・天文など），④受入年月日（西暦表記），⑤受入先（住所・氏名（名称）・電話番号），⑥受入区分（採集・寄贈・寄託・借用・購入・発掘・交換・製作），⑦数量，⑧備考などを記載する。「登録台帳」は，「受入台帳」と重複する部分もあるが分野別の台帳として，①登録番号，②資料名，③受入年月日（西暦表記），④受入先（住所・氏名（名称）・電話番号），⑤受入番号，⑥備考などを記載する。

つぎに，「資料カード」(「基本カード」)であるが，カードは図のように両面印刷されていて，人文系の資料（考古・歴史・民俗・生活）すべて共通に使用されている。「資料カード」として必要な主な記載情報は，次のとおりである。

資料カード (表)

受入番号	登録番号	分類番号	(資料写真添付欄)

資料名		数量	
形質		受入区分	
時代			
場所			
材質		受入 年月日　　年　月　日	
評価		住所	
形状		氏名	
		電話　（　）	

年　月　日撮影

縦	横	高さ	径	重量

収蔵場所		写真番号	
記載日		記載者	

資料歴	

(裏)

備考	作図

①整理番号（受入番号・登録番号・分類番号）
②資料名（標準名・地方名／学名・和名）
③数量（単位：点・件・一括など）
④形質（実物・複製・模型など）
⑤受入区分（採集・寄贈・寄託・借用・購入・発掘・交換・製作）
⑥時代（先土器・縄文・弥生・古墳・古代・中世・近世・明治・大正・昭和・平成）
⑦場所（出土地・所在地・使用地・生産地・採集地など）
⑧材質（石・土・木・金属・紙・竹・藁・皮・繊維・ガラス・合成樹脂など）
⑨評価（購入金額・評価額・文化財指定の有無など）
⑩形状（附属品の有無・破損状況・修復状況など）
⑪受入（受入年月日・受入先住所・受入先氏名（名称）・電話番号）
⑫資料写真（プリント添付・撮影年月日）
⑬法量（縦（奥行）・横（幅）・高さ・径（cm），重量（g））
⑭資料歴（来歴などの聞取り内容，墨書やラベルの記載情報）
⑮収蔵場所（収蔵庫名・棚番号）
⑯写真番号（ネガファイル・ネガ番号または，データ番号）
⑰記載日（西暦年月日）
⑱記載者（担当学芸員名）
⑲作図（5 mm方眼，見取り図・実測図など）
⑳備考

（4）情報化社会と博物館

　今日，博物館では展示を中心にさまざまな情報機器（マルチメディア）が活用されている。展示室で見かけるマルチメディアには，一体型（パッケージ型）のものや劇場型（シアター型）のものがある。一体型（パッケージ型）のものとしては，マルチ映像システム，映像・音声展示解説システム，模型と映像を組み合わせたマジックビジョン，パソコンQ&Aやパソコンゲームなどがある。また個別解説用機器として，音声ガイドシステムや画像情報も得られる携帯用

情報端末（PDA）なども利用されており，前者は美術館などで，後者は水族館などでの利用が目立つ。また情報サービス機器として，ビデオ／DVD コーナー，CD-ROM マルチメディア図鑑などを設置している博物館も多い。劇場型（シアター型）のものとしては，鉄道博物館などで導入している電車運転シミュレーター，航空博物館やみなと博物館などに見られるフライト・シミュレーター，ライドオンシステムなどがある。プラネタリウムをもつ博物館では，全天周映画の上映も行っており，これらも劇場型展示装置といってよいであろう。さらに電子的（インターネット型）なものとして，ホームページや収蔵資料データベース（デジタル・アーカイブ）システム，デジタル・ミュージアム（インターネット・ミュージアム）システムなども急速に展開している。

写真 2.5.4　パソコン Q&A

　今日，話題となっているデジタル・ミュージアムは，電脳博物館あるいは電子博物館とも呼ばれ，博物館の収蔵資料をデジタルデータ（電磁的記録）化（デジタル・アーカイブ化）し，インターネット上で公開するシステムである。また，実際の展示室で行う実物展示（リアル・ミュージアム）と同様の展示を，インターネット上で行う仮想博物館としてのバーチャル・ミュージアムも広がっている。東京大学総合研究博物館では，1997（平成9）年1月に「デジタル・ミュージアム」展を，2000（平成12）年3月に「デジタル・ミュージアム 2000」を開催し，デジタル・ミュージアムを具現化している。

　これらは，1990年代からの国の博物館・文化財政策と情報化政策とが相まって展開してきたものである。1995（平成7）年からは，文化庁伝統文化課と東京国立博物館により「美術館情報システムの整備」および「文化財情報システムの整備」が推進され，さらに1998（平成10）年には，文部省社会教育課と国立科学博物館が「マルチメディアを活用した博物館機能の高度化・情報化

の推進」，また国立科学博物館が「科学系博物館情報ネットワークの推進」に着手している。

　前後して，1997（平成9）年12月に「行政情報化推進基本計画の改定について」が閣議決定され，1998年11月には「高度情報通信社会推進に向けた基本方針」が高度情報通信社会推進本部で決定されている。そして，2000（平成12）年6月の自治大臣官房通知「デジタル・ミュージアム構想の推進について」によって博物館のデジタル化が大きく推進された。さらに同年7月，小泉内閣の下にIT戦略本部が設置され，2001年に「e-Japan戦略」を，2002年には「e-Japan重点計画-2002」を決定している。2003（平成15）年には，文化庁と総務省では「文化遺産オンライン構想」を打ち出し，翌年から文化庁「文化遺産オンライン」の運用が開始された。また国立公文書館でも，2005（平成17）年4月から「デジタル・アーカイブ」の運用を開始している。

[浜田弘明]

引用・参考文献

浜田弘明「都市部の博物館・資料館における現代資料考」『当世風と昔風』No. 55，古々路の会，1991年

浜田弘明「近郊都市の博物館における地理的課題—現代的視点に立った博物館活動に向けて—」『法政地理』No. 22，法政大学地理学会，1994年

浜田弘明「文化としての産業・技術を考える—博物館と『産業技術資料』をめぐって—」『金属』Vol. 63，No. 4，アグネ，1994年

浜田弘明「博物館と『現代資料』」『地方史・研究と方法の最前線』雄山閣，1997年

浜田弘明「現代資料の収集とその活用」『平成11年度文化財セミナー報告書』東京都多摩社会教育会館，2000年

浜田弘明「『現代資料』をめぐるいくつかの課題」『神奈川県博物館協会 会報』No.71，神奈川県博物館協会，2000年

浜田弘明「現代展示と現代生活資料の課題と展望」『博物館問題研究』No. 27，博物館問題研究会，2000年

京都造形芸術大学編『文化財のための保存科学入門』角川書店，2002年

東京大学総合研究博物館編『東京大学総合研究博物館』（別冊・家庭画報）世界文化社，1999年

坂村健編『デジタル・ミュージアム2000』東京大学総合研究博物館，2000年

資　料

◆参考文献──さらに深く掘り下げるために
◆博物館法

museology

参考文献——さらに深く掘り下げるために

　最近では多くの博物館関係の本が出版されている。ここでは，博物館学をさらに深く学んでみようと考える人のために，参考文献を掲げておいた。博物館学を履修する大学生も，学び直しをする現職学芸員も，博物館に興味ある人たちも，ぜひ今後の勉学の参考にしてもらいたい（著者『書名』出版社，出版年の順に掲載した）。

《博物館学参考文献》

博物館学

文化庁訳『博物館学のキーコンセプト』文化庁，2012年（原著 ICOM/ICOFOM, Key Concept of Museology, 2011）
鷹野光行，西源二郎，山田亮，米田耕司編『新編博物館概論』同成社，2011年
鷹野光行『博物館特論—博物館と考古学の接点を求めて』慶友社，2010年
スーザン・A・クレイン編，伊藤博明監訳『ミュージアムと記憶』ありな書房，2009年
小林克『新博物館学—これからの博物館経営』同成社，2009年
全国大学博物館講座協議会西日本部会編『新しい博物館学』芙蓉書房出版，2008年
佐々木利和，松原茂，原田一敏『新訂　博物館概論』（財）放送大学教育振興会，2007年
水藤真『博物館学を学ぶ　入門からプロフェッショナルへ』山川出版社，2007年
高橋隆博，森隆男，米田文孝編『博物館学ハンドブック』関西大学出版部，2005年
清水久夫『博物館学 Q&A 博物館・美術館のウラ・オモテ』慶友社，2005年
大堀哲『博物館概論』学文社，2004年
大堀哲監修，水嶋英治編著『博物館学を学ぶ人のために—ミュージアム・スタディガイド増補改訂版』アムプロモーション，2004年
金山喜昭『地域博物館の提唱　博物館学入門』慶友社，2003年
岡部あおみ監修『ミュゼオロジー実践篇　ミュージアムの世界へ』武蔵野美術大学出版局，2003年
岡部あおみ，神野義治，杉浦幸子，新見隆『ミュゼオロジー入門』武蔵野美術大学出版局，2002年
リュック・ブノワ著，水嶋英治訳『博物館学への招待』白水社，2002年
全国大学博物館講座協議会西日本部会編『概説博物館学』芙蓉書房出版，2002年
石森秀三『博物館概論　ミュージアムの多様な世界』（財）放送大学教育振興会，1999年
中村浩『何がわかるかブックス 2　博物館学で何がわかるか』芙蓉書房出版，1999年
網干善教編『博物館学概説』関西大学出版部，1998年
大堀哲編『博物館学教程』東京堂出版，1997年
加藤有次『博物館学総論』雄山閣，1996年

中村たかを編『博物館学概論』源流社，1996 年
大塚和義『新版　博物館学Ⅱ　現代社会と博物館』(財) 放送大学教育振興会，1995 年
ティモシー・アンブローズ，クリスピン・ペイン『博物館の基本』日本博物館協会，1995 年
西野嘉章『博物館学―フランスの文化と戦略』東京大学出版会，1995 年
関秀夫『日本博物館学入門』雄山閣，1993 年
中村たかを編『博物館学概論』源流社，1992 年
大塚和義『改訂版　博物館学Ⅰ　多様化する博物館』(財) 放送大学教育振興会，1990 年
中川成夫『博物館学論考』雄山閣，1988 年
田辺悟『現代博物館論』暁印書館，1985 年
青木豊『博物館技術学』雄山閣，1985 年
網干善教，小川光陽，平裕史編『博物館概説』全博協関西部会，1985 年
間多善行『新説博物館学』ジー・ツー，1983 年
倉田公裕『博物館学』東京堂出版，1979 年
伊藤寿郎，森田恒之編『博物館概論』学苑社，1978 年
加藤有次『博物館学序論』雄山閣，1977 年
富士川金二『博物館学』成文堂，1971 年
国際博物館会議日本委員会刊『博物館組織　その実際的アドバイス』国際博物館会議日本委員会，1965 年

美術館学

長谷川栄『美術館学ツーリズム　24 時間のミューゼオロジー』鹿島出版会，2006 年
加藤哲弘，喜多村明里，原久子，吉中充代編『変貌する美術館―現代美術館学Ⅱ』昭和堂，2001 年
並木誠士，吉中充代，米屋優編『現代美術館学』昭和堂，1998 年
長谷川栄『新しい美術館学　エコ・ミュゼの実際』三交社，1994 年
井出洋一郎『美術館学入門』明星大学出版部，1993 年
ダニエル・ジェロヂィ，アンリ・ブトレ／高階秀爾，松岡智子訳『美術館とは何か―ミュージェアム＆ミュゼオロジー』鹿島出版社，1993 年
中尾太郎『アメリカ，ヨーロッパ美術館紀行　私の美術館学入門』平凡社，1991 年
長谷川栄『美術館　新しいミューゼオロジーの視点から』グラフィック社，1977 年

博物館の歴史

椎名仙卓『博物館の災害・事件史』雄山閣，2010 年
森本和男『文化財の社会史　近現代史と伝統文化の変遷』彩流社，2010 年
ヘザー・ユーイング／松本栄寿，小浜清子訳『スミソニアン博物館の誕生　ジェームズ・スミソンと 18 世紀啓蒙思想』雄松堂，2010 年
高橋裕造『博物館の歴史』法政大学出版局，2008 年
関秀夫『博物館の誕生　町田久成と東京帝室博物館』岩波書店，2005 年
椎名仙卓『日本博物館成立史　博覧会から博物館へ』雄山閣，2005 年
ジュヌヴィエーヴ・プレスク／高階秀爾監修，遠藤ゆかり訳『ルーヴル美術館の歴史』創元社，2004 年

K.シュパート／松本栄寿・小浜清子訳『進化する美術館　フランス革命から現代まで』玉川大学出版部，2004年
松宮秀治『ミュージアムの思想』白水社，2003年
西川杏太郎『文化財五十年をあゆむ』竹林舎，2003年
金山喜昭『日本の博物館史』慶友社，2001年
文化庁編『文化財保護法五十年史』2001年
椎名仙卓『図解博物館史』雄山閣，1993年
国立歴史民俗博物館編『国立歴史民俗博物館十年史』1991年
伊藤敏朗監修『博物館基本文献集』(別巻) 大空社，1991年
伊藤敏朗監修『博物館基本文献集』(全20巻) 大空社，1990年
椎名仙卓『日本博物館の発達史』雄山閣，1988年
国立民族学博物館編『国立民族学博物館十年史資料集成』1985年
国立民族学博物館編『国立民族学博物館十年史』千里文化財団，1985年
恩賜上野動物園編『上野動物園百年史』1982年
倉内史郎ほか編『日本博物館沿革覧要　野間教育研究所紀要』野間教育研究所，1981年
梅棹忠夫『民博誕生』中央公論社，1978年
安達健二『文化庁事始』(東書選書28) 東京書籍，1978年
東京国立博物館編『東京国立博物館百年史』1963年
文化財保護委員会『文化財保護の歩み』大蔵省印刷局，1960年

博物館展示論

日本展示学会編『展示論　博物館の展示をつくる』雄山閣，2010年
C.ヒューズ／安井亮，松本栄寿，小浜清子訳『ミュージアム・シアター』玉川大学出版部，2005年
デビッド・ディーン／北里桂一監訳／山地秀俊，山地有喜子訳『美術館・博物館の展示　理論から実践まで』丸善，2004年
A.ベンダーソン，A.L.ケプラー編，松本栄寿，小浜清子訳『スミソニアンは何を展示してきたか』玉川大学出版部，2003年
K.マックリーン／井島真知，芦谷美奈子訳『博物館をみせる　人々のための展示プラニング』玉川大学出版部，2003年
瀬川昌久編『文化のディスプレイ　東北アジア諸社会における博物館，観光，そして民族文化の再編』風響社，2003年
青木豊『博物館展示の研究』雄山閣，2003年
リンダ・ファーガソン，キャロリン・マックルーリック／塚田浩恭，井山哲也訳『意味とメッセージ』2002年
青木豊『博物館映像展示論　視聴覚メディアをめぐる』雄山閣，1997年
油井隆『展示学　空気をデザインする』電通，1986年

博物館資料論・資料保存論

佐野千絵，呂俊民，吉田直人，三浦定俊『博物館資料保存論―文化財と空間汚染』みみずく舎，2010年

青木豊編『史跡整備と博物館』雄山閣，2006 年
三浦定俊，佐野千絵，木川りか『文化財保存環境学』朝倉書店，2004 年
吉村絵美留『修復家だけが知る名画の真実』青春出版社，2004 年
更谷富造『漆芸ー日本が捨てた宝物』光文社，2003 年
森直義『修復からのメッセージ』ポーラ文化研究所，2003 年
京都造形芸術大学編『文化財のための保存科学入門』角川書店，2002 年
ロバート・L．バークレー／郡司すみ監修，水嶋英治訳『歴史的楽器の保存学』音楽之友社，2002 年
歌田眞介『油絵を解剖する　修復から見た日本洋画史』日本放送出版協会，2002 年
アレッサンド・コンティ／岡田温司，喜多村明里，水野千依，金井直，松原智生訳『修復の鑑　交差する美学と歴史と思想』ありな書房，2002 年
藤田宜永『壁が修復師』新潮社，2001 年
三浦定俊『古美術を科学する　テクノロジーによる新発見』廣済堂出版，2001 年
ジョン·エルスナー，ロジャー·カーディナル編，高山宏，富島美子，浜口稔『蒐集』研究社，1998 年
段木一行『博物館資料論と調査』雄山閣，1998 年
沢田正昭『文化財保存科学学ノート』近未来社，1997 年
瀬木慎一『名画修復　保存・復元は明かす絵画の本質』講談社，1995 年
江本義理『文化財をまもる』アグネ技術センター，1993 年
国立歴史民俗博物館編『科学の目でみる文化財』国立歴史民俗博物館，1993 年
クシシトフ・ポミアン／吉田城·吉田典子訳『コレクション　趣味と好奇心の歴史人類学』平凡社，1992 年（原著 KRZYSZTOF POMIAN Collectionneurs, amateurs et curieux, Paris, Venise: XⅥ-XⅧ siècle 1978）
丹青総合研究所編，登石健三，見城敏子，山野勝次，新井英夫『文化財・保存科学の原理』丹青社，1990 年
黒江光彦『蘇る名画　ルーカス·クラーナハ「アダム」と「エヴァ」』求龍堂，1990 年
黒江光彦『よみがえる名画のために　修復見習いの記』美術出版社，1989 年
ギャリー・トムソン／東京芸術芸術大学美術学部保存科学教室訳『博物館の環境管理』雄山閣，1988 年
山崎一雄『古文化財の科学』思文閣出版，1987 年
馬淵久夫，富永健編 1981『考古学のための化学 10 章』東京大学出版会，1981 年
黒江光彦『美を守る　絵直し稼業』玉川出版部，1974 年

博物館教育論

国立科学博物館編『授業で使える！　博物館活用ガイド―博物館・動物園・水族館・植物園・科学館で科学的体験を』少年写真新聞社，2011 年
ジョージ・E．ハイン／鷹野光行監訳『博物館で学ぶ』同成社，2010 年
駒見和夫『だれもが学べる博物館へ―公教育の博物館学』学文社，2008 年
神野善治ほか『ミュージアムと生涯学習』武蔵野美術大学出版局，2008 年
小笠原喜康，チルドレンズミュージアム研究会編『博物館の学びをつくりだす―その実践へのアドバイス』ぎょうせい，2006 年

博物館と学校をむすぶ研究会編『学ぶ心を育てる博物館──総合的な学習の時間への最新実践例』アム・ブックス，2000年

大堀哲編『教師のための博物館の効果的利用法』東京堂出版，1997年

学芸員論

日比野秀夫『美術館学芸員という仕事』ぺりかん社，1994年

《博物館学関連の全集》

日本博物館協会編『博物館研究』日本博物館協会

加藤有次，鷹野光行ほか**『新版博物館講座』**1．博物館総論　2．博物館史　3．現代博物館論──現状と課題──　4．博物館機能総論　5．博物館資料論　6．博物館調査研究法　7．博物館資料収集法　8．博物館資料整理保管法　9．博物館展示法　10．生涯学習と博物館活動　11．博物館情報論　12．博物館経営論　雄山閣，2000年

大堀哲『ミュージアム・マネジメント〜博物館の運営とその方法〜』東京堂出版，1996年

古賀忠道，徳川宗敬，樋口清之監修**『博物館講座』**1．博物館学総論　2．日本と世界の博物館史　3．日本の博物館の現状と課題　4．博物館と地域社会　5．調査・研究と資料の収集　6．資料の整理と保管　7．展示と展示法　8．博物館教育と普及　9．博物館の設置と運営　10．参考資料集　雄山閣，1980年

大堀哲監修**『博物館学シリーズ』**1．博物館概論　2．博物館資料論　3．博物館展示・教育論　4．博物館経営論　5．博物館情報論　6．博物館実習　7．博物館活動事例集　樹村房，1999年

『博物館基本文献集』大空社，1990年

棚橋源太郎『眼に訴へる教育機関』宝文館，1930年

棚橋源太郎『郷土博物館』刀江書院，1932年

文部省『仏蘭西博物館制度の調査』文部省，1929年

藤山一雄『新博物館能勢』東方国民庫，1940年

濱田青陵『博物館』アルス，1929年

文部省『博物館講習会要項』1929年

大日本連合青年団郷土資料陳列所編『年表我国に於ける郷土博物館の発展』大日本連合青年団，1936年

星合正治『米国内各博物館の教育事業に就いて』科学博物館事業後援會，1932年

商品陳例所連合会編『商品陳例所綜覽』1933年

後藤守一『欧米博物館の施設』帝室博物館，1931年

文部省『教育的観覧施設一覧（昭和4-17）』文部省，1929-1942年

《関連分野の参考文献》

考古学

ディビッド・ワトキンソン／谷畑美帆・宮代栄一・瀧瀬芳之・谷口陽子訳『出土遺物の応急処置マニュアル』柏書房，2002年

安斎正人編『用語解説　現代考古学の方法と理論Ⅲ』同成社，2000 年
加藤晋平，藤本強編『考古学と調査・情報処理』同成社，1999 年
兼岡一郎『年代測定概論』東京大学出版会，1998 年
シェリダン・ボウマン／北川浩之訳『年代測定』学芸書林，1998 年
G.W.ディムブレビイ／斉藤昭訳『考古遺跡の花粉分析』古今書院，1996 年
エドワード・ハリス／小沢一雅訳『考古学における層位学入門』雄山閣，1995 年
鈴木公雄『考古学入門』（財）東京大学出版会，1988 年
岩崎卓也，菊池徹夫，茂木雅博編集，野外編『考古学研究調査ハンドブックス１』雄山閣，1984 年

博物館政策・博物館法・文化財保護法

川村恒明監修・著『文化財政策概論　文化遺産保護の新たな展開に向けて』東海大学出版会，2002 年

政治学

暮沢剛巳『美術館の政治学』青弓社，2007 年
田川泉『公的記憶をめぐる博物館の政治性　アメリカ・ハートランドの民族誌』明石書店，2005 年
溝上智恵子『ミュージアムの政治学―カナダの多文化主義と国民文化』東海大学出版会，2003 年
金子敦『博物館の政治学』青弓社，2001 年

《館種別の参考文献》

美術館

NHK 世界美術館紀行取材班編『**NHK 世界美術館紀行**』１．パリ　２．オランダ　３．イタリア　４．スペイン・ポルトガル　５．アメリカ　６．パリ　７．イギリス　８．スイス・オーストリア　９．ドイツ・北欧　10．プランス各地　NHK 出版，2005 年
ジュゼップ・マリア・モンタネル，岡部明子訳『新しい美術博物館』現代企画室，1991 年

子ども博物館

染川香澄，吹田恭子『見て，さわって，遊べるこどもの博物館　ハンズ・オンは楽しい』工作舎，1996 年
染川香澄，西川豊子，増山均『子ども博物館から広がる世界』たかの書房，1993 年

エコミュージアム

深見聡『地域コミュニテェ再生とエコミュージアム　協働社会のまちづくり論』青山社，2007 年
大原一興『エコミュージアムへの旅』鹿島出版，1999 年
日本エコミュージアム研究会編『エコミュージム・理念と活動　世界と日本の最新事例集』牧野出版，1997 年

長谷川栄『Eco-Musée 進化するエコミューゼ』芸術書院 2004 新井重三編『実践　エコミュージアム入門　21世紀のまちおこし』牧野出版，1995年

朝日町エコミュージアム研究会『国際エコミュージムシンポジアム報告書　地球にやさしい朝日町から』国際エコミュージムシンポジアム実行委員会，1992年

平和博物館・戦争博物館

中谷剛『アウシュヴェッツ博物館案内』凱風社，2005年

記憶と表現研究会編『訪ねてみよう戦争を学ぶ　ミュージアム／メモリアル』岩波書店，2005年

戦争遺跡保存全国ネットワーク編『日本の戦争遺跡』平凡社，2004年

戦争遺跡保存全国ネットワーク編『戦争遺跡は語る』かもがわ出版，1999年

西田勝，平和研究室編『世界の平和博物館』日本図書センター，1995年

歴史教育者協議会編『平和博物館・戦争資料館ガイドブック』青木書店，1995年

新井信一編『戦争博物館』(No.328) 岩波書店，1994年

科学技術史博物館・理工系博物館・サイエンスセンター

水嶋英治ほか編『幻の名機再び　航研機復元に挑んだ2000日』Office HANS，2004年

加藤康子『産業遺産　地域と市民の歴史への旅』日本経済新聞社，1999年

水嶋英治『航空博物館とは何か』星林社，1993年

動物園

小菅正夫『旭山動物園革命』角川書店，2006年

市民ZOOネットワーク編『いま動物園がおもしろい』(No.623) 岩波書店，2004年

INAXギャラリー企画委員会『動物園のデザイン』INAX，2003年

清水あずみ『世界と日本の動物園から』三修社，2000年

渡辺守雄ほか『動物園というメディア』青弓社，2000年

近藤純夫『日本と世界の動物園 ZOO ガイド』平凡社，1998年

戸田杏子，さとうあきら『動物園が大好き』新潮社，1997年

世界動物園機構，保存繁殖専門家集団編　日本動物園水族館協会訳『世界動物園保全戦略』日本動物園水族館協会，1996年

秋山政美『動物園の昭和史―おじさん，なぜライオンを殺したの　戦火に葬られた動物たち』データハウス，1995年

矢島稔編『動物園へ行きたくなる本』リバティ書房，1989年

H・デンベック／小西正泰・渡辺清訳『動物園の誕生』築地書館，1980年

G・ヴェヴァーズ／羽田節子訳『ロンドン動物園150年』築地書館，1979年

古賀忠道『私の動物誌』東京書籍，1978年（「上野動物園復興記」「動物園経営論」等収録されている）

佐々木時雄，佐々木拓二編『続動物園の歴史　世界編』西田書店，1977年

佐々木時雄『動物園の歴史　日本編　日本における動物園の成立』西田書店，1975年

植物園

岩槻邦国『日本の植物園』東京大学出版会, 2004 年
『日本の植物園　世界の植物園』朝日新聞社, 1979 年

水族館

堀由紀子『水族館へようこそ』神奈川新聞社, 2008 年
中村元『みんなが知りたい水族館の疑問 50』ソフトバンククリエイティブ, 2007 年
奥村禎秀『水族館狂時代―おとなの夢中にさせる水の小宇宙』講談社, 2006 年
鈴木克美, 西源二郎『水族館学―水族館の望ましい発展のために』東海大学出版会, 2005 年
鈴木克美『水族館』法政大学出版局, 2003 年
堀由紀子『水族館のはなし』岩波書店, 1998 年
中村庸夫『水族館に行こう』平凡社, 1997 年
中村元『水族館のはなし』技報堂出版, 1992 年

《博物館一般》

池澤夏樹『パレオマニア　大英博物館からの 13 の旅』集英社インターナショナル, 2004 年
M.ブラン・モンマイユール／松本栄寿, 小浜清子訳『フランスの博物館と図書館』玉川大学出版部, 2003 年
瀬名秀明『奇石博物館物語』KTC 中央出版, 2001 年
小林達雄『ミュージアムの思想』アム・ブクス, 1999 年
エリオット・アーウィット『美術館に行こうよ』クレオ, 1998 年（原著 Elliott Erwitt, *Museum Watching*, 1998）
伊藤寿朗『ひらけ, 博物館』(No.188) 岩波書店, 1991 年
ドナルド・ホーン／遠藤利国訳『博物館のレトリック　歴史の〈再現〉』リブロポート 1990（原著 Donald Horne, *The Great Museum-The Representation of History*, 1984）

《博物館を主題にした小説》

小川洋子『沈黙博物館』新潮社, 2004 年
瀬名秀明『八月の博物館』角川書店, 2000 年
藤田宜永『壁画修復師』新潮社, 1999 年
小川洋子『薬指の標本』新潮社, 1994 年
トマス・ホーヴィング／東野雅子訳『ミイラにダンスを踊らせて　メトロポリタン美術館の内幕』白水社, 1994 年（原著 Thomas Hoving, *Making the Mummies Dance-Inside the Metropolitan Museum of Art*, 1993）

《博物館を主題にしたマンガ》

Hoshino Yukinobu, *Professor Munakata's British Museum Adventure*, The British Museum Press, 2011.
柏原麻実『宙のまにまに』講談社, 2005 年〜連載中

愛英史原作，里見計画『ゼロ』集英社，1990年〜連載中
吉田健二画，深光富士男編集『沖縄美ら海水族館物語』PHP研究所，2010年
森由民原作，本庄敬画『ASAHIYAMA —旭山動物園物語』角川書店，2008〜2009年
青木幸子『ZOO KEEPER』講談社，2006〜2009年
細野不二彦『ギャラリーフェイク』小学館，1992〜2004年
タナカカツキ『オッス！トン子ちゃん』扶桑社，2003年
須藤真澄『アクアリウム』秋田書店，2000年
岡崎二郎『国立博物館物語』全3巻，小学館，1997〜1999年
飯盛広一『ぼくの動物園日記』集英社，1972〜1975年

博物館法

昭和26年12月1日法律第285号
最終改正:平成23年12月14日法律第122号

第1章 総則

(この法律の目的)
第1条 この法律は,社会教育法(昭和24年法律第207号)の精神に基き,博物館の設置及び運営に関して必要な事項を定め,その健全な発達を図り,もつて国民の教育,学術及び文化の発展に寄与することを目的とする。

(定義)
第2条 この法律において「博物館」とは,歴史,芸術,民俗,産業,自然科学等に関する資料を収集し,保管(育成を含む。以下同じ。)し,展示して教育的配慮の下に一般公衆の利用に供し,その教養,調査研究,レクリエーション等に資するために必要な事業を行い,あわせてこれらの資料に関する調査研究をすることを目的とする機関(社会教育法による公民館及び図書館法(昭和25年法律第118号)による図書館を除く。)のうち,地方公共団体,一般社団法人若しくは一般財団法人,宗教法人又は政令で定めるその他の法人(独立行政法人(独立行政法人通則法(平成11年法律第103号)第2条第1項に規定する独立行政法人をいう。第29条において同じ。)を除く。)が設置するもので次章の規定による登録を受けたものをいう。

2 この法律において,「公立博物館」とは,地方公共団体の設置する博物館をいい,「私立博物館」とは,一般社団法人若しくは一般財団法人,宗教法人又は前項の政令で定める法人の設置する博物館をいう。

3 この法律において「博物館資料」とは,博物館が収集し,保管し,又は展示する資料(電磁的記録(電子的方式,磁気的方式その他人の知覚によつては認識することができない方式で作られた記録をいう。)を含む。)をいう。

(博物館の事業)
第3条 博物館は,前条第一項に規定する目的を達成するため,おおむね次に掲げる事業を行う。

一 実物,標本,模写,模型,文献,図表,写真,フィルム,レコード等の博物館資料を豊富に収集し,保管し,及び展示すること。

二 分館を設置し,又は博物館資料を当該博物館外で展示すること。

三 一般公衆に対して,博物館資料の利用に関し必要な説明,助言,指導等を行い,又は研究室,実験室,工作室,図書室等を設置してこれを利用させること。

四 博物館資料に関する専門的,技術的な調査研究を行うこと。

五 博物館資料の保管及び展示等に関する技術的研究を行うこと。

六 博物館資料に関する案内書,解説書,目録,図録,年報,調査研究の報告書等を作成し,及び頒布すること。

七 博物館資料に関する講演会,講習会,映写会,研究会等を主催し,及びその開催を援助すること。

八 当該博物館の所在地又はその周辺にある文化財保護法(昭和25年法律第214号)の適用を受ける文化財について,解説書又は目録を作成する等一般公衆の当該文化財の利用の便を図ること。

九 社会教育における学習の機会を利用して行つた学習の成果を活用して行う教育活動その他の活動の機会を提供し,及びその提供を奨励すること。

十 他の博物館,博物館と同一の目的を有する国の施設等と緊密に連絡し,協力し,刊行物及び情報の交換,博物館資料の相互貸借等を行うこと。

十一 学校,図書館,研究所,公民館等の教

育,学術又は文化に関する諸施設と協力し,その活動を援助すること。
2 博物館は,その事業を行うに当つては,土地の事情を考慮し,国民の実生活の向上に資し,更に学校教育を援助し得るようにも留意しなければならない。
(館長,学芸員その他の職員)
第4条 博物館に,館長を置く。
2 館長は,館務を掌理し,所属職員を監督して,博物館の任務の達成に努める。
3 博物館に,専門的職員として学芸員を置く。
4 学芸員は,博物館資料の収集,保管,展示及び調査研究その他これと関連する事業についての専門的事項をつかさどる。
5 博物館に,館長及び学芸員のほか,学芸員補その他の職員を置くことができる。
6 学芸員補は,学芸員の職務を助ける。
(学芸員の資格)
第5条 次の各号のいずれかに該当する者は,学芸員となる資格を有する。
一 学士の学位を有する者で,大学において文部科学省令で定める博物館に関する科目の単位を修得したもの
二 大学に2年以上在学し,前号の博物館に関する科目の単位を含めて62単位以上を修得した者で,3年以上学芸員補の職にあつたもの
三 文部科学大臣が,文部科学省令で定めるところにより,前二号に掲げる者と同等以上の学力及び経験を有する者と認めた者
2 前項第二号の学芸員補の職には,官公署,学校又は社会教育施設(博物館の事業に類する事業を行う施設を含む。)における職で,社会教育主事,司書その他の学芸員補の職と同等以上の職として文部科学大臣が指定するものを含むものとする。
(学芸員補の資格)
第6条 学校教育法(昭和22年法律第26号)第90条第1項の規定により大学に入学することのできる者は,学芸員補となる資格を有する。
(学芸員及び学芸員補の研修)
第7条 文部科学大臣及び都道府県の教育委員会は,学芸員及び学芸員補に対し,その資質の向上のために必要な研修を行うよう努めるものとする。
(設置及び運営上望ましい基準)
第8条 文部科学大臣は,博物館の健全な発達を図るために,博物館の設置及び運営上望ましい基準を定め,これを公表するものとする。
(運営の状況に関する評価等)
第9条 博物館は,当該博物館の運営の状況について評価を行うとともに,その結果に基づき博物館の運営の改善を図るため必要な措置を講ずるよう努めなければならない。
(運営の状況に関する情報の提供)
第9条の二 博物館は,当該博物館の事業に関する地域住民その他の関係者の理解を深めるとともに,これらの者との連携及び協力の推進に資するため,当該博物館の運営の状況に関する情報を積極的に提供するよう努めなければならない。

第2章 登録

(登録)
第10条 博物館を設置しようとする者は,当該博物館について,当該博物館の所在する都道府県の教育委員会に備える博物館登録原簿に登録を受けるものとする。
(登録の申請)
第11条 前条の規定による登録を受けようとする者は,設置しようとする博物館について,左に掲げる事項を記載した登録申請書を都道府県の教育委員会に提出しなければならない。
一 設置者の名称及び私立博物館にあつては設置者の住所
二 名称
三 所在地
2 前項の登録申請書には,次に掲げる書類を添付しなければならない。
一 公立博物館にあつては,設置条例の写し,館則の写し,直接博物館の用に供する建物及び土地の面積を記載した書面及びその図面,当該年度における事業計画書及び予算の歳出の見積りに関する書類,博物館資料

の目録並びに館長及び学芸員の氏名を記載した書面
二　私立博物館にあつては、当該法人の定款の写し又は当該宗教法人の規則の写し、館則の写し、直接博物館の用に供する建物及び土地の面積を記載した書面及びその図面、当該年度における事業計画書及び収支の見積りに関する書類、博物館資料の目録並びに館長及び学芸員の氏名を記載した書面

（登録要件の審査）
第12条　都道府県の教育委員会は、前条の規定による登録の申請があつた場合においては、当該申請に係る博物館が左に掲げる要件を備えているかどうかを審査し、備えていると認めたときは、同条第1項各号に掲げる事項及び登録の年月日を博物館登録原簿に登録するとともに登録した旨を当該登録申請者に通知し、備えていないと認めたときは、登録しない旨をその理由を附記した書面で当該登録申請者に通知しなければならない。
一　第2条第1項に規定する目的を達成するために必要な博物館資料があること。
二　第2条第1項に規定する目的を達成するために必要な学芸員その他の職員を有すること。
三　第2条第1項に規定する目的を達成するために必要な建物及び土地があること。
四　1年を通じて150日以上開館すること。

（登録事項等の変更）
第13条　博物館の設置者は、第11条第一項各号に掲げる事項について変更があつたとき、又は同条第2項に規定する添付書類の記載事項について重要な変更があつたときは、その旨を都道府県の教育委員会に届け出なければならない。
2　都道府県の教育委員会は、第11条第1項各号に掲げる事項に変更があつたことを知つたときは、当該博物館に係る登録事項の変更登録をしなければならない。

（登録の取消）
第14条　都道府県の教育委員会は、博物館が第12条各号に掲げる要件を欠くに至つたものと認めたとき、又は虚偽の申請に基いて登録した事実を発見したときは、当該博物館に係る登録を取り消さなければならない。但し、博物館が天災その他やむを得ない事由により要件を欠くに至つた場合においては、その要件を欠くに至つた日から2年間はこの限りでない。
2　都道府県の教育委員会は、前項の規定により登録の取消しをしたときは、当該博物館の設置者に対し、速やかにその旨を通知しなければならない。

（博物館の廃止）
第15条　博物館の設置者は、博物館を廃止したときは、すみやかにその旨を都道府県の教育委員会に届け出なければならない。
2　都道府県の教育委員会は、博物館の設置者が当該博物館を廃止したときは、当該博物館に係る登録をまつ消しなければならない。

（規則への委任）
第16条　この章に定めるものを除くほか、博物館の登録に関し必要な事項は、都道府県の教育委員会の規則で定める。
第17条　削除

第3章　公立博物館

（設置）
第18条　公立博物館の設置に関する事項は、当該博物館を設置する地方公共団体の条例で定めなければならない。

（所管）
第19条　公立博物館は、当該博物館を設置する地方公共団体の教育委員会の所管に属する。

（博物館協議会）
第20条　公立博物館に、博物館協議会を置くことができる。
2　博物館協議会は、博物館の運営に関し館長の諮問に応ずるとともに、館長に対して意見を述べる機関とする。
第21条　博物館協議会の委員は、学校教育及び社会教育の関係者、家庭教育の向上に資する活動を行う者並びに学識経験のある者の中から、当該博物館を設置する地方公共団体の教育委員会が任命する。

第22条　博物館協議会の設置，その委員の定数及び任期その他博物館協議会に関し必要な事項は，当該博物館を設置する地方公共団体の条例で定めなければならない。
（入館料等）
第23条　公立博物館は，入館料その他博物館資料の利用に対する対価を徴収してはならない。但し，博物館の維持運営のためにやむを得ない事情のある場合は，必要な対価を徴収することができる。
（博物館の補助）
第24条　国は，博物館を設置する地方公共団体に対し，予算の範囲内において，博物館の施設，設備に要する経費その他必要な経費の一部を補助することができる。
2　前項の補助金の交付に関し必要な事項は，政令で定める。
第25条　削除
（補助金の交付中止及び補助金の返還）
第26条　国は，博物館を設置する地方公共団体に対し第24条の規定による補助金の交付をした場合において，左の各号の一に該当するときは，当該年度におけるその後の補助金の交付をやめるとともに，第一号の場合の取消が虚偽の申請に基いて登録した事実の発見に因るものである場合には，既に交付した補助金を，第三号及び第四号に該当する場合には，既に交付した当該年度の補助金を返還させなければならない。
一　当該博物館について，第14条の規定による登録の取消があつたとき。
二　地方公共団体が当該博物館を廃止したとき。
三　地方公共団体が補助金の交付の条件に違反したとき。
四　地方公共団体が虚偽の方法で補助金の交付を受けたとき。

第4章　私立博物館

（都道府県の教育委員会との関係）
第27条　都道府県の教育委員会は，博物館に関する指導資料の作成及び調査研究のために，私立博物館に対し必要な報告を求めることができる。
2　都道府県の教育委員会は，私立博物館に対し，その求めに応じて，私立博物館の設置及び運営に関して，専門的，技術的の指導又は助言を与えることができる。
（国及び地方公共団体との関係）
第28条　国及び地方公共団体は，私立博物館に対し，その求めに応じて，必要な物資の確保につき援助を与えることができる。

第5章　雑則

（博物館に相当する施設）
第29条　博物館の事業に類する事業を行う施設で，国又は独立行政法人が設置する施設にあつては文部科学大臣が，その他の施設にあつては当該施設の所在する都道府県の教育委員会が，文部科学省令で定めるところにより，博物館に相当する施設として指定したものについては，第27条第2項の規定を準用する。

附　則
（施行期日）
1　この法律は，公布の日から起算して3箇月を経過した日から施行する。

索　引

あ

アクセシビリティ　73
アシュモレアン博物館　59
新しい時代の博物館制度の在り方について　42
アメリカ自然史博物館　61
安全性　166
育苗圃　185
一次資料　118
伊藤圭介　65
伊藤寿朗　72
岩倉使節団　65
インターネット　213
ヴェニス憲章　173
梅棹忠夫　132
運営費交付金　55
ヴンダーカマー　59
エキジビション・デザイナー　47
液浸標本　182
エコツーリズム　83
エコミュゼ　61
エックス線調査　150
エデュケーター　47, 102
NPO法人　79
エバリュエーター　48
王室コレクション　60
公の施設　97
オークション　155
オーセンティシティ　119
音声ガイド　205

か

海外の美術品等の我が国における公開の促進に関する法律　44
解説　204
外部資金　52
外部評価　92, 95
科学研究費補助金　190
学芸員　46
　　──制度　92
　　──補　46
　　──有資格者　45
学芸機能の継続性　97
学術情報　205
可視化　163
仮想現実感　212
形のある資料　163
形のない資料　163
価値の継承　204
価値評価　122
カトルメール・ド・カンシー　171
環境エンリッチメント　178
鑑賞教育　208
鑑賞支援・体験型プログラム　208
鑑賞的価値　112
館長　101
鑑定　129
記憶システム　15
危機発生時の対応　104
希少価値　112
寄贈　127
寄託　127
記念建造物　169
記念物　118
キャビネット　59
キュレーター　47
教育価値　113
教育活動　27, 201
教育普及官　103
行政評価　95
共同調査研究　187
記録　132
　　──価値　113
　　──作成　122
　　──写真　164
九鬼隆一　64
クリフトフ・ポミアン　111
黒板勝美　23
グローバリゼーション　105
クンストカマー　59

245

経済効率性の原則　97
芸術文化振興基金　52
血統管理　175
研究　26
　　——テーマの公募　148
現地説明会　152
公益法人　57
　　——制度改革　57
公益性担保　89
交換　128
公共空間　9
公共性　53
行動規範　100
購入　127
公立博物館　30
　　——の設置及び運営上の望ましい基準　36
国際栽培植物命名規約　185
国際性　147
国際博物館会議（ICOM）　17, 19
国宝・重要文化財の公開に関する取扱い要項　224
国立科学博物館　64
国立博物館　30
国立文化財機構　55
国立民族学博物館　30
国立歴史民俗博物館　30
国家補償制度　54
古文化財　64
コミュニティ・アイデンティティ　79
コレクション　53
コンサベイター　47
コンセルヴァトゥール　49

さ

サイエンスミュージアムネット　211
採集　127
サイトミュージアム　169
作品　154
作家　154
佐野常民　22
飼育管理　174
ジオラマ　61
自己評価　89

司書　45
自然系博物館　29
自然光　37
自然体験　162
時代考証　164
視聴覚媒体　192
実物　132
　　——教育　13
実務経験　93
指定管理者制度　56
市民サービス　56
市民参加　162
　　——型博物館　26
市民との協働　196
社会教育主事　45
社会教育法　19
社会的意義　69
社会的責任　69
社会的存在　8
社会的調和　74
借入　127
錯用標本　182
収集　25
蒐集　126
収蔵庫　38
住民ニーズ　97
住民の学習要求　219
種子バンク　182
種の保存　24
生涯学習振興法　20
証拠　159
情報　200
殖産興業　64
ジョルジュ・アンリ・リヴィエール　11, 61
私立博物館　31
資料カード　217, 225
資料選択基準　112
資料台帳　122
資料の処分　130
資料の整理　133
資料の組織化　120
資料目録　122
資料ラベル　226
進化する博物館　145

真正性　119
真正的価値　10
審美的価値　112
人文系博物館　29
水生生物　181
スカンセン野外博物館　169
スクールプログラム　208
スタディオーロ　58
ストーリー性　201
図録　157
生活資料　219
製作　128
生物の多様性保全　182
『西洋事情』　63
設置目的　88
Z.Z.ストランスキー　14
説明責任　93
絶滅危惧生物種　161
絶滅のおそれのある野生動植物の種の保存に関する法律　44
総合化　147
総合博物館　29
存在価値　9

■た

大英博物館法　59
耐久性　166
第三者評価機関　95
滞留時間　38
田中不二麿　64
田中芳男　63
棚橋源太郎　66
地域課題解決力　93
地域コミュニティ　71
地域住民　76
地域性　147
地域博物館　75
地球規模生物多様性機構　211
知の宝庫　215
著作権法　44
珍品奇物　58
『通論考古学』　134
帝国博物館　66
帝室博物館　66

デジタル・アーカイブス化　210
デジタル文化財　110
デジタル・ミュージアム　229
データベース化　213
展示　27
　——価値　112
　——技術　167
　——効果　168
　——植栽地　185
電磁的記録　225
伝統的建造物群　118
転用　170
展覧会出品歴　155
展覧会における美術品損害の補償に関する法律　44
ドイツ博物館　61
東京教育博物館　66
東京国立博物館　64
動物園　173
動物の愛護及び管理に関する法律　44
登録制度の課題　40
登録博物館　27
ドキュメンタリスト　47
ドキュメンテーション　120
独立行政法人制度　96
友の会　162

■な

内国勧業博覧会　65
長崎歴史文化博物館　145
二次資料　118
蜷川式胤　64
日本モンキーセンター　177
入館料無料の原則　99

■は

博物館化　113,120
博物館技術　11
博物館教育　25
博物館財政　50
博物館事業促進会　66
博物館照明　203
博物館政策　44
博物館性　15

索引　247

博物館相当施設　28
博物館登録基準　90
博物館都市　171
博物館に関する科目　45
博物館の自己評価　95
博物館の定義　17
博物館の登録審査基準要項　52
『博物館の望ましい姿』　72
博物館疲労　10
博物館文化　9
博物館法　17
博物館行き　113
博物館理論　11
博物館倫理規定　99
曝涼　137
発掘　128
　　　——調査　153
発表媒体　193
ハーバリウム　182
浜田耕作　134
バリアフリー　77
繁殖　178
ハンズ・オン　62
ハンス・スローン　60
非営利常設機関　21
美術館・博物館用蛍光灯　223
美術品の美術館における公開の促進に関する
　法律　44
美術品補償制度　54
美的価値　112
評価額　53
評価の努力義務規定　94
標本　158
ファン・メンシュ　13
風土記の丘　169
復元　164
複合現実感　212
福沢諭吉　63
物産会　63
物産学　63
物質文化　110
　　　——の翻訳者　204
フランス革命　59
フランス記念物博物館　60

ブリディングロン　ブリーディングローン
　175
文化階層　154
文化芸術振興基本法　43, 76
文化財　110
　　　——公開施設の計画に関する指針　224
　　　——の不法輸出入　107
　　　——の返還問題　106
　　　——保護委員会　51
　　　——レスキュー　84
文化施設　43
文化的背景　118
文化力　88
分類学　58
保管　26
保険　53
保存価値　112
ボランティア活動　77, 103
本草学　62

ま

埋蔵文化財　153
マーケティング調査　168
マスメディア　214
町田久成　63
まちづくり　80
見世物　61
ミュージアム活性化支援事業　52
ミュージアム・リテラシー　206
民俗資料　219
民俗文化財　117
無形文化遺産登録制度　112
無形文化財　117
虫干し　137
ムーセイオン　59
明治百年記念事業　51
メセナ活動　67
『眼に訴える教育機関』　133
メンテナンス性　166
物語　201
　　　——性　138
文部科学省社会教育調査　69

や

薬草園　183
唯一性　110
有形文化財　117
融合化　147
湯島聖堂　64
横浜開港資料館　195
予防管理　104

ら

来館者の属性　168
来館者の素養　168
来館者のニーズ　168

来歴　155
流派　155
利用者満足の創出　86
リンネ　131
ルーヴル美術館　59
歴史資料　219
歴史的記念物　173
レジストラー　47
レッドリスト　161

わ

ワグネル　130
ワシントン条約　174

[編著者]

大堀 哲（おおほり さとし）
長崎歴史文化博物館長・長崎県立大学講師（非）。日本ミュージアム・マネージメント学会会長
文部省社会教育局（現生涯学習政策局），国立科学博物館教育部長，東京大学大学院教育学研究科助教授（併任），静岡大学情報学部教授，常磐大学学長等を経て現職。

水嶋 英治（みずしま えいじ）
筑波大学図書館情報メディア系教授
日本ミュージアム・マネージメント学会副会長，国際博物館会議（ICOM）日本委員会副委員長，中国国務院参事室アドバイザー，国際博物館学委員会（ICOFOM）理事，博士（世界遺産学），常磐大学大学院研究科長・教授を経て現職。

新博物館学教科書
博物館学Ⅰ──博物館概論＊博物館資料論

2012年4月20日　第1版第1刷発行
2014年9月20日　第1版第3刷発行

編著者　大堀　哲
　　　　水嶋英治

発行者　田中千津子　〒153-0064　東京都目黒区下目黒3-6-1
　　　　　　　　　　電話　03（3715）1501 代
発行所　株式会社 学文社
　　　　　　　　　　FAX　03（3715）2012
　　　　　　　　　　http://www.gakubunsha.com

ⓒ Satoshi Ohori, Eiji Mizushima 2012　　　印刷　亜細亜印刷
乱丁・落丁の場合は本社でお取替します。
定価は売上カード，カバーに表示。

ISBN 978-4-7620-2284-5